Daniela Ruppert
@yummy.andfit

DAS VEGANE *High-Protein* KOCHBUCH

Daniela Ruppert
@yummy.andfit

DAS VEGANE *High-Protein* KOCHBUCH

60 pflanzliche und eiweißreiche Rezepte
für den Muskelaufbau und zum Abnehmen

riva

Bibliografische Information der Deutschen Nationalbibliothek
Die Deutsche Nationalbibliothek verzeichnet diese Publikation in der Deutschen Nationalbibliografie. Detaillierte bibliografische Daten sind im Internet über https://dnb.de abrufbar.

Für Fragen und Anregungen
info@m-vg.de

Originalausgabe
1. Auflage 2024

Türkenstraße 89
80799 München
Tel.: 089 651285-0

Redaktion: Caroline Kazianka
Umschlaggestaltung: Sonja Vallant
Umschlagabbildung und Abbildungen Innenteil: Daniela Ruppert
Satz: inpunkt[w]o, Wilnsdorf (www.inpunktwo.de)
Druck: Florjancic Tisk d.o.o., Slowenien
Printed in the EU

ISBN Print 978-3-423-2709-3
ISBN E-Book (PDF) 978-3-7453-2479-2
ISBN E-Book (EPUB, Mobi) 978-3-7453-2480-8

Inhalt

8 Vorwort

11 Frühstück

13 Tofu-Rührei
14 Eiweiß-Buttermilch-Brot ohne Hefe
17 3 verschiedene Aufstriche
17 Ajvar-Feta-Creme
17 Schoko-Nuss-Creme
18 Pikanter Hummus
21 Käsekuchen-Bowl mit Himbeeren
22 Cookie Dough im Glas
25 Heidelbeer-Quark-Puffer
26 Donauwellen-Bowl
29 Overnight Oats mit weißer Schokolade und Nektarine
30 Schoko-Knusper-Granola

33 Shakes

34 Schoko-Bananen-Erdnuss-Shake
37 Beeren-Hafer-Shake
38 Schoko-Kirsch-Shake
41 Mango-Kokos-Shake
42 Grüner Shake

45 Suppen und Salate

46 Veganer Thunfischsalat
49 Ceasar Salad
50 Orzonudelsalat
53 Orientalischer Couscous-Salat
54 Linsen-Tomaten-Salat mit Avocado
57 Mediterraner Nudelsalat
58 Rote-Linsen-Suppe
61 Erdnuss-Kürbis-Suppe
62 Pho-Suppe mit gebratenem Tofu
65 Käse-Lauch-Suppe

67 Gerichte aus der Pfanne

68 Curry-Reis-Pfanne
71 Süßkartoffel-Hack-Pfanne
72 Indisches Kichererbsen-Curry (Chana Masala)
75 Rotes Thai-Curry mit Ananas und Tofu
76 Tomatenreis mit Tempeh
79 Pasta mit Pilzen in Frischkäsesoße
80 One-Pot-Pasta mit Brokkoli und Frischkäse
83 One-Pot-Pasta mit Paprika und Käse
84 Mexikanische Nudelpfanne

87 »Klassische« Fleischalternativen

88 Chili sin Carne
91 Indisches Butter-Chicken
92 Spätzle mit Pilzrahmsoße und Geschnetzeltem
95 Deftige Bauernpfanne
96 Crispy Tofu-Nuggets
99 Pasta mit Meatballs
100 Gebratene Nudeln mit Tofu
103 Spaghetti Carbonara

105 Gerichte aus dem Ofen

106 Kartoffelauflauf mit Brokkoli
108 Gefüllte Paprika mit Reis
110 Mediterranes Ofengemüse mit Fetasoße
113 Nudelauflauf mit Champignons und Spinat
114 Gefüllte Zucchini
117 Quiche Lorraine mit Räuchertofu
118 Gnocchi-Auflauf
121 Shepherd's Pie
122 Blumenkohl-Wings im Kichererbsenmantel
125 Flammkuchen

127 Kuchen und Co.

128 Oreo®-Bananenbrot
131 Pfirsich-Käsekuchen-Muffins
132 Apfel-Zimt-Schnecken
134 Donauwellen-Torte
136 Chocolate-Chip-Blondies mit Brombeersoße
139 Heidelbeer-Käsekuchen
140 Vanille-Schoko-Cupcakes mit Erdnussbutter
143 Käsekuchen mit Schokoboden und Himbeersoße

144 Über die Autorin

Vorwort

Ausreichend Eiweiß zu sich zu nehmen ist wichtig, das hört man immer wieder, aber warum ist das so?

Proteine sind essenzielle Bausteine für unseren Körper. Sie sind für den Aufbau und die Reparatur von Gewebe, die Bildung von Enzymen und Hormonen sowie für viele andere lebenswichtige Funktionen verantwortlich.

Das trifft auf Sportlerinnen und Sportler genauso wie auf alle anderen zu. Gerade bei der veganen Ernährung ist es wichtig, auf die Auswahl der Lebensmittel zu achten, da der Proteinbedarf ausschließlich aus pflanzlichen Quellen wie Hülsenfrüchten, Nüssen, Samen, Getreide und Gemüse gedeckt wird. Eine ausgewogene und proteinreiche vegane Ernährung gewährleistet, dass wir alle notwendigen Aminosäuren und Nährstoffe erhalten, die wir brauchen, um gesund und fit zu bleiben. Sie kann auch helfen, Gewicht zu verlieren und in Verbindung mit Sport Muskeln aufzubauen.

Proteine haben eine sättigende Wirkung und können dazu beitragen, das Hungergefühl zu reduzieren und länger satt zu bleiben. Neben den bereits genannten Quellen können Tofu, Tempeh, Seitan, vegane Proteinshakes und vegane Ersatzprodukte dabei unterstützen, ausreichend Proteine zu sich zu nehmen.

Es gibt drei Makronährstoffe; Eiweiße (Proteine), Kohlenhydrate und Fette. Ich habe sie inklusive der Kalorien jeweils bei den Rezepten vermerkt.

kcal = Kalorien
KH = Kohlenhydrate
F = Fett

Kalorien sind eine Maßeinheit für Energie. In der Ernährung bezieht sich der Begriff »Kalorie« oft auf die Menge an Energie, die in einem Nahrungsmittel enthalten ist, und die der Körper durch die Verdauung und den Stoffwechsel gewinnt.

Unser Körper benötigt eine bestimmte Menge an Kalorien, um alle lebenswichtigen Funktionen aufrechtzuerhalten und Energie für Aktivitäten und den Stoffwechsel zu haben.

Kohlenhydrate sind die Hauptenergiequelle des Körpers. Sie werden in Glukose umgewandelt, die die Zellen für den Energiegewinn nutzen. Kohlenhydrate finden sich in Nahrungsmitteln wie Obst, Gemüse, (Vollkorn-)Getreideprodukten und Hülsenfrüchten.

Fette sind eine weitere wichtige Energiequelle. Sie sind für die Aufnahme von fettlöslichen Vitaminen und für die Produktion von Hormonen notwendig. Gesunde Fettquellen in einer veganen Ernährung sind beispielsweise Nüsse, Samen, Avocados und pflanzliche Öle.

An einigen Stellen setze ich gerne vegane Fleischersatzprodukte wie »Hähnchen Chunks« oder »Hackfleisch« ein. Für mich eine einfache und leckere proteinreiche Alternative. Wer das nicht möchte oder die entsprechende Alternative nicht erhältlich ist, kann sie gerne durch eine andere Proteinquelle wie Sojagranulat, Tofu, Tempeh oder Hülsenfrüchte ersetzen.

Proteinpulver ist, wie bereits erwähnt, eine gute Eiweißquelle und reich an essenziellen Aminosäuren. Das liegt daran, dass in der Regel verschiedene pflanzliche Quellen kombiniert werden. Achte also beim Kauf darauf, dass nicht nur eine Art, wie z. B. Soja, enthalten ist, sondern ein Mix aus verschiedenen Quellen. Veganes Proteinpulver ist mittlerweile in fast jedem Supermarkt erhältlich und kann sowohl als Shake als auch zum Backen verwendet werden.

Egal ob man abnehmen, Muskeln aufbauen oder einfach fit bleiben möchte; meine Rezepte sollen eine Hilfe und eine Inspiration sein, um auch in einer veganen Ernährung ausreichend Eiweiß zu sich zu nehmen.

Sie sind ausgewogen, einfach zuzubereiten und erleichtern das alltägliche Kochen und Backen.

Ich wünsche dir viel Spaß mit meinen Rezepten!

Deine Dani

(@yummy.andfit)

Frühstück

Tofu-Rührei

PRO PORTION 11 g Protein

FÜR 4 PORTIONEN
ZUBEREITUNGSZEIT: 10 MINUTEN
PRO PORTION: 147 KCAL | 4 G KH | 9 G F

ZUTATEN:

400 g Tofu
1 TL Pflanzenöl
40 g Cashewmus
50 ml Wasser
¼ TL gemahlene Kurkuma
¼ TL getrockneter Oregano
¼ TL edelsüßes Paprikapulver
Salz, Pfeffer
¼ Bund Schnittlauch
etwas Kala-Namak-Salz (schwarzes Steinsalz)

1. Tofu mit den Händen oder zwischen einem Tuch leicht ausdrücken, trocken tupfen und mit den Fingern grob zerbröseln. Öl in einer Pfanne erhitzen und den Tofu darin unter gelegentlichem Rühren bei mittlerer Hitze 5 Minuten anbraten.
2. In der Zwischenzeit das Cashewmus mit Wasser und allen Gewürzen in eine Schüssel geben und cremig rühren.
3. Den Herd ausschalten, den Cashewmix zum Tofu gießen und alles gut verrühren.
4. Den Schnittlauch waschen, trocken schütteln und in Röllchen schneiden.
5. Tofu-Rührei mit Schnittlauch und Kala-Namak-Salz bestreut servieren.

Kala-Namak-Salz am besten immer erst nach dem Erhitzen dazugeben. So behält es seinen typischen Ei-Geschmack bei.

PRO SCHEIBE 5 g Protein

Eiweiß-Buttermilch-Brot ohne Hefe

FÜR 1 BROT (15 SCHEIBEN)
ZUBEREITUNGSZEIT: 20 MINUTEN • BACKZEIT: CA. 50 MINUTEN
PRO SCHEIBE (À 50 G): 93 KCAL | 14 G KH | 1 G F

ZUTATEN:

- 500 ml Pflanzendrink
- 2 TL Apfelessig
- Pflanzenfett für die Form (optional)
- 550 g Dinkelmehl
- 100 g Haferflocken
- 50 g veganes neutrales Proteinpulver
- 7 g Backpulver
- 20 g geschrotete Leinsamen
- 2 TL Salz
- 1 TL Brotgewürz (optional)

1. Pflanzendrink und Apfelessig in einer Schüssel verrühren und 10 Minuten beiseitestellen. Die Milch gerinnt dadurch und erinnert dann an Buttermilch.
2. Den Ofen auf 180 °C Umluft (200 °C Ober-/Unterhitze) vorheizen und eine Kastenform mit Backpapier auslegen oder einfetten.
3. Die restlichen Zutaten in einer Schüssel vermischen, die selbst gemachte Buttermilch dazugeben und alles mit dem Handrührgerät oder den Händen zu einem Teig verkneten.
4. Teig in die Kastenform füllen und 20 Minuten im Ofen backen. Das Brot aus der Form holen und auf einem mit Backpapier belegten Blech weitere 20–30 Minuten backen (ohne Form).
5. Am Ende eine Stäbchenprobe durchführen. Dafür einen Zahnstocher in das Brot stecken. Wenn kein Teig mehr am Zahnstocher kleben bleibt, ist das Brot fertig.
6. Vor dem Anschneiden das Brot vollständig auskühlen lassen.

International Busin

3 verschiedene Aufstriche

PRO 100 g 3 g Protein

Ajvar-Feta-Creme

FÜR 160 G
ZUBEREITUNGSZEIT: 10 MINUTEN
PRO 100 G: 164 KCAL | 10 G KH | 12 G F

ZUTATEN:

60 g veganer Feta
2 kleine Knoblauchzehen
3 Stiele Petersilie
40 g vegane Quark-alternative
20 g vegane Crème fraîche
20 g scharfer oder milder Ajvar
1 Prise Salz
¼ TL Chilipulver (optional)

1. Den Feta in einen Rührbecher bröseln.
2. Den Knoblauch schälen und grob zerkleinern.
3. Petersilie waschen, trocken schütteln und grob hacken.
4. Knoblauch und Petersilie zum Feta geben. Die restlichen Zutaten ebenfalls zufügen und alles mit dem Stabmixer pürieren.

PRO 100 g 10 g Protein

Schoko-Nuss-Creme

FÜR 200 G
ZUBEREITUNGSZEIT: 10 MINUTEN
PRO 100 G: 351 KCAL | 18 G KH | 31 G F

ZUTATEN:

30 g Erythrit
90 g Haselnussmus
60 g Pflanzendrink
20 g Backkakao
1 TL Süßstoff (alternativ 20 g Dattelsirup)
½ TL Vanillearoma

1. Alle Zutaten in einen Rührbecher geben und mit dem Stabmixer pürieren.
2. Creme in ein luftdicht verschließbares Schraubglas füllen.
3. Der Aufstrich hält sich ungefähr 1 Woche im Kühlschrank.

Pikanter Hummus

PRO 100 g 9 g Protein

FÜR 580 G
ZUBEREITUNGSZEIT: 10 MINUTEN
PRO 100 G: 220 KCAL | 8 G KH | 16 G F

ZUTATEN:

265 g Kichererbsen aus der Dose
1 Knoblauchzehe
1 Chilischote (alternativ ¼ TL Chilipulver)
Saft von 1 Zitrone
120 g Tahin (Sesammus)
100 ml Wasser
½ TL Salz
½ TL gemahlener Kreuzkümmel
1 EL Olivenöl

1. Kichererbsen in ein Sieb über einer Schüssel abgießen und abtropfen lassen. 50 ml des Kichererbsenwassers (Aquafaba) abmessen und beiseitestellen.
2. Knoblauch schälen, Chili putzen, waschen und beides klein schneiden.
3. Knoblauch, Chili, Zitronensaft und Tahin in einen Rührbecher geben und mit dem Stabmixer pürieren. Dabei nach und nach das Aquafaba sowie das Wasser zufügen, bis eine cremige, helle Masse entsteht.
4. Kichererbsen, Gewürze und Öl dazugeben und zu einer feinen Konsistenz pürieren.

PRO PORTION 31 g Protein

Käsekuchen-Bowl mit Himbeeren

FÜR 1 PORTION
ZUBEREITUNGSZEIT: 10 MINUTEN • BACKZEIT: 30 MINUTEN
PRO PORTION: 432 KCAL | 23 G KH | 21 G F

ZUTATEN:

300 g vegane Quarkalternative (alternativ veganer Skyr oder Sojajoghurt)
25 g Erythrit (alternativ 1 TL Süßstoff)
20 g Vanillepuddingpulver
100 g Schoko-Protein-Pudding
125 g Himbeeren + einige Himbeeren zum Garnieren
20 g vegane Schokolade

1. Backofen auf 170 °C Umluft (190 °C Ober-/Unterhitze) vorheizen.
2. Quarkalternative, Erythrit und Vanillepuddingpulver in einer Schüssel verrühren. Dann in eine Auflaufform geben und 30 Minuten im Ofen oder 12 Minuten bei 500 Watt in der Mikrowelle backen.
3. Den Kuchen aus dem Ofen nehmen und abkühlen lassen.
4. Den Pudding auf der abgekühlten Käsekuchen-Bowl verteilen.
5. Die Himbeeren waschen, evtl. entstielen und die 125 g mit einer Gabel etwas zerdrücken. Vorsichtig auf den Pudding geben.
6. Die Schokolade in eine mikrowellengeeignete Schüssel geben und in der Mikrowelle (oder über dem warmen Wasserbad) schmelzen. Schokolade über die Himbeeren gießen und glatt streichen.
7. Bowl mit den restlichen Himbeeren garnieren und kaltstellen, bis die Schokolade wieder fest ist.

Die Käsekuchen-Bowl schmeckt am besten, wenn sie über Nacht im Kühlschrank durchziehen kann.

Cookie Dough im Glas

PRO PORTION
24 g
Protein

FÜR 2 PORTIONEN
ZUBEREITUNGSZEIT: 10 MINUTEN
PRO PORTION: 548 KCAL | 63 G KH | 17 G F

ZUTATEN:

265 g Kichererbsen aus der Dose
60 ml Sojadrink
4 EL Erythrit
50 g gemahlene Haferflocken
¼ TL gemahlene Vanille
1 Prise Salz
40 g vegane Schokodrops (zuckerfrei)
1 Banane (alternativ Obst nach Wahl)
200 g veganer Schoko-Protein-Pudding
1 g Kokosöl

1. Kichererbsen in ein Sieb abgießen, mit Wasser abspülen und abtropfen lassen.
2. Sojadrink, Erythrit, Haferflocken, Vanille, Kichererbsen und Salz in einen Rührbecher geben und mit dem Stabmixer pürieren.
3. 20 g Schokodrops unter den Teig rühren und das Cookie Dough in 2 Gläser füllen.
4. Die Banane schälen, klein schneiden, darüber verteilen und den Pudding ebenfalls darauflöffeln.
5. Die restlichen Schokodrops mit dem Kokosöl in eine mikrowellengeeignete Schüssel geben, kurz in der Mikrowelle (oder über einem warmen Wasserbad) schmelzen und auf dem Pudding verstreichen.

Als Topping passen Cookie Dough Balls. Dazu 50 g gemahlene Haferflocken, 50 g entöltes Mandelmehl, 30 g Erythrit, 1 TL Vanillearoma und 5 EL Pflanzendrink zu einem Teig verkneten. 30 g zuckerfreie Schokodrops kurz dazukneten und den Teig zu einer langen Rolle formen. Mit dem Messer ungefähr 35 Stücke abteilen und zwischen den Händen zu kleinen Bällchen formen.

Heidelbeer-Quark-Puffer

PRO PORTION
30 g
Protein

FÜR 1 PORTION
ZUBEREITUNGSZEIT: 15 MINUTEN
PRO PORTION: 467 KCAL | 49 G KH | 12 G F

ZUTATEN:

60 g Dinkelmehl
30 g Mandelmehl (alternativ Dinkelmehl)
25 g Erythrit
1 TL Backpulver
½ TL Natron
1 Prise Salz
200 g vegane Quarkalternative
75 g Heidelbeeren
1 TL Pflanzenöl

1. Alle Zutaten bis auf die Heidelbeeren und das Öl in einer Schüssel verrühren.
2. Die Heidelbeeren waschen, verlesen und unterheben.
3. Öl in einer Pfanne erwärmen, jeweils 1 ½ EL Teig hineingeben und Puffer von beiden Seiten goldbraun backen. Vorgang so oft wiederholen, bis der Teig aufgebraucht ist.

Donauwellen-Bowl

PRO PORTION 28 g Protein

FÜR 1 PORTION
ZUBEREITUNGSZEIT: 10 MINUTEN • BACKZEIT: CA. 25 MINUTEN
PRO PORTION: 547 KCAL | 50 G KH | 22 G F

ZUTATEN:

- 75 g TK-Kirschen
- 35 g Haferflocken
- 20 g entöltes Mandelmehl
- 20 g Erythrit
- 1 TL Backpulver
- 10 g Mandelmus (alternativ Pflanzenöl)
- 80 ml Pflanzendrink
- 5 g Backkakao
- 100 g veganer Vanille-Protein-Pudding
- 20 g vegane Schokolade

1. Die Kirschen in einem Sieb auftauen und abtropfen lassen.
2. Backofen auf 175 °C Umluft (195 °C Ober-/Unterhitze) vorheizen.
3. Die Haferflocken im Mixer oder in einer Kaffeemühle fein mahlen. Das Hafermehl mit Mandelmehl, Erythrit, Backpulver, Mandelmus und 70 ml Pflanzendrink in eine Schüssel geben und kurz zu einem etwas dickeren Teig verrühren.
4. Die Hälfte des Teiges in eine Auflaufform mit ca. 400 ml Fassungsvermögen oder eine kleine Silikonform (ø 12 cm) geben.
5. Den restlichen Teig mit dem Backkakao und dem restlichen Pflanzendrink verrühren. Auf dem hellen Teig verteilen.
6. Die Kirschen auf den Teig setzen, mit einer Gabel leicht eindrücken und den Teig dabei etwas vermischen, um ein Marmor-Muster zu kreieren.
7. Den Kuchen 20–25 Minuten im Ofen backen.
8. Kuchen aus dem Ofen nehmen und abkühlen lassen.
9. Den Pudding auf dem abgekühlten Kuchen verstreichen.
10. Die Schokolade in eine mikrowellengeeignete Schüssel geben und in der Mikrowelle (oder über dem warmen Wasserbad) schmelzen. Auf dem Pudding verteilen. Mit einer Gabel ein Wellenmuster in den Pudding ziehen.

PRO PORTION 26 g Protein

Overnight Oats mit weißer Schokolade und Nektarine

FÜR 1 PORTION
ZUBEREITUNGSZEIT: 10 MINUTEN
PRO PORTION: 475 KCAL | 55 G KH | 14 G F

ZUTATEN:

50 g Haferflocken
20 g veganes Proteinpulver
20 g Erythrit (alternativ etwas Süßstoff oder 1 zerdrückte Banane)
5 g geschrotete Leinsamen
180 ml Sojadrink
1 Nektarine (alternativ Obst nach Belieben)
20 g vegane weiße Schokolade

1. Die trockenen Zutaten in ein Schraubglas oder eine Tupperdose füllen. Den Sojadrink dazugießen und alles gut verrühren.
2. Die Nektarine waschen, entkernen, klein schneiden und unterheben.
3. Die Schokolade in eine mikrowellengeeignete Schüssel geben und in der Mikrowelle (oder über dem warmen Wasserbad) schmelzen. Vorsichtig auf den Overnight Oats verteilen.
4. Overnight Oats über Nacht im Kühlschrank durchziehen lassen.

PRO PORTION 19 g Protein

Schoko-Knusper-Granola

FÜR CA. 270 G GRANOLA
ZUBEREITUNGSZEIT: 10 MINUTEN • BACKZEIT: 5 MINUTEN
PRO 100 G: 377 KCAL | 50 G KH | 15 G F

ZUTATEN:

- 100 g kernige Haferflocken
- 50 g Sojaflocken (alternativ Haferflocken oder Getreide nach Wahl)
- 20 g gepuffte Quinoa
- 15 g geschrotete Leinsamen
- 20 g gehackte Erdnüsse (alternativ andere Nüsse)
- 50 g Erythrit
- 15 g Backkakao
- 50 ml Wasser
- 2 Stücke dunkle Schokolade

1. Den Ofen auf 160 °C Umluft (180 °C Ober-/Unterhitze) vorheizen und ein Backblech mit Backpapier auslegen.
2. Haferflocken, Sojaflocken, gepuffte Quinoa, geschrotete Leinsamen und Erdnüsse in eine Pfanne geben und unter Rühren rösten, bis alles etwas Farbe angenommen hat.
3. Das Erythrit und den Backkakao zufügen und unter Rühren schmelzen. Mit dem Wasser ablöschen und weiterrühren, bis sich Klumpen bilden.
4. Die Masse auf dem Backblech verteilen und 5 Minuten im Ofen backen.
5. Granola aus dem Ofen holen, komplett abkühlen lassen und in Stücke brechen.
6. Die Schokolade hacken und mit dem Granola vermischen. Luftdicht verschlossen lagern.

Shakes

PRO PORTION
31 g
Protein

Schoko-Bananen-Erdnuss-Shake

FÜR 1 PORTION
ZUBEREITUNGSZEIT: 5 MINUTEN
PRO PORTION: 387 KCAL | 28 G KH | 14 G F

ZUTATEN:

1 Banane
20 g veganes neutrales Proteinpulver
10 g Backkakao
10 g Erdnussmus
1 Prise Salz
200 ml Pflanzendrink
100 ml Wasser

1. Banane schälen, klein schneiden und in einen Rührbecher geben.
2. Die restlichen Zutaten zufügen und alles mit dem Stabmixer pürieren.

Beeren-Hafer-Shake

PRO PORTION 29 g Protein

FÜR 1 PORTION
ZUBEREITUNGSZEIT: 5 MINUTEN
PRO PORTION: 315 KCAL | 26 G KH | 7 G F

ZUTATEN:

100 g gemischte Beeren (TK oder frisch)
30 g Haferflocken
20 g veganes neutrales Proteinpulver
1 Prise Salz
1 Spritzer Süßstoff (alternativ Stevia oder Agavendicksaft)
½ TL Vanillearoma
200 ml Pflanzendrink
100 ml Wasser

1. Frische Beeren waschen und evtl. entstielen.
2. Alle Zutaten in einen Rührbecher geben und mit dem Stabmixer pürieren.

Schoko-Kirsch-Shake

PRO PORTION 27 g Protein

FÜR 1 PORTION
ZUBEREITUNGSZEIT: 5 MINUTEN
PRO PORTION: 236 KCAL | 10 G KH | 7 G F

ZUTATEN:

100 g Kirschen (TK oder frisch)
10 g Backkakao
20 g veganes neutrales Proteinpulver
1 Prise Salz
1 Spritzer Süßstoff (alternativ Stevia oder Agavendicksaft)
½ TL Vanillearoma
200 ml Pflanzendrink
100 ml Wasser

1. Frische Kirschen waschen, entstielen und entkernen.
2. Alle Zutaten in einen Rührbecher geben und mit dem Stabmixer pürieren.

Mango-Kokos-Shake

PRO PORTION 25 g Protein

FÜR 1 PORTION
ZUBEREITUNGSZEIT: 5 MINUTEN
PRO PORTION: 279 KCAL | 15 G KH | 11 G F

ZUTATEN:

- 100 g Mango (TK oder frisch)
- 20 g veganes Proteinpulver
- 10 g Kokosmus (alternativ 50 ml Kokosmilch)
- 1 Prise Salz
- 1 Spritzer Süßstoff (alternativ Stevia oder Agavendicksaft)
- ½ TL Vanillearoma
- 200 ml Pflanzendrink
- 100 ml Wasser

1. Frische Mango schälen und 100 g Fruchtfleisch vom Kern schneiden.
2. Alle Zutaten in einen Rührbecher geben und mit dem Stabmixer pürieren.

PRO PORTION 25 g Protein

Grüner Shake

FÜR 1 PORTION
ZUBEREITUNGSZEIT: 10 MINUTEN
PRO PORTION: 202 KCAL | 11 G KH | 5 G F

ZUTATEN:

1 kleiner Apfel (70 g)
35 g Spinat (TK oder frisch)
50 g Bio-Gurke
20 g veganes Proteinpulver
1 Prise Salz
1 Spritzer Süßstoff (alternativ Stevia oder Agavendicksaft)
200 ml Pflanzendrink
100 ml Wasser

1. Den Apfel waschen, entkernen und klein schneiden.
2. Frischen Spinat waschen und verlesen. Gurke ebenfalls waschen.
3. Alle Zutaten in einen Rührbecher geben und mit dem Stabmixer pürieren.

Suppen und Salate

Veganer Thunfischsalat

PRO PORTION 14 g Protein

FÜR 2 PORTIONEN
ZUBEREITUNGSZEIT: 10 MINUTEN
PRO PORTION: 287 KCAL | 29 G KH | 10 G F

ZUTATEN:

- 265 g Kichererbsen aus der Dose
- 100 g Cherrytomaten
- 1 rote Zwiebel
- 100 g Gewürzgurken
- ½ Bund Petersilie
- 75 g veganer Joghurt
- 50 g veganer Frischkäse
- 1 EL Zitronensaft
- 2 TL Senf
- 2 TL Algen-Flakes
- 1 TL Erythrit (alternativ 1 Spritzer Süßstoff)
- ½ TL Salz
- ¼ TL Pfeffer

1. Die Kichererbsen in ein Sieb abgießen, abspülen und abtropfen lassen. In eine Schüssel füllen und mit einer Gabel grob zerdrücken.
2. Tomaten waschen, Zwiebel schälen und beides klein würfeln. Gurke in kleine Stücke schneiden.
3. Petersilie waschen, trocken schütteln und hacken.
4. Gemüse und Petersilie mit den Kichererbsen vermischen.
5. Die restlichen Zutaten in einer Schüssel zu einem Dressing verrühren und unter den Salat heben.
6. Salat mindestens 30 Minuten im Kühlschrank ziehen lassen.

Ceasar Salad

PRO PORTION 26 g Protein

FÜR 4 PORTIONEN
ZUBEREITUNGSZEIT: 30 MINUTEN
PRO PORTION: 327 KCAL | 11 G KH | 18 G F

ZUTATEN:

- 2 Römersalatherzen
- 3 Scheiben Proteintoast (alternativ Weizentoast)
- 2 Knoblauchzehen
- 20 g Olivenöl
- 320 g veganer Hähnchenfiletersatz (alternativ Tofu oder Kichererbsen)
- 2 TL Hähnchengewürz
- 4 EL Sojajoghurt
- 4 EL vegane Crème fraîche
- 2 EL Zitronensaft
- 2 EL Worcestershiresoße
- 2 EL Weißweinessig
- 1 TL Dijonsenf
- ½ TL Salz
- ¼ TL Pfeffer
- 4 EL Parmesanersatz (Rezept siehe Seite 103)

1. Den Römersalat putzen, waschen, mit Küchenpapier trocken tupfen und in Streifen schneiden.
2. Die Toastscheiben würfeln.
3. Knoblauch schälen und hacken.
4. 15 g (1 EL) Öl in einer Pfanne erhitzen und die Toastwürfel mit der Hälfte vom Knoblauch hineingeben und anrösten. Die Croûtons dann beiseitestellen.
5. Das restliche Öl in die Pfanne geben und die veganen Hähnchenfiletstücke darin anbraten, mit Hähnchengewürz würzen und ebenfalls beiseitestellen.
6. Aus den restlichen Zutaten bis auf den Parmesan in einer Schüssel ein Dressing anrühren.
7. Römersalat, Hähnchenfiletersatz und Croûtons auf Tellern anrichten. Mit Dressing beträufeln und mit Parmesan bestreuen.

Orzonudelsalat

PRO PORTION 15 g Protein

FÜR 5 PORTIONEN
ZUBEREITUNGSZEIT: 15 MINUTEN
PRO PORTION: 421 KCAL | 45 G KH | 15 G F

ZUTATEN:

1 Zwiebel
1 TL Pflanzenöl
250 g veganer Hackfleischersatz
1 ½ EL Tomatenmark
1 ½ EL zuckerfreier Ketchup
1 EL getrockneter Oregano
250 g Orzonudeln
1 rote Paprikaschote
1 grüne Paprikaschote
200 g Tomaten
100 g grüne Oliven ohne Kern
90 g veganer Feta
2 EL Olivenöl
1 EL Aprikosenessig (alternativ 1 TL Agavendicksaft)
1 EL Weißweinessig
1 TL Salz
¼ TL Pfeffer
2 EL TK-Gartenkräuter

1. Zwiebel schälen und in kleine Würfel scheiden.
2. Eine Pfanne mit Öl erhitzen, den Hackfleischersatz darin anbraten und dabei gut zerteilen. Die Hälfte der Zwiebel, Tomatenmark, Ketchup und Oregano dazugeben und alles gut anbraten.
3. Die Nudeln in einem Topf mit Salzwasser nach Packungsangabe gar kochen. 1 EL Pasta-Wasser abnehmen und beiseitestellen. Die fertigen Nudeln in ein Sieb abgießen, mit kaltem Wasser abschrecken und abtropfen lassen.
4. Paprika und Tomaten putzen, waschen und sehr klein schneiden.
5. Die Oliven in Ringe schneiden und den Feta etwas auseinanderzupfen.
6. Hackfleischersatz, Nudeln, Paprika, Tomaten, Oliven und Feta in einer Schüssel vermischen.
7. Aus dem Olivenöl, Aprikosen- und Weißweinessig, Nudelwasser, Salz, Pfeffer und den Gartenkräutern in einer Schüssel ein Dressing anrühren. Die restliche Zwiebel unterheben und das Dressing mit dem Salat vermischen.

PRO PORTION 27 g Protein

Orientalischer Couscous-Salat

FÜR 4 PORTIONEN
ZUBEREITUNGSZEIT: 35 MINUTEN
PRO PORTION: 580 KCAL | 64 G KH | 21 G F

ZUTATEN:

- 3 Möhren (geschält ca. 180 g)
- 2 Frühlingszwiebeln
- 450 g Cherrytomaten
- 45 g Macadamianüsse
- 3 Medjool-Datteln ohne Kern
- ½ Bund Koriander
- 350 ml Wasser
- 200 g Kichererbsen-Couscous (alternativ Couscous)
- 1 TL Salz
- 200 g Tofu
- 1 TL Pflanzenöl
- 1 Limette
- 2 TL mittelscharfer Senf
- 1 TL Agavendicksaft
- 100 g gemischter Salat (alternativ Babyspinat)
- 100 g Granatapfelkerne

1. Möhren schälen, putzen und in dünne Stifte schneiden. Frühlingszwiebeln putzen, waschen und in Ringe schneiden. Cherrytomaten waschen und halbieren.
2. Macadamianüsse und Datteln hacken.
3. Koriander waschen, trocken schütteln und ebenfalls hacken.
4. Wasser in einem Topf zum Kochen bringen, dann den Topf vom Herd nehmen. Couscous einrühren und Salz und Datteln dazugeben. Einen Deckel aufsetzen und Couscous 5 Minuten ziehen lassen.
5. Tofu würfeln. Öl in einer Pfanne erhitzen und Tofu darin rundum anbraten.
6. Die Limette auspressen. Saft mit Senf und Agavendicksaft in eine Schüssel geben und zu einem Dressing verrühren.
7. Salat waschen und trocken schütteln.
8. Alle Zutaten in eine große Schale geben und miteinander vermischen.

PRO PORTION 24g Protein

Linsen-Tomaten-Salat mit Avocado

FÜR 4 PORTIONEN
ZUBEREITUNGSZEIT: 15 MINUTEN
PRO PORTION: 539 KCAL | 52 G KH | 23 G F

ZUTATEN:

300 g rote Linsen
8 mittelgroße Tomaten
1 rote Zwiebel
1 Knoblauchzehe
2 Avocados
1 EL Olivenöl
1 TL Salz
½ TL Chilipulver
¼ TL Pfeffer
2 EL Zitronensaft
3-4 Zweige Oregano

1. Linsen in einem Topf mit Wasser nach Packungsanweisung bissfest garen. Dann in ein Sieb abgießen und abtropfen lassen.
2. Tomaten waschen und in Würfel schneiden. Zwiebel schälen und klein schneiden. Knoblauch schälen und hacken.
3. Tomaten, Zwiebel und Knoblauch mit den Linsen in eine große Schüssel geben.
4. Die Avocados halbieren, entkernen, schälen und das Fruchtfleisch in einer Schüssel mit einer Gabel zerdrücken, bis eine püreeartige Konsistenz entsteht. Es dürfen dabei ruhig Stückchen sichtbar bleiben.
5. Olivenöl, Salz, Chili, Pfeffer und Zitronensaft zugeben und unterrühren.
6. Oregano waschen, trocken schütteln und die Blättchen abzupfen. Zusammen mit dem Avocadomus unter den Linsen-Tomaten-Salat heben.

PRO PORTION 25 g Protein

Mediterraner Nudelsalat

FÜR 6 PORTIONEN
ZUBEREITUNGSZEIT: 25 MINUTEN
PRO PORTION: 527 KCAL | 43 G KH | 26 G F

ZUTATEN:

- 75 g getrocknete Tomaten
- 300 g Penne
- 100 g Pflücksalat (alternativ Rucola)
- 5 Mini-Rispentomaten
- 50 g Pinienkerne
- 150 g veganer Feta
- 50 g schwarze Oliven ohne Kern
- 50 g grüne Oliven ohne Kern
- 1 TL Pflanzenöl
- 360 g vegane Hähnchen-Chunks (alternativ Räuchertofuwürfel)
- 2 TL Hähnchengewürz
- 180 g veganes Pesto Rosso

1. Die getrockneten Tomaten in eine Schüssel geben, mit kochendem Wasser übergießen und 10 Minuten quellen lassen (oder über Nacht in kaltem Wasser einweichen).
2. Währenddessen die Penne in einem Topf mit Salzwasser nach Packungsanleitung bissfest garen. Dabei 100 ml Nudelwasser abnehmen. Die fertigen Penne in ein Sieb abgießen, abtropfen lassen und beiseitestellen.
3. Den Salat waschen und trocken schütteln. Die Rispentomaten waschen und halbieren.
4. Die Pinienkerne in einer Pfanne ohne Öl goldbraun rösten.
5. Die getrockneten Tomaten aus dem Wasser heben, abtropfen lassen und klein schneiden.
6. Den veganen Feta in Stücke reißen oder ebenfalls klein schneiden.
7. Die Oliven halbieren.
8. Alle vorbereiteten Zutaten in einer großen Schüssel vermischen.
9. Öl in einer Pfanne erhitzen und Hähnchenersatz darin anbraten, bis er etwas Farbe annimmt. Mit Hähnchengewürz würzen und ebenfalls in die Schüssel geben.
10. Das Pesto in einer Schüssel mit dem Nudelwasser verrühren und als Dressing unter den Salat heben.

Rote-Linsen-Suppe

PRO PORTION 20 g Protein

FÜR 4 PORTIONEN
ZUBEREITUNGSZEIT: 40 MINUTEN
PRO PORTION: 399 KCAL | 44 G KH | 13 G F

ZUTATEN:

- 2 Zwiebeln
- 3–4 Möhren (ca. 300 g)
- 2 ½ EL Rapsöl (mit Buttergeschmack)
- 2 TL Tomatenmark
- 1 ½ TL scharfe Paprikaflocken (alternativ Chiliflocken)
- 1 ½ TL gemahlener Kreuzkümmel
- ⅓ TL gemahlene Kurkuma
- 1 ½ l Gemüsebrühe
- 300 g rote Linsen
- 1–2 TL Salz
- ¼ TL schwarzer Pfeffer
- 2 kleine Lorbeerblätter
- 2 EL getrocknete Minze (Nane)
- 400 g Feto (alternativ 400 g Räuchertofu oder 150 g veganer Feta)
- 1 Zitrone
- ½ Bund Petersilie

1. Zwiebeln schälen und grob würfeln. Möhren putzen, schälen und in Scheiben schneiden.
2. ½ EL Öl in einem Topf erhitzen und Zwiebeln darin kurz anbraten. Möhren dazugeben und ebenfalls anbraten.
3. Tomatenmark, 1 TL Paprikaflocken, Kreuzkümmel und Kurkuma einrühren und 1–2 Minuten rösten. Dann mit Gemüsebrühe ablöschen.
4. Linsen, Salz, Pfeffer und Lorbeerblätter untermischen und einen Deckel auflegen. Suppe 20 Minuten auf niedriger Stufe köcheln lassen.
5. In der Zwischenzeit das restliche Öl in einer kleinen Pfanne erhitzen, die Minze und die restlichen Paprikaflocken dazugeben. Pfanne sofort vom Herd nehmen, alles schnell verrühren und in eine Schüssel umfüllen (Vorsicht, dass die Minze nicht verbrennt).
6. Feto in Würfel schneiden und in der Pfanne, in der sich zuvor das Minzöl befunden hat, anbraten, bis er etwas Farbe annimmt.
7. Die Zitrone auspressen.
8. Die Petersilie waschen, trocken schütteln und hacken.
9. Die Lorbeerblätter aus der Suppe entfernen.
10. Suppe in Teller füllen, mit dem Minzöl, gehackter Petersilie und den Feto-Würfeln garnieren. Zitronensaft darüberträufeln und warm servieren.

Erdnuss-Kürbis-Suppe

PRO PORTION 24 g Protein

FÜR 4 PORTIONEN
ZUBEREITUNGSZEIT: 45 MINUTEN • BACKZEIT: 30 MINUTEN
PRO PORTION: 576 KCAL | 25 G KH | 28 G F

ZUTATEN:

- ca. 1200 g Hokkaido-Kürbis
- 2 Zwiebeln
- 2 Knoblauchzehen
- 200 g geröstete Paprika aus dem Glas
- 2 TL Pflanzenöl
- 1 TL gemahlene Kurkuma
- 2 TL edelsüßes Paprikapulver
- ½ TL Chilipulver
- 600 ml Gemüsebrühe
- 2–3 TL Salz
- ¼ TL Pfeffer
- ¼ TL Cayennepfeffer
- 140 g Erdnussmus
- 180 g vegane Hähnchen-Chunks (alternativ Tofu)
- 1 TL Hähnchengewürz
- 1 Frühlingszwiebel
- 30 g Erdnüsse (geröstet und gesalzen)
- 4 EL vegane Crème fraîche

1. Backofen auf 180 °C Umluft (200 °C Ober-/Unterhitze) vorheizen.
2. Kürbis waschen, halbieren, entkernen und auf ein mit Backpapier belegtes Backblech legen. 30 Minuten im Ofen backen. Dann herausnehmen, Kürbis in eine Schüssel füllen und mit dem Stabmixer pürieren.
3. In der Zwischenzeit Zwiebeln schälen und klein würfeln. Knoblauch schälen und in Scheiben schneiden. Paprika in Stücke schneiden.
4. 1 TL Öl in einem Topf erhitzen und Zwiebel darin anbraten. Knoblauch dazugeben und kurz mitbraten. Danach Kurkuma, Paprikapulver und Chili zufügen und ebenfalls kurz mitrösten.
5. Mit der Gemüsebrühe ablöschen, geröstete Paprika, Salz, Pfeffer und Cayennepfeffer dazugeben und einen Deckel aufsetzen. Suppe 5 Minuten köcheln lassen.
6. Kürbispüree und Erdnussmus untermischen und Suppe mit dem Stabmixer fein pürieren.
7. Das restliche Öl in einer Pfanne erhitzen und den Hähnchenersatz darin anbraten. Mit Hähnchengewürz würzen und aus der Pfanne nehmen.
8. Frühlingszwiebel putzen, waschen und in Ringe schneiden.
9. Kürbissuppe auf Teller verteilen und mit Frühlingszwiebelringen, Erdnüssen, Hähnchenersatz und Crème fraîche garnieren.

PRO PORTION 23 g Protein

Pho-Suppe mit gebratenem Tofu

FÜR 4 PORTIONEN
ZUBEREITUNGSZEIT: 90 MINUTEN
PRO PORTION: 457 KCAL | 59 G KH | 23 G E | 13 G F

ZUTATEN:

- 3 Zwiebeln
- 4 Knoblauchzehen
- 2 Stück Ingwer (daumengroß)
- 1–2 Zimtstangen
- 3 Sternanis
- 2 Nelken
- 2,4 l Wasser
- 2 EL Misopaste
- 5 EL Sojasoße
- 400 g Tofu
- 1 EL Sesamöl
- 3 EL Reisessig
- 2 EL Ahornsirup
- ½ TL Chilipulver
- 200 g Reisbandnudeln
- 2 Frühlingszwiebeln
- 250 g Chinakohl
- 220 g Mungobohnensprossen
- 1 Bund Koriander
- 1 Limette
- 4 EL Srirachasoße
- 4 EL Hoi-Sin-Soße

1. Zwiebeln, Knoblauch und Ingwer mit Schale in grobe Stücke schneiden. Zusammen mit Zimtstangen, Sternanis und Nelken in einem großen Topf ohne Öl und Rühren bei hoher Hitze ungefähr 8 Minuten lang anbraten, bis alles aromatisch duftet und Farbe annimmt.
2. Mit dem Wasser ablöschen, Misopaste und 2 EL Sojasoße einrühren und einen Deckel auflegen. Brühe 1 Stunde köcheln lassen.
3. Den Tofu zwischen einem Küchentuch ausdrücken und grob würfeln. Öl in einer Pfanne erhitzen und den Tofu darin anbraten, bis er Farbe annimmt.
4. Die restliche Sojasoße, Reisessig, Ahornsirup und Chilipulver in einer Schüssel verrühren. Marinade zum Tofu in die Pfanne gießen und unter Rühren so lange einkochen lassen, bis die Flüssigkeit zu karamellisieren beginnt. Tofu aus der Pfanne nehmen und beiseitestellen.
5. Die Reisbandnudeln in einem Topf mit Wasser in ungefähr 5 Minuten al dente köcheln lassen. Dann in ein Sieb abgießen und abtropfen lassen.
6. Frühlingszwiebeln putzen, waschen und in Ringe schneiden. Chinakohl putzen, waschen und in feine Streifen schneiden. Mungobohnensprossen waschen. Koriander waschen, trocken schütteln und grob hacken. Brühe durch ein Sieb in einen Behälter abgießen.
7. Die Reisbandnudeln, das Gemüse und die Sprossen auf 4 Suppenschalen verteilen und die Brühe darübergießen. Den Tofu hinzufügen.
8. Die Limette auspressen und die Suppe jeweils mit Limettensaft beträufeln und mit Koriander bestreuen. Je 1 EL Srirachasoße und Hoi-Sin-Soße in die Pho-Suppe geben.

Käse-Lauch-Suppe

PRO PORTION 26 g Protein

FÜR 4 PORTIONEN
ZUBEREITUNGSZEIT: 35 MINUTEN
VORBEREITUNGSZEIT: 3 STUNDEN ODER 20 MINUTEN
PRO PORTION: 399 KCAL | 17 G KH | 16 G F

ZUTATEN:

- 100 g Cashewkerne
- 3 Stangen Lauch
- 450 g veganer Hackfleischersatz (alternativ Sojagranulat)
- 1,2 l Gemüsebrühe
- 1 TL Salz
- ¼ TL Pfeffer
- 1 TL geriebene Muskatnuss
- 150 ml Wasser
- 6 EL Hefeflocken
- 1 EL Zitronensaft

1. Cashewkerne in eine Schüssel geben, mit Wasser übergießen und mindestens 3 Stunden einweichen lassen oder in einem Topf mit Wasser 20 Minuten köcheln lassen.
2. Lauch putzen, waschen und in Ringe schneiden.
3. Hackfleischersatz in einer Pfanne ohne Öl anbraten und dabei mit einem Holzlöffel oder Pfannenwender zerteilen. Lauch dazugeben und 3 Minuten braten.
4. Mit Gemüsebrühe ablöschen. Mit ½ TL Salz, Pfeffer und Muskatnuss würzen und Suppe 5 Minuten köcheln lassen.
5. Die Cashewkerne in ein Sieb abgießen, mit dem Wasser, den Hefeflocken und dem restlichen Salz in einen Rührbecher geben und mit dem Stabmixer pürieren, bis eine glatte Masse entsteht.
6. Das Cashewmus zur Lauchsuppe geben, vermischen und weitere 3 Minuten köcheln lassen. Mit Zitronensaft und evtl. noch mehr Salz und Pfeffer abschmecken.

Gerichte aus der Pfanne

Curry-Reis-Pfanne

PRO PORTION 19 g Protein

FÜR 4 PORTIONEN
ZUBEREITUNGSZEIT: 25 MINUTEN
PRO PORTION: 494 KCAL | 57 G KH | 19 G F

ZUTATEN:

1 Stück Ingwer (2 cm)
200 g Räuchertofu
1 TL Pflanzenöl
1 EL gelbe Currypaste
200 g Basmatireis
265 g Kichererbsen aus der Dose
200 ml Kokosmilch
600 ml Wasser
300 g TK-Asia-Gemüse-Mix
1 EL Sojasoße
½ Bund Koriander (alternativ Petersilie)

1. Den Ingwer schälen und hacken.
2. Tofu mit Küchenpapier trocken tupfen und in Würfel schneiden.
3. Öl in einer Pfanne erhitzen und Ingwer, Tofu und Currypaste darin ca. 2 Minuten anbraten.
4. Den Basmatireis und die Kichererbsen in ein Sieb geben, spülen und abtropfen lassen. Dann in die Pfanne geben und kurz mitbraten.
5. Mit Kokosmilch und Wasser ablöschen.
6. Das Gemüse und die Sojasoße zufügen, alles gut verrühren und einen Deckel aufsetzen. Reispfanne ca. 16 Minuten bei niedriger Hitze köcheln lassen, bis der Reis gar ist.
7. Währenddessen den Koriander waschen, trocken schütteln und hacken.
8. Die Curry-Reis-Pfanne vor dem Servieren mit dem Koriander bestreuen.

Süßkartoffel-Hack-Pfanne

PRO PORTION 24 g Protein

FÜR 4 PORTIONEN
ZUBEREITUNGSZEIT: 25 MINUTEN
PRO PORTION: 465 KCAL | 52 G KH | 15 G F

ZUTATEN:

- 1 Zwiebel
- 1–2 Knoblauchzehen
- 2 große Süßkartoffeln (ca. 900 g)
- 1 TL Pflanzenöl
- 500 g veganer Hackfleischersatz
- 1 TL edelsüßes Paprikapulver
- 1 TL gemahlener Kreuzkümmel
- 300 ml Wasser
- 2 TL Gemüsebrühepulver
- 200 g Spinat (frisch oder TK)
- 200 ml Soja Cuisine light
- ½ Bund Koriander (alternativ Petersilie)
- ½ TL Salz
- ¼ TL Pfeffer

1. Zwiebel schälen und klein würfeln. Knoblauch schälen und hacken. Süßkartoffeln schälen und in ca. 1 cm große Würfel schneiden.
2. Den Hackfleischersatz in einer Pfanne mit dem Öl anbraten, bis er etwas Farbe angenommen hat. Zwiebel dazugeben und 2 Minuten mitbraten, dann den Knoblauch zufügen und kurz mitrösten.
3. Paprikapulver und Kreuzkümmel untermischen und 1 Minute rösten. Mit dem Wasser ablöschen.
4. Süßkartoffel und Gemüsebrühepulver zugeben und einen Deckel auflegen. Gemüse-Hack-Mischung 8 Minuten köcheln lassen.
5. Währenddessen Spinat waschen und verlesen. Mit der Soja Cuisine in die Pfanne geben und kurz abgedeckt garen, bis er zusammenfällt (TK-Spinat einfach zufügen). Anschließend alles 2 Minuten köcheln lassen.
6. In der Zwischenzeit den Koriander waschen, trocken schütteln und hacken.
7. Süßkartoffel-Hack-Pfanne mit Salz und Pfeffer würzen und den Koriander unterheben.

Indisches Kichererbsen-Curry (Chana Masala)

PRO PORTION
15 g
Protein

FÜR 4 PORTIONEN
ZUBEREITUNGSZEIT: 40 MINUTEN
PRO PORTION: 416 KCAL | 72 G KH | 5 G F

ZUTATEN:

- 2 Zwiebeln
- 4 Knoblauchzehen
- 1 Stück Ingwer (ca. 3 cm)
- 1–2 grüne Chilischoten (optional)
- 2 TL Pflanzenöl
- 1 TL gemahlene Kurkuma
- 2 TL gemahlener Koriander
- 1 TL gemahlener Kreuzkümmel
- 1 TL Chilipulver (optional)
- 1 TL Salz + mehr zum Abschmecken
- 1 TL Garam Masala
- 600 g passierte Tomaten aus der Dose
- 200 g Reis
- 530 g Kichererbsen aus der Dose
- 400 ml Wasser
- ½ Bund Koriander
- Saft von 1 Zitrone

1. Die Zwiebeln schälen und in Würfel schneiden. Knoblauch und Ingwer ebenfalls schälen und hacken.
2. Die Chilis, sofern verwendet, waschen, putzen, entkernen und auch hacken.
3. Öl in einer Pfanne erhitzen und die Zwiebeln darin 1–2 Minuten braten. Dann Knoblauch, Ingwer und evtl. Chili dazugeben und weitere 2 Minuten mitbraten.
4. Die Gewürze einrühren. Nach 30 Sekunden mit den passierten Tomaten ablöschen. Einen Deckel aufsetzen und alles bei schwacher Hitze 10 Minuten köcheln lassen.
5. In der Zwischenzeit den Reis in einem Topf mit Wasser nach Packungsanweisung gar kochen.
6. Die Kichererbsen in ein Sieb abgießen und abtropfen lassen. Mit dem Wasser in die Pfanne geben, verrühren und weitere 10 Minuten ohne Deckel bei schwacher Hitze köcheln lassen.
7. Währenddessen den Koriander waschen, trocken schütteln und hacken. Das Curry mit Zitronensaft und Salz abschmecken. So lange offen weiterköcheln lassen, bis die gewünschte Konsistenz erreicht ist.
8. Zum Schluss den Koriander unter das Curry heben. Curry mit dem Reis servieren.

Um den Proteingehalt zu erhöhen, 200 g Räuchertofu oder eine Fleischalternative in einer Pfanne anbraten und am Ende unter das Curry mischen.

Rotes Thai-Curry mit Ananas und Tofu

PRO PORTION 21 g Protein

FÜR 4 PORTIONEN
ZUBEREITUNGSZEIT: 30 MINUTEN
PRO PORTION: 455 KCAL | 32 G KH | 25 G F

ZUTATEN:

- 1 große Zucchini
- 2 Möhren
- 1 rote Paprikaschote
- 200 g Ananas (TK oder frisch)
- 1 Zwiebel
- 400 g Tofu
- 2 EL Erdnussöl
- 2 EL Sojasoße
- 240 g Basmatireis
- 2 EL rote Thaicurrypaste
- 200 ml Kokosmilch
- 200 ml Wasser
- ½ Bund Koriander
- Saft von 1 Limette

1. Zucchini, Möhren und Paprika putzen, waschen und klein schneiden. Die frische Ananas ebenfalls zerkleinern. Zwiebel schälen und würfeln.
2. Die Flüssigkeit mithilfe eines Handtuchs oder Küchenpapiers vorsichtig aus dem Tofu drücken. Dann Tofu würfeln.
3. 1 EL Erdnussöl in einer Pfanne erhitzen und den Tofu darin anbraten. Mit 1 EL Sojasoße ablöschen, danach Tofu aus der Pfanne nehmen und beiseitestellen.
4. Den Reis in einem Topf mit Wasser nach Packungsanweisung gar kochen.
5. Currypaste und 2 EL Kokosmilch in die Pfanne geben und kurz braten. Zwiebel mit dem restlichen Erdnussöl zufügen und weitere 2 Minuten mitbraten.
6. Zucchini, Möhren und Paprika untermischen und 5 Minuten garen.
7. Mit der restlichen Kokosmilch und dem Wasser ablöschen. Einen Deckel auflegen und Gemüse 12 Minuten köcheln lassen.
8. Den Koriander waschen, trocken schütteln und hacken. Mit dem Limettensaft, Tofu, der restlichen Sojasoße und der Ananas in die Pfanne geben und alles kurz erwärmen.
9. Das Curry mit dem Reis servieren.

PRO PORTION 35 g Protein

Tomatenreis mit Tempeh

FÜR 2 PORTIONEN
ZUBEREITUNGSZEIT: 25 MINUTEN
PRO PORTION: 525 KCAL | 77 G KH | 10 G F

ZUTATEN:

- 1 Zwiebel
- 1–2 Knoblauchzehen
- 1 rote Paprikaschote
- 1 Zucchini (ca. 250 g)
- 150 g Basmatireis
- 2 TL Olivenöl
- 400 g Cherrytomaten aus der Dose
- ½ TL Salz
- Pfeffer
- 1 TL getrockneter Thymian
- 2 TL Gemüsebrühepulver
- 300 ml Wasser
- 300 g Tempeh (alternativ Tofu)
- 1 TL Hähnchengewürz

1. Zwiebel schälen und würfeln. Den Knoblauch schälen und hacken.
2. Paprika und Zucchini putzen, waschen und klein schneiden.
3. Den Reis in ein Sieb geben und gründlich spülen, bis das ablaufende Wasser klar ist.
4. 1 TL Olivenöl in einer großen Pfanne erhitzen und die Zwiebel darin glasig dünsten.
5. Knoblauch zufügen und kurz mitbraten, dann Paprika, Zucchini, Tomaten, Salz, etwas Pfeffer, Thymian, Gemüsebrühepulver, Reis und Wasser dazugeben. Alles verrühren, einen Deckel auflegen und Gemüse-Reis-Mischung ca. 15 Minuten auf mittlerer Stufe köcheln lassen. Dabei gelegentlich umrühren.
6. In der Zwischenzeit den Tempeh in Scheiben schneiden. Das restliche Öl in einer Pfanne erhitzen und Tempehscheiben darin von beiden Seiten goldbraun braten. Mit dem Hähnchengewürz bestreuen und mit dem Tomatenreis servieren.

Pasta mit Pilzen in Frischkäsesoße

PRO PORTION
26 g
Protein

FÜR 4 PORTIONEN
ZUBEREITUNGSZEIT: 25 MINUTEN
PRO PORTION: 563 KCAL | 75 G KH | 16 G F

ZUTATEN:

400 g Fusilli
400 g Räuchertofu
500 g Champignons
1 Zwiebel
2 TL Olivenöl
300 ml Gemüsebrühe
100 ml Soja Cuisine light (alternativ Hafersahne)
½–1 TL Salz
¼ TL Pfeffer
80 g veganer Frischkäse
1 EL Balsamicoessig
2 TL mittelscharfer Senf
½ Bund Petersilie

1. Die Fusilli in einem Topf mit Wasser nach Packungsanweisung gar kochen. In ein Sieb abgießen und abtropfen lassen.
2. Währenddessen den Räuchertofu würfeln.
3. Die Pilze säubern und in Scheiben schneiden. Die Zwiebel schälen, halbieren und die Hälften jeweils achteln.
4. 1 TL Öl in einer Pfanne erhitzen und den Tofu darin rundum anbraten. Aus der Pfanne nehmen und beiseitestellen.
5. Das restliche Öl in die Pfanne geben und die Zwiebelachtel darin anbraten. Dann die Pilze dazugeben und kurz mitbraten.
6. Mit Gemüsebrühe und Soja Cuisine ablöschen. Nun Salz, Pfeffer, Räuchertofu, veganen Frischkäse, Balsamico und Senf unterrühren und 5 Minuten ohne Deckel köcheln lassen. Dabei ab und zu umrühren.
7. Die Petersilie waschen, trocken schütteln und hacken. Mit den gekochten Fusilli in die Soße geben, alles gut verrühren..

PRO PORTION 30 g Protein

One-Pot-Pasta mit Brokkoli und Frischkäse

FÜR 3 PORTIONEN
ZUBEREITUNGSZEIT: 25 MINUTEN
PRO PORTION: 498 KCAL | 54 G KH | 16 G F

ZUTATEN:

1 Brokkoli
1 Zwiebel
2 Knoblauchzehen
1 TL Olivenöl
600 ml Gemüsebrühe
250 ml Soja Cuisine light
250 g rote Linsen-Fusilli
250 g Cocktailtomaten
100 g veganer Frischkäse
½ Bund Petersilie
½–1 TL Salz
¼ TL Pfeffer

1. Den Brokkoli putzen, waschen und in Röschen teilen. Die Zwiebel schälen und klein würfeln, den Knoblauch schälen und hacken.
2. Das Olivenöl in einer Pfanne erhitzen und Zwiebel und Knoblauch darin anbraten. Mit Gemüsebrühe und Soja Cuisine ablöschen.
3. Anschließend die Fusilli einrühren, die Brokkoliröschen auf den Nudeln verteilen (nicht unterrühren) und einen Deckel aufsetzen. 8 Minuten köcheln lassen.
4. Tomaten waschen und mit dem Frischkäse zu den Nudeln geben. Unterrühren und abgedeckt weitere 2 Minuten köcheln lassen.
5. Petersilie waschen, trocken schütteln und hacken.
6. Die One-Pot-Pasta mit Salz und Pfeffer würzen und mit Petersilie bestreut servieren.

One-Pot-Pasta mit Paprika und Käse

PRO PORTION 24 g Protein

FÜR 3 PORTIONEN
ZUBEREITUNGSZEIT: 25 MINUTEN
PRO PORTION: 476 KCAL | 63 G KH | 12 G F

ZUTATEN:

1 große Zwiebel
2 Knoblauchzehen
1 rote Paprikaschote
1 TL Pflanzenöl
1 Handvoll Cocktailtomaten
250 ml Soja Cuisine light (alternativ Hafersahne)
500 ml Gemüsebrühe
2 TL geräuchertes Paprikapulver
1 TL Salz
¼ TL Pfeffer
250 g rote Linsennudeln (alternativ Kichererbsen-Nudeln)
100 g veganer Reibekäse

1. Zwiebel schälen und klein schneiden, Knoblauch schälen und hacken.
2. Die Paprika putzen, waschen und würfeln.
3. Öl in einer Pfanne erhitzen und die Zwiebel darin glasig dünsten. Anschließend Knoblauch und Paprika zufügen und kurz mitbraten.
4. Die Tomaten waschen und ebenfalls untermischen.
5. Soja Cuisine, Gemüsebrühe, Paprikapulver, Salz und Pfeffer einrühren.
6. Die Nudeln unterheben, einen Deckel auflegen und Pasta unter gelegentlichem Rühren 15 Minuten köcheln lassen.
7. Zum Schluss den Käse zufügen und rühren, bis er geschmolzen ist.

PRO PORTION 28 g Protein

Mexikanische Nudelpfanne

FÜR 3 PORTIONEN
ZUBEREITUNGSZEIT: 25 MINUTEN
PRO PORTION: 574 KCAL | 83 G KH | 12 G F

ZUTATEN:

2 gekochte Maiskolben (alternativ 140 g Mais aus der Dose)
200 g Räuchertofu
2 TL Olivenöl
1–2 Zwiebeln
3 Knoblauchzehen
400 g Cherrytomaten aus der Dose
450 ml Gemüsebrühe
250 g Penne
1 TL Salz
¼ TL Pfeffer
1 TL getrockneter Oregano
1 TL rosenscharfes Paprikapulver
½ TL Chilipulver
125 g Kidneybohnen aus der Dose

1. Die Maiskörner von den Kolben abschneiden. Den Räuchertofu würfeln.
2. 1 TL Öl in einer Pfanne erhitzen und Mais und Tofu darin anbraten. Dann herausnehmen und beiseitestellen.
3. Zwiebel schälen und klein schneiden, Knoblauch schälen und hacken. Das restliche Öl in einer weiteren Pfanne erhitzen und Zwiebel und Knoblauch darin rösten. Mit Cherrytomaten und Gemüsebrühe ablöschen.
4. Penne unterheben und Salz und die restlichen Gewürze unterrühren. Einen Deckel auflegen und alles 10 Minuten köcheln lassen. Dabei zwischendurch umrühren.
5. Kidneybohnen in ein Sieb abgießen, abspülen und abtropfen lassen. Zusammen mit Mais und Räuchertofu in die Pfanne geben, verrühren und weitere 5 Minuten abgedeckt köcheln lassen.

Dazu passt vegane Crème fraîche.

»Klassische« Fleisch-alternativen

Chili sin Carne

PRO PORTION 29 g Protein

FÜR 4 PORTIONEN
ZUBEREITUNGSZEIT: 45 MINUTEN
PRO PORTION: 487 KCAL | 57 G KH | 11 G F

ZUTATEN:

- 120 g feines Sojagranulat
- 1 Zwiebel
- 3 Knoblauchzehen
- 2 rote Spitzpaprika
- 1 EL Pflanzenöl
- 2 EL Tomatenmark
- 1 TL gemahlener Kreuzkümmel
- ¼ TL Cayennepfeffer
- 1 TL Chilipulver
- 1 Prise Zimt
- 1 TL Salz
- 125 ml Rotwein (alternativ Gemüsebrühe)
- 400 g stückige Tomaten aus der Dose
- 400 g passierte Tomaten aus der Dose
- 275 ml Gemüsebrühe
- 530 g Kidneybohnen aus der Dose
- 285 g Mais aus der Dose
- 2 Stücke dunkle Schokolade
- ½ Bund Petersilie

1. Das Sojagranulat in eine Schüssel geben, mit kochendem Wasser bedecken und ca. 20 Minuten einweichen lassen.
2. In der Zwischenzeit Zwiebel schälen und würfeln, Knoblauch schälen und hacken.
3. Spitzpaprika putzen, waschen und in Stücke schneiden.
4. Das Granulat gut ausdrücken.
5. Öl in einer Pfanne erhitzen und Zwiebel darin anbraten. Knoblauch dazugeben und kurz mitbraten. Das Granulat einrühren und ungefähr 5 Minuten garen.
6. Tomatenmark und die Gewürze einrühren und 1 Minute rösten.
7. Mit Rotwein ablöschen, die stückigen und passierten Tomaten sowie die Gemüsebrühe dazugeben. Die Paprikastücke zufügen, alles verrühren und einen Deckel auflegen. Chili ungefähr 10 Minuten köcheln lassen.
8. Die Kidneybohnen und den Mais in einem Sieb abtropfen lassen. Die Schokolade hacken. Kidneybohnen, Mais und Schokolade mit dem Chili vermischen und nochmals 5 Minuten köcheln lassen.
9. Währenddessen die Petersilie waschen, trocken schütteln und hacken. Vor dem Servieren unterheben.

Dazu passen gut vegane Crème fraîche und Reis oder Nudeln.

PRO PORTION 24 g Protein

Indisches Butter-Chicken

FÜR 4 PORTIONEN
ZUBEREITUNGSZEIT: 40 MINUTEN • VORBEREITUNGSZEIT: 2–9 STUNDEN
PRO PORTION: 433 KCAL | 57 G KH | 10 G F

ZUTATEN:

- 2 Stück Ingwer (à 2 cm)
- 3 Knoblauchzehen
- 1 TL edelsüßes Paprikapulver
- 1 EL Limettensaft
- 2 TL Salz
- 3 TL Cayennepfeffer
- 1 EL Garam Masala
- 150 g Sojajoghurt (alternativ Kokosjoghurt)
- 360 g vegane Hähnchen-Chunks (alternativ 400 g Tofu)
- 1 Zwiebel
- 20 g vegane Butter
- 500 g passierte Tomaten aus der Dose
- 1 TL Zimt
- 250 g Basmatireis
- 150 ml Soja Cuisine light
- 1 TL Agavendicksaft
- ½ Bund Koriander (alternativ Petersilie)

1. 1 Stück Ingwer und 1 Knoblauchzehe schälen und hacken. In einer Schüssel mit dem Paprikapulver, Limettensaft, 1 TL Salz, 1 TL Cayennepfeffer, Garam Masala und dem Joghurt verrühren. Das vegane Hähnchen dazugeben, gut vermengen und mindestens 2 Stunden oder optimalerweise über Nacht ziehen lassen.
2. Den restlichen Ingwer und Knoblauch schälen und hacken. Die Zwiebel schälen und würfeln.
3. 10 g Butter in einer Pfanne schmelzen und die Zwiebel darin glasig dünsten. Knoblauch und Ingwer dazugeben und kurz mitbraten.
4. Passierte Tomaten, Zimt, das restliche Salz und den restlichen Cayennepfeffer einrühren und einen Deckel auflegen. Alles 20 Minuten köcheln lassen.
5. In der Zwischenzeit den Reis in einem Topf mit Wasser nach Packungsanweisung gar kochen.
6. Soja Cuisine, Agavendicksaft und die restliche vegane Butter zu der Tomatensoße geben und weitere 3 Minuten köcheln lassen.
7. Dann den Hähnchenersatz mit der Marinade ebenfalls zufügen und 2–3 Minuten zugedeckt köcheln lassen.
8. Währenddessen den Koriander waschen, trocken schütteln und hacken. Unter das Butter-Chicken heben und Reis dazu servieren.

PRO PORTION 25 g Protein

Spätzle mit Pilzrahmsoße und Geschnetzeltem

FÜR 4 PORTIONEN
ZUBEREITUNGSZEIT: 35 MINUTEN
PRO PORTION: 380 KCAL | 43 G KH | 11 G F

ZUTATEN:

- 100 g Erbsenproteinschnetzel (alternativ Sojageschnetzeltes)
- 1 EL + 1 TL Gemüsebrühepulver
- 2 Lorbeerblätter
- 1 Zwiebel
- 2 Knoblauchzehen
- 300 g Champignons
- 2 EL Pflanzenöl
- ½ EL Sojasoße
- ½ TL edelsüßes Paprikapulver
- 500 g vegane Spätzle
- ½ TL Salz
- ¼ TL Pfeffer
- 1 TL Chilipulver
- 200 ml vegane Sahne
- 1 EL Balsamicoessig
- 1 TL Dijonsenf
- 240 ml Wasser
- 15 g Speisestärke
- ½ Bund Petersilie

1. In einem Topf Wasser zum Kochen bringen. Erbsenproteinschnetzel, 1 EL Gemüsebrühepulver und Lorbeerblätter hineingeben und 15 Minuten köcheln lassen. Danach in ein Sieb abgießen und gut ausdrücken. Lorbeerblätter entfernen.
2. Zwiebel schälen und klein würfeln. Knoblauch schälen und hacken. Champignons säubern und in Scheiben schneiden.
3. 1 EL Öl in einer Pfanne erhitzen. Geschnetzeltes, Sojasoße und Paprikapulver hineingeben und ein paar Minuten anbraten. Dann aus der Pfanne nehmen und beiseitestellen.
4. Die Spätzle nach Packungsanweisung zubereiten und warmhalten.
5. Währenddessen das restliche Öl in der Pfanne erhitzen und die Zwiebel darin glasig dünsten. Pilze dazugeben, kurz braten und zuletzt den Knoblauch zufügen. Nach ungefähr 2 Minuten das restliche Gemüsebrühepulver, Salz, Pfeffer, Chilipulver, vegane Sahne, Balsamico und Senf zugeben und zum Köcheln bringen.
6. Wasser und Speisestärke in einer Schüssel verrühren, bis keine Klümpchen mehr zu sehen sind. Dann in die Pfanne gießen, einrühren und Soße einmal aufkochen lassen.
7. Petersilie waschen, trocken schütteln und hacken. Zusammen mit dem Geschnetzelten unter die Pilzsoße heben und alles mit den Spätzle servieren.

Deftige Bauernpfanne

PRO PORTION
25 g
Protein

FÜR 2 PORTIONEN
ZUBEREITUNGSZEIT: 40 MINUTEN
PRO PORTION: 408 KCAL | 48 G KH | 11 G F

ZUTATEN:

500 g Kartoffeln
100 g Champignons
200 g Brokkoli
1 Zwiebel
1–2 Knoblauchzehen
200 g Tofu
125 g Cocktailtomaten
2 TL Olivenöl
2 TL geräuchertes Paprikapulver
100 ml Gemüsebrühe
½ TL Salz

1. Kartoffeln gut waschen und in einem Topf mit kochendem Salzwasser 15–20 Minuten garen, bis sie weich sind. Etwas abkühlen lassen und dann pellen.
2. Pilze säubern und vierteln. Brokkoli putzen, waschen und in Röschen teilen.
3. Zwiebel schälen und in Würfel oder Spalten schneiden. Knoblauch schälen und hacken. Tofu würfeln. Cocktailtomaten waschen.
4. 1 TL Öl in einer Pfanne erhitzen und den Tofu darin rundum goldbraun braten. 1 TL Paprikapulver darüberstreuen und kurz weiterbraten. Dann Tofu aus der Pfanne nehmen und beiseitestellen.
5. Das restliche Öl in der Pfanne erhitzen. Zwiebel darin glasig dünsten, dann den Knoblauch kurz mitbraten.
6. Brokkoli und Gemüsebrühe zufügen und einen Deckel auflegen. Gemüse ca. 4 Minuten auf mittlerer Stufe dünsten (das Wasser sollte am Ende verdampft sein).
7. Pilze, Tomaten und Salz dazugeben und unter gelegentlichem Rühren braten.
8. Kartoffeln in Spalten schneiden (Vorsicht, heiß!) und zusammen mit dem Tofu unterheben. Das restliche Paprikapulver einstreuen und alles noch mal kurz braten und dabei gut vermischen.

Crispy Tofu-Nuggets

PRO PORTION 16 g Protein

FÜR 4 PORTIONEN
ZUBEREITUNGSZEIT: 25 MINUTEN • BACKZEIT: 30 MINUTEN
PRO PORTION: 308 KCAL | 42 G KH | 7 G F

ZUTATEN:

400 g Naturtofu
4 EL Sojasoße
2 EL Yacon-Sirup (alternativ Ahornsirup oder Agavendicksaft)
¼ TL Chiliflocken
80 g Cornflakes ohne Zucker
120 ml Sojadrink
1 TL Apfelessig
60 g Maisstärke

1. Den Tofu längs in 3 Scheiben schneiden und diese zwischen Küchenpapier oder einem Tuch auspressen. Jede Scheibe in 3 Streifen schneiden und diese in einen verschließbaren Behälter legen.
2. Sojasoße, Yacon-Sirup und Chiliflocken in einer Schüssel verrühren. Marinade über die Tofustreifen gießen. Den Behälter verschließen und vorsichtig auf den Kopf drehen und wieder zurück, damit sich alles gut verteilt.
3. Die Cornflakes in eine Tüte oder einen Mixer geben und gut zerkleinern. Anschließend in einen etwas tieferen Teller füllen.
4. Sojadrink und Apfelessig ebenfalls in einen tiefen Teller geben, verrühren und 5 Minuten stehen lassen, damit das Ganze etwas eindickt.
5. Die Stärke auf einem dritten Teller verteilen.
6. In der Zwischenzeit den Backofen auf 180 °C Umluft (200 °C Ober-/Unterhitze) vorheizen.
7. Die Streifen aus der Marinade heben und etwas abtropfen lassen. Dann zuerst in der Stärke, als Nächstes im Sojagemisch und zuletzt in den Cornflakes wenden.
8. Panierte Stücke auf ein mit Backpapier ausgelegtes Backblech legen und 15 Minuten im Ofen backen. Danach einmal wenden und weitere 15 Minuten backen.

Dazu passen Curry-Ketchup oder Süß-Sauer-Dip.

Pasta mit Meatballs

PRO PORTION 33 g Protein

FÜR 4 PORTIONEN
ZUBEREITUNGSZEIT: 35 MINUTEN • BACKZEIT: CA. 15 MINUTEN
PRO PORTION: 619 KCAL | 71 G KH | 16 G F

ZUTATEN:

Für die Meatballs:

- 1 kleine Schalotte
- 2 Knoblauchzehen
- 1 TL Pflanzenöl
- 200 g veganer Hackfleischersatz
- ½ TL getrockneter Oregano
- ½ TL getrockneter Thymian
- ½ TL getrocknetes Basilikum
- 2–4 TL Paniermehl
- 2 TL Hefeflocken
- 1 TL Pilzgewürz (alternativ Sojasoße)

Für die Pasta:

- 100 g gelbe Linsennudeln
- 100 g Vollkornspaghetti (alternativ 200 g Hartweizengrießspaghetti)
- ½ Bund Basilikum
- 400 g Pastasoße
- 20 g Parmesanersatz (Rezept siehe Seite 103)

1. Backofen auf 180 °C Umluft (200 °C Ober-/Unterhitze) vorheizen.
2. Schalotte schälen und würfeln. Knoblauch schälen und hacken. Öl in einer Pfanne erhitzen und Zwiebel und Knoblauch darin kurz andünsten. Danach in eine Schüssel umfüllen.
3. Die restlichen Zutaten für die Meatballs zur Schalotte und dem Knoblauch geben, alles gut verkneten und 6–8 Bällchen aus dem Teig formen.
4. Bällchen auf ein mit Backpapier belegtes Backblech setzen und 10–15 Minuten im Ofen backen.
5. Beide Nudelsorten in einem Topf mit Wasser jeweils nach Packungsanweisung gar kochen (z. B. erst die Vollkornpasta und nach 2 Minuten die rote Linsenpasta dazugeben). In ein Sieb abgießen, mit kaltem Wasser abschrecken und abtropfen lassen.
6. Basilikum waschen, trocken schütteln, die Blätter abzupfen und grob zerkleinern.
7. Die Soße in einem Topf erwärmen, Pasta und Meatballs unterheben und ebenfalls erwärmen.
8. Pasta mit Basilikum bestreut servieren.

Gebratene Nudeln mit Tofu

PRO PORTION 31 g Protein

FÜR 2 PORTIONEN
ZUBEREITUNGSZEIT: 30 MINUTEN
PRO PORTION: 611 KCAL | 92 G KH | 12 G F

ZUTATEN:

200 g Tofu
1 große Möhre
1 Zucchini
1 große Zwiebel
3 TL Sesamöl
2 TL + 4 EL Sojasoße
200 g Mie-Nudeln

1. Tofu zwischen Küchenpapier oder einem Handtuch leicht auspressen, sodass ein Teil der Flüssigkeit austritt. Anschließend in dünne Scheiben schneiden.
2. Möhre und Zucchini putzen, waschen und ebenfalls in dünne Scheiben schneiden. Die Zwiebel schälen und längs in grobe Streifen schneiden.
3. 1 TL Öl in einer Pfanne erhitzen und den Tofu darin bei mittlerer Hitze rundum goldgelb braten. 2 TL Sojasoße darübergeben und ein paar Sekunden weiterbraten. Tofu aus der Pfanne nehmen und beiseitestellen.
4. Die Nudeln in eine Schüssel geben, mit kochendem Wasser übergießen und 5 Minuten ziehen lassen. Dann in einem Sieb abtropfen lassen.
5. In der Zwischenzeit 1 weiteren TL Öl in die Pfanne geben und das vorbereitete Gemüse darin unter Rühren anbraten, bis es etwas Farbe annimmt.
6. Die Nudeln mit der restlichen Sojasoße zufügen und noch etwas anbraten.
7. Die Pfanne vom Herd nehmen und das restliche Sesamöl zugeben. Alles gut verrühren und Nudeln mit dem Tofu servieren.

Spaghetti Carbonara

PRO PORTION 32 g Protein

FÜR 4 PORTIONEN
ZUBEREITUNGSZEIT: 30 MINUTEN
PRO PORTION: 572 KCAL | 74 G KH | 14 G F

ZUTATEN:

Für die Spaghetti:

- 250 g Champignons
- 1 TL Pflanzenöl
- 250 g vegane Speckwürfel (alternativ Räuchertofuwürfel)
- 750 ml Gemüsebrühe
- 250 ml Soja Cuisine light
- 1 TL Salz
- ¼ Pfeffer
- 400 g Vollkornspaghetti

Für den Parmesanersatz:

- 25 g Cashewkerne
- 2 TL Hefeflocken
- ¼ TL Knoblauchpulver
- 1 Prise Salz

1. Champignons säubern und in Scheiben schneiden. Öl in einer Pfanne erhitzen und die Champignons sowie die Speckwürfel darin ca. 5 Minuten goldbraun braten. Dann herausnehmen und beiseitestellen.
2. Gemüsebrühe, Soja Cuisine, 1 TL Salz, Pfeffer und ungekochte Spaghetti in die Pfanne geben. Einen Deckel aufsetzen und Pasta ungefähr 15 Minuten köcheln lassen, bis sie al dente ist. Dabei gelegentlich umrühren.
3. Währenddessen für den Parmesanersatz Cashewkerne, Hefeflocken, Knoblauchpulver und Salz in einem Mixer zerkleinern, bis die Konsistenz in etwa der von geriebenem Parmesan gleicht. Parmesan zu den Spaghetti reichen.

Gerichte aus dem Ofen

PRO PORTION 24 g Protein

Kartoffelauflauf mit Brokkoli

FÜR 4 PORTIONEN
ZUBEREITUNGSZEIT: 25 MINUTEN • BACKZEIT: 25 MINUTEN
PRO PORTION: 401 KCAL | 38 G KH | 15 G F

ZUTATEN:

700 g Kartoffeln
500 g Brokkoli
175 g Räuchertofu
1 Zwiebel
1 TL Pflanzenöl
1 Knoblauchzehe
250 ml Soja Cuisine light
30 g veganes neutrales Proteinpulver
2 TL edelsüßes Paprikapulver
½ TL Salz
¼ TL Pfeffer
1 Msp. geriebene Muskatnuss
1 TL getrockneter Thymian
1 TL getrockneter Oregano
125 g veganer Reibekäse
2 Stiele Schnittlauch

1. Den Ofen auf 200 °C Ober-/Unterhitze (180 °C Umluft) vorheizen.
2. Kartoffeln schälen, waschen und würfeln. Den Brokkoli waschen, putzen und in kleine Röschen teilen.
3. Salzwasser in einem Topf zum Kochen bringen, dann zunächst die Kartoffeln hineingeben und 4 Minuten köcheln lassen. Nun den Brokkoli zufügen und weitere 6 Minuten kochen. Danach Gemüse in ein Sieb abgießen.
4. Räuchertofu in kleine Würfel schneiden. Zwiebel schälen und klein würfeln.
5. Öl in einer Pfanne erhitzen und Tofu und Zwiebel darin 5 Minuten braten.
6. Kartoffeln, Brokkoli, Räuchertofu und Zwiebel in eine große Auflaufform füllen und vermischen.
7. Die Knoblauchzehe schälen und in eine Schüssel pressen. Mit Soja Cuisine, Proteinpulver, Gewürzen und Kräutern verrühren. Die Soße über das Gemüse gießen.
8. Auflauf mit Käse bestreuen und 25 Minuten im Ofen backen.
9. Währenddessen den Schnittlauch waschen, trocken schütteln und hacken.
10. Den Auflauf vor dem Servieren mit den Schnittlauch bestreuen.

PRO PORTION 23 g Protein

Gefüllte Paprika mit Reis

FÜR 4 PORTIONEN
ZUBEREITUNGSZEIT: 25 MINUTEN • BACKZEIT: 80 MINUTEN
PRO PORTION: 449 KCAL | 48 G KH | 14 G F

ZUTATEN:

- 100 g Vollkorn-Basmatireis (alternativ Basmatireis)
- 100 g Sojagranulat
- 1 l Gemüsebrühe
- Salz
- 1 TL edelsüßes Paprikapulver
- 1 TL Knoblauchpulver
- ½ TL Chilipulver
- 1 ½ TL getrockneter Rosmarin
- 1 TL Liquid Smoke
- 2 TL Sojasoße
- 1 EL Ajvar
- 2 EL+ 1 TL Olivenöl
- 4 rote Paprikaschoten
- 2 Zwiebeln
- 1 Möhre
- 250 ml Soja Cuisine light
- 2 TL Hähnchengewürz
- 3 Knoblauchzehen
- 700 g passierte Tomaten aus der Dose
- 400 g stückige Tomaten aus der Dose
- ½ TL getrockneter Thymian
- Pfeffer

1. Den Reis in einem Topf mit Wasser nach Packungsanleitung gar kochen. Danach in ein Sieb abgießen und abtropfen lassen.
2. Währenddessen das Granulat mit Gemüsebrühe und etwas Salz in einen Topf geben und 10 Minuten köcheln lassen. Anschließend in ein Sieb abgießen, abtropfen lassen und etwas ausdrücken.
3. Paprikapulver, Knoblauchpulver, Chilipulver, 1 TL Rosmarin, Liquid Smoke, Sojasoße, Ajvar und 1 EL Olivenöl in einer Schüssel verrühren. Das Sojagranulat zugeben und gut vermischen.
4. Den Backofen auf 200 °C Umluft (220 °C Ober-/Unterhitze) vorheizen.
5. Die Paprikaschoten waschen, jeweils oben einen »Deckel« abschneiden und die Kerne entfernen.
6. Die Zwiebeln schälen, die Möhre waschen und putzen und beides klein schneiden.
7. 1 EL Öl in einer Pfanne erhitzen und die Hälfte der Zwiebeln darin kurz anbraten. Das Granulat und die Möhre zugeben und weitere 5 Minuten garen.
8. Soja Cuisine, Hähnchengewürz und den gekochten Reis unterrühren. Die Masse in die 4 Paprikaschoten verteilen und jeweils den Deckel wieder aufsetzen.
9. Den Knoblauch schälen und hacken.
10. Das restliche Öl in der Pfanne erhitzen und die restlichen Zwiebeln darin anbraten. Den Knoblauch kurz mitbraten und dann mit den passierten und stückigen Tomaten ablöschen.

11. Soße mit dem restlichen Rosmarin, Thymian, Salz und Pfeffer abschmecken und in einen Bräter gießen. Die Paprikaschoten hineinsetzen und den Deckel auflegen.
12. Gefüllte Paprika 30 Minuten im Ofen schmoren, dann den Deckel abnehmen und weitere 50 Minuten offen weitergaren.

PRO PORTION 30 g Protein

Mediterranes Ofengemüse mit Fetasoße

FÜR 4 PORTIONEN
ZUBEREITUNGSZEIT: 25 MINUTEN • BACKZEIT: CA. 35 MINUTEN
PRO PORTION: 515 KCAL | 45 G KH | 20 G F

ZUTATEN:

Für das Ofengemüse:

- 800 g Kartoffeln
- 1 rote Paprikaschote
- 400 g Zucchini
- 6 Schalotten
- 1 Knoblauchzehe
- 2 Zweige Rosmarin
- 30 g Olivenöl
- Salz, Pfeffer
- 2 EL Rotweinessig
- 320 g veganer Hähnchenfiletersatz (alternativ Tofu oder Kichererbsen)
- einige Basilikumblätter

Für die Fetasoße:

- 100 g veganer Feta
- 330 g ungesüßter Sojajoghurt
- 1 Stiel frische Minze
- 1 Knoblauchzehe
- ¼–½ TL Salz
- 1 TL getrockneter Oregano (alternativ frischer)

1. Kartoffeln schälen, waschen und in Scheiben schneiden. Auf ein mit Backpapier ausgelegtes Backblech legen (noch nicht verteilen).
2. Backofen auf 200 °C Ober-/Unterhitze (180 °C Umluft) vorheizen.
3. Paprika putzen, waschen und in Streifen schneiden. Zucchini putzen, waschen und in Scheiben schneiden.
4. Schalotten schälen und vierteln. Knoblauch schälen und hacken.
5. Rosmarin waschen, trocken schütteln, die Nadeln von den Zweigen streifen und ebenfalls hacken. Alles zu den Kartoffeln geben.
6. Gemüse mit 20 g Olivenöl beträufeln und mit Salz und Pfeffer würzen. Alles mit den Händen gut vermengen und verteilen. Gemüse 30–35 Minuten im Ofen backen. Anschließend in eine Schale umfüllen und mit Rotweinessig vermischen.
7. In der Zwischenzeit die Filetstücke in einer Pfanne im restlichen Öl rundum anbraten.
8. Basilikum waschen, trocken schütteln und hacken. Beides zu dem Gemüse geben.
9. Für die Soße Feta und Joghurt in einen Rührbecher geben und mit dem Stabmixer pürieren.
10. Minze waschen, trocken schütteln und grob zerkleinern.
11. Knoblauch schälen und hacken. Einen Teil der Minze, Knoblauch und die restlichen Zutaten ebenfalls in den Rührbecher geben und pürieren. Die Soße portionsweise über das warme Ofengemüse träufeln. Mit der restlichen Minze bestreut servieren.

Nudelauflauf mit Champignons und Spinat

PRO PORTION 341 g Protein

FÜR 4 PORTIONEN
ZUBEREITUNGSZEIT: 25 MINUTEN • BACKZEIT: 20 MINUTEN
PRO PORTION: 591 KCAL | 64 G KH | 17 G F

ZUTATEN:

- 300 g Penne
- 2 TL Pflanzenöl
- 360 g vegane Hähnchen-Chunks (alternativ 400 g Tofu)
- 2 TL Hähnchengewürz
- 1 Zwiebel
- 3 Knoblauchzehen
- 400 g braune Champignons
- 300 g Spinat (TK oder frisch)
- 500 ml Soja Cuisine light
- 30 g veganes neutrales Proteinpulver
- 2 TL edelsüßes Paprikapulver
- 1 TL Salz
- ¼ TL Pfeffer
- 1 TL getrockneter Thymian
- 1 TL getrockneter Oregano
- 1 EL Hefeflocken (optional)
- 100 g veganer Reibekäse
- 3 Stiele Petersilie (optional)

1. Penne in einem Topf mit kochendem Salzwasser nach Packungsanweisung bissfest garen. Anschließend in ein Sieb abgießen und abtropfen lassen.
2. In der Zwischenzeit 1 TL Öl in einer Pfanne erhitzen und Hähnchenersatz (oder gewürfelten Tofu) darin anbraten und mit dem Hähnchengewürz würzen. Aus der Pfanne nehmen und beiseitestellen.
3. Den Ofen auf 180 °C Ober-/Unterhitze (160 °C Umluft) vorheizen.
4. Zwiebel schälen und würfeln. Knoblauch schälen und hacken. Champignons säubern und in Scheiben schneiden.
5. Das restliche Öl in der Pfanne erhitzen und die Zwiebel darin glasig dünsten. Knoblauch und Pilze dazugeben und 5 Minuten braten.
6. Frischen Spinat waschen und verlesen. Spinat in die Pfanne geben und so lange unter Rühren garen, bis er zusammengefallen oder aufgetaut ist.
7. Die Penne, das Gemüse und den Hähnchenersatz in eine große Auflaufform geben und gut vermischen.
8. Soja Cuisine in einer Schüssel mit dem Proteinpulver, den Gewürzen, Kräutern und evtl. den Hefeflocken verrühren. Soße über den Penne-Gemüse-Mix gießen und alles mit Käse bestreuen. Den Auflauf 20 Minuten im Ofen backen.
9. Die Petersilie waschen, trocken schütteln und hacken.
10. Vor dem Servieren den Auflauf nach Belieben mit gehackter Petersilie bestreuen.

PRO PORTION 25 g Protein

Gefüllte Zucchini

FÜR 2 PORTIONEN
ZUBEREITUNGSZEIT: 25 MINUTEN • BACKZEIT: 30 MINUTEN
PRO PORTION: 418 KCAL | 35 G KH | 17 G F

ZUTATEN:

- 3 mittelgroße Zucchini
- 1 Zwiebel
- 200 g Knollensellerie
- 2 mittelgroße Möhren
- 2 Knoblauchzehen
- 1 TL Pflanzenöl
- 200 g veganer Hackfleischersatz (alternativ Sojagranulat)
- 250 g passierte Tomaten aus der Dose
- 1 Schuss Wasser
- 1 TL edelsüßes Paprikapulver
- ½ TL getrockneter Majoran
- ¼ TL Pfeffer
- ¼ TL gemahlener Koriander
- ¼ TL gemahlener Kreuzkümmel
- Salz
- 50 g veganer Reibekäse

1. Zucchini putzen, waschen, halbieren und mit einem Löffel vorsichtig aushöhlen. Das Fruchtfleisch klein schneiden und beiseitestellen.
2. Zwiebel schälen, Sellerie und Möhren putzen und waschen und alles klein würfeln. Knoblauch schälen und hacken.
3. Backofen auf 180 °C Umluft (200 °C Ober-/Unterhitze) vorheizen.
4. Eine Pfanne mit Öl erhitzen und den Hackfleischersatz darin krümelig braten. Die Zwiebel dazugeben und glasig dünsten. Knoblauch und das restliche vorbereitete Gemüse inklusive dem Zucchinifruchtfleisch kurz mitrösten.
5. Mit passierten Tomaten und Wasser ablöschen und mit den Gewürzen und ½ TL Salz abschmecken.
6. Die Zucchini in eine große Auflaufform setzen, leicht salzen und mit der Bolognese-Mischung füllen. 15 Minuten im Ofen backen.
7. Anschließend mit Käse bestreuen und weitere 15 Minuten backen.

PRO PORTION 8 g Protein

Quiche Lorraine mit Räuchertofu

FÜR 8 STÜCK
ZUBEREITUNGSZEIT: 30 MINUTEN • BACKZEIT: CA. 45 MINUTEN
PRO STÜCK: 281 KCAL | 25 G KH | 16 G F

ZUTATEN:

200 g Mehl + mehr für die Arbeitsfläche
85 g vegane Margarine
Salz
400 ml vegane Kochsahne
1 TL Zitronensaft
2½ Gemüsezwiebeln
175 g Räuchertofu
Pfeffer
7–8 Cherrytomaten
2 rote Zwiebeln
2 Knoblauchzehen
ein paar Zweige Oregano
¼ Bund Schnittlauch
1 EL Senf
30 g Speisestärke

1. Mehl mit 75 g Margarine, ½ TL Salz, 75 ml veganer Sahne und Zitronensaft in eine Schüssel geben und zu einem Teig verkneten. Den Teig kaltstellen.
2. Gemüsezwiebeln schälen und wie den Tofu klein würfeln.
3. Die restliche Margarine in einer Pfanne erhitzen und Zwiebel und Tofu darin 10 Minuten braten. Mit ½ TL Salz und ¼ TL Pfeffer würzen, beiseitestellen und abkühlen lassen.
4. Den Teig auf einer bemehlten Arbeitsfläche ausrollen, auf Backpapier ziehen und mit dem Papier in eine Quiche- oder Springform (ø 26 cm) legen. Den Teig an den Seiten gleichmäßig verteilen und überschüssigen Teig abschneiden. Den Teigboden mit Senf einpinseln.
5. Den Backofen auf 180 °C Umluft (200 °C Ober-/Unterhitze) vorheizen.
6. Die Cherrytomaten waschen, die roten Zwiebeln schälen und beides halbieren. Knoblauch schälen und hacken. Kräuter waschen, trocken schütteln und hacken (ein paar Kräuter vorher zum Garnieren beiseitelegen).
7. 2 EL der Sahne in einer Schüssel mit der Speisestärke verrühren. Dann die restliche Sahne, Knoblauch, Salz und Pfeffer einrühren. Tofu-Mix und die Kräuter unterheben. Mischung auf den Boden der Quiche geben.
8. Zwiebeln und Tomaten halbieren, dekorativ auf der Quiche verteilen und diese ungefähr 45 Minuten im Ofen backen.
9. Anschließend mit den restlichen Kräutern garnieren und am besten warm servieren. Die Quiche schmeckt aber auch kalt oder kurz aufgewärmt sehr gut.

Gnocchi-Auflauf

PRO PORTION 23 g Protein

FÜR 3 PORTIONEN
ZUBEREITUNGSZEIT: 20 MINUTEN • BACKZEIT: 20 MINUTEN
PRO PORTION: 571 KCAL | 70 G KH | 19 G F

ZUTATEN:

250 g Champignons
250 g Cocktailtomaten
1 Zwiebel
2 Knoblauchzehen
1 Handvoll Basilikumblätter
500 g Gnocchi
1 TL Pflanzenöl
250 g veganer Hackfleischersatz (alternativ Sojagranulat)
1 TL getrockneter Rosmarin
1 TL getrockneter Oregano
250 ml Soja Cuisine light
½ TL Salz
¼ TL Pfeffer
2 TL Maisstärke
1 Schuss Wasser
100 g veganer Reibekäse

1. Champignons säubern und vierteln. Tomaten waschen und halbieren. Zwiebel schälen und klein würfeln. Knoblauch schälen und hacken. Basilikum waschen, trocken schütteln und klein schneiden.
2. Gnocchi in einem Topf mit kochendem Wasser 5 Minuten köcheln lassen, bis sie oben schwimmen. In ein Sieb abgießen und abtropfen lassen.
3. Den Backofen auf 200 °C Ober-/Unterhitze (180 °C Umluft) vorheizen.
4. Öl in einer Pfanne erhitzen und Zwiebel mit Knoblauch darin glasig dünsten. Dann den Hackfleischersatz dazugeben und braten, bis er leicht gebräunt ist.
5. Pilze, Tomaten und frische sowie getrocknete Kräuter zufügen und kurz mitdünsten.
6. Mit Soja Cuisine ablöschen und mit Salz und Pfeffer würzen.
7. Speisestärke in einer Tasse mit einem Schuss kaltem Wasser verrühren. In die Pfanne gießen und verrühren.
8. Gnocchi und Gemüse aus der Pfanne in eine Auflaufform geben und vermischen. Auflauf mit Käse betreuen und 20 Minuten im Ofen backen.

Shepherd's Pie

PRO PORTION 28 g Protein

FÜR 4 PORTIONEN
ZUBEREITUNGSZEIT: 20 MINUTEN • BACKZEIT: 20 MINUTEN
PRO PORTION: 399 KCAL | 38 G KH | 10 G F

ZUTATEN:

- 2 große Kartoffeln
- 3 TL Salz
- 1 große Zwiebel
- 1 große Möhre
- 3 Knoblauchzehen
- 2 TL Olivenöl
- 435 g veganer Hackfleischersatz (alternativ Linsen- oder Sojagranulat)
- 2 EL Tomatenmark
- 2 EL Sojasoße
- 1 TL getrockneter Rosmarin
- 1 TL getrockneter Thymian
- 150 ml Wasser
- 100 ml Rotwein (alternativ Wasser)
- 1 EL Gemüsebrühepulver
- 150 g TK-Erbsen
- 100 g veganer Reibekäse
- 100 ml Pflanzendrink

1. Den Ofen auf 200 °C Ober-/Unterhitze (180 °C Umluft) vorheizen.
2. Die Kartoffeln schälen, waschen und in grobe Würfel schneiden. In einem Topf mit kochendem Wasser und 2 TL Salz 10 Minuten gar kochen.
3. Zwiebel schälen und klein würfeln. Möhre putzen, waschen und in kleine Würfel schneiden. Knoblauch schälen und hacken.
4. Öl in einer Pfanne erhitzen und Zwiebel, Möhre und Knoblauch darin ungefähr 3 Minuten braten. Das Hack dazugeben und während des weiteren Anbratens mit einem Kochlöffel zerteilen. Tomatenmark, Sojasoße und getrocknete Kräuter dazugeben und 1 Minute mitbraten.
5. Wasser, Wein und Gemüsebrühepulver in einer Schüssel verrühren und das Gemüse damit ablöschen.
6. Erbsen unterheben. Den Gemüse-Hack-Mix in eine Auflaufform füllen und etwas flach drücken.
7. Die Kartoffeln in ein Sieb abgießen und in eine Schüssel geben. 75 g Reibekäse, das restliche Salz und den Pflanzendrink zufügen und alles mit einem Kartoffelstampfer zu Brei verarbeiten. Den Brei auf dem Mix in der Auflaufform verteilen. Mit einer Gabel Streifen in das Püree ziehen.
8. Auflauf 20 Minuten im Ofen backen. Dann herausnehmen, den restlichen Käse darüber verteilen, Pie 5 Minuten stehen lassen und servieren.

PRO PORTION 24 g Protein

Blumenkohl-Wings im Kichererbsenmantel

FÜR 2 PORTIONEN
ZUBEREITUNGSZEIT: 15 MINUTEN • BACKZEIT: CA. 25 MINUTEN
PRO PORTION: 361 KCAL | 47 G KH | 4 G F

ZUTATEN:

- 1 mittelgroßer Blumenkohl (ca. 575 g)
- 150 g Kichererbsenmehl
- ¼ TL Backpulver
- ¼ TL Knoblauchpulver
- 1 TL geräuchertes Paprikapulver
- 150 ml Wasser

1. Den Backofen auf 200 °C Umluft (220 °C Ober-/Unterhitze) vorheizen.
2. Blumenkohl putzen, waschen und in Röschen teilen.
3. Die restlichen Zutaten in einer Schüssel gut verrühren. Die Blumenkohlröschen dazugeben und mit dem Teig überziehen.
4. Die Blumenkohl-Wings auf einem mit Backpapier belegten Backblech verteilen. 20–25 Minuten im Ofen backen, bis die Wings knusprig sind, dabei gelegentlich die Ofentür öffnen, damit der Dampf entweichen kann.

Dazu passt die Fetasoße von Seite 110.

Flammkuchen

PRO PORTION 21 g Protein

FÜR 2 PORTIONEN
ZUBEREITUNGSZEIT: 10 MINUTEN • BACKZEIT: CA. 7–9 MINUTEN
PRO PORTION: 524 KCAL | 43 G KH | 28 G F

ZUTATEN:

- 100 g vegane Crème fraîche
- 100 g vegane Quarkalternative
- ½ TL Salz
- ¼ TL Pfeffer
- 1 kleine Knoblauchzehe
- 2 Vollkorn-Flammkuchenböden (à 85 g)
- 1 rote Zwiebel
- 6 Cocktailtomaten
- ¼ Chilischote (optional)
- 45 g vegane Schinkenwürfel (alternativ Räuchertofu)
- 75 g veganer Reibekäse
- 3 Stiele Petersilie

1. Den Ofen auf 250 °C Ober-/Unterhitze vorheizen. Dabei ein Blech auf der untersten Stufe einschieben.
2. Crème fraîche, Quarkalternative, Salz und Pfeffer in eine Schüssel geben. Die Knoblauchzehe schälen, dazupressen und alles gut verrühren.
3. Flammkuchenböden auf Backpapier legen und gleichmäßig mit der Creme bestreichen.
4. Zwiebel schälen und in feine Ringe schneiden. Tomaten waschen und halbieren. Chili gegebenenfalls putzen, waschen, entkernen und klein schneiden.
5. Das Gemüse und die veganen Schinkenwürfeln auf den Flammkuchen verteilen.
6. Flammkuchen mit Käse bestreuen und mit dem Backpapier auf das Blech ziehen (Achtung, heiß!). 7–9 Minuten im Ofen backen. Der Rand sollte nicht zu dunkel werden.
7. Währenddessen Petersilie waschen, trocken schütteln und hacken.
8. Vor dem Servieren Flammkuchen mit Petersilie bestreuen.

Kuchen und Co.

Oreo®-Bananenbrot

PRO STÜCK 8 g Protein

FÜR 12 STÜCKE
ZUBEREITUNGSZEIT: 10 MINUTEN • BACKZEIT: 1 STUNDE
PRO STÜCK: 200 KCAL | 25 G KH | 7 G F

ZUTATEN:

Pflanzenfett für die Form
8 Oreo®-Kekse
3 reife Bananen (ca. 340 g)
180 ml Pflanzendrink
60 g Rapsöl (alternativ geschmolzenes Kokosöl)
2 TL Apfelessig
1 TL Vanillearoma
200 g Dinkelmehl
70 g veganes Proteinpulver (ungesüßt)
30 g Speisestärke
2 TL Backpulver
1 TL Natron
100 g Erythrit
1 Prise Salz

1. Backofen auf 175 °C Umluft (195 °C Ober-/Unterhitze) vorheizen.
2. Eine Kastenkuchenform einfetten oder mit Backpapier auslegen.
3. Die Oreo®-Kekse hacken.
4. Die Bananen schälen, in eine Schüssel geben und mit einer Gabel zerdrücken oder mit dem Stabmixer pürieren. Die restlichen feuchten Zutaten untermischen.
5. Die trockenen Zutaten in einer zweiten Schüssel vermischen und zum Bananenmus geben. Alles kurz mit dem Handrührgerät verrühren.
6. ⅔ der gehackten Oreo®-Kekse unterheben und den Teig in die Kastenkuchenform füllen.
7. Die restlichen Kekse auf dem Teig verteilen. Den Kuchen 1 Stunde im Ofen backen, dabei nach der Hälfte der Backzeit mit Alufolie abdecken.

Dazu passt die Schoko-Nuss-Creme (siehe Seite 17) sehr gut.

Pfirsich-Käsekuchen-Muffins

PRO STÜCK 5 g Protein

FÜR 12 STÜCK
ZUBEREITUNGSZEIT: 20 MINUTEN • BACKZEIT: 25 MINUTEN
KÜHLZEIT: MINDESTENS 2 STUNDEN
PRO STÜCK: 62 KCAL | 4 G KH | 3 G F

ZUTATEN:

- 12 halbe Pfirsiche aus der Dose (ohne Zucker)
- 800 g vegane Quarkalternative (alternativ Skyr Style)
- 2 Päckchen Vanillepuddingpulver
- 100 g Erythrit
- 1 Prise Salz
- 1 TL geriebene Zitronenschale

Optionale Zutaten für die Garnierung:

- 2 Stücke vegane Schokolade (mind. 75 % Kakao)
- 24 Zuckeraugen
- 24 gehobelte Mandeln
- 12 Blüten aus Reispapier

1. Den Backofen auf 160 °C Umluft (175 °C Ober-/Unterhitze) vorheizen.
2. 12 Mulden eines Muffinblechs mit Papierförmchen auslegen.
3. Die Pfirsichhälften in einem Sieb gut abtropfen lassen.
4. Quarkalternative, Puddingpulver, Erythrit, Salz und Zitronenschale in einer Schüssel verrühren. Die Masse in die Papierförmchen füllen. 1 Pfirsichhälfte vorsichtig mit der Wölbung nach oben in die Mitte jedes Muffins setzen.
5. Die Muffins 25 Minuten im Ofen backen und anschließend vollständig abkühlen lassen. Mindestens 2 Stunden oder über Nacht kaltstellen.
6. Für eine besonders hübsche Variante die Schokolade in ein mikrowellengeeignetes Gefäß geben und in der Mikrowelle schmelzen. Dann in einen kleinen Gefrierbeutel umfüllen. An einer Ecke des Beutels ein winziges Eck abschneiden und dann jeweils 3 Streifen auf die Pfirsiche malen.
7. Auf jeden Muffin 2 Zuckeraugen aufsetzen. Jeweils 2 Mandelblättchen als Flügel in den Pfirsich drücken und mit den Blüten verzieren.

Apfel-Zimt-Schnecken

PRO STÜCK 12 g Protein

FÜR 12 STÜCK
ZUBEREITUNGSZEIT: 25 MINUTEN • GEHZEIT: 1 STUNDE UND 20 MINUTEN
BACKZEIT: 45 MINUTEN • KÜHLZEIT: 30 MINUTEN
PRO STÜCK: 242 KCAL | 29 G KH | 8 G F

ZUTATEN:

175 ml Pflanzendrink
1 TL Ahornsirup (alternativ Zucker, nicht durch Erythrit ersetzen!)
105 g vegane Margarine
½ Würfel frische Hefe (alternativ 1 Päckchen Trockenhefe)
400 g Dinkelmehl + mehr für die Arbeitsfläche
100 g veganes Proteinpulver (ungesüßt)
100 g Erythrit
150 g Sojajoghurt
4 kleine Äpfel
2 TL Zitronensaft
1 TL Stärke
1 EL Zimt
60 g gemahlener Erythrit
1 EL Wasser

1. Pflanzendrink mit Ahornsirup und 75 g Margarine in einen Topf geben und leicht erwärmen. Topf vom Herd nehmen, die Hefe hineinbröseln und Vorteig 5 Minuten stehen lassen.
2. Dinkelmehl, Proteinpulver, 70 g Erythrit, Joghurt und Hefemilch in eine Schüssel geben und mit dem Handrührgerät 5 Minuten verkneten. Den Teig in der Schüssel mit einem feuchten Handtuch abdecken und 1 Stunde an einem warmen Ort gehen lassen.
3. Eine Auflaufform mit etwas Margarine einfetten.
4. Die Äpfel schälen, entkernen und in kleine Würfel schneiden. In einer Schüssel mit Zitronensaft und der Stärke vermischen.
5. Den Teig auf einer bemehlten Arbeitsfläche zu einem Rechteck ausrollen. Die restliche Margarine in einem Topf schmelzen und auf dem Rechteck verstreichen.
6. 30 g Erythrit in einer Tasse mit dem Zimt vermischen und auf den Teig streuen. Die Apfelstücke darüber verteilen.
7. Teig von einer langen Seite her aufrollen und die Rolle in 12 Stücke schneiden. Schnecken mit einer Schnittfläche nach oben in die Auflaufform setzen, mit dem Tuch abdecken und weitere 15 Minuten gehen lassen.
8. In der Zwischenzeit den Backofen auf 180 °C Ober-/Unterhitze (160 °C Umluft) vorheizen.
9. Nach Ende der Gehzeit die Schnecken im Ofen 45 Minuten backen, dabei nach 30 Minuten mit Alufolie abdecken.
10. Schnecken aus dem Ofen holen und auskühlen lassen. Gemahlenen Erythrit in einer Tasse mit dem Wasser verrühren und die Schnecken damit bestreichen.

Donauwellen-Torte

PRO STÜCK 9 g Protein

FÜR 12 STÜCKE
ZUBEREITUNGSZEIT: 30 MINUTEN • BACKZEIT: 40 MINUTEN
KÜHLZEIT: 2,5 STUNDEN
PRO STÜCK: 251 KCAL | 22 G KH | 13 G F

ZUTATEN:

Für den Teig:

- 180 g TK-Kirschen (alternativ Kirschen aus dem Glas)
- Pflanzenfett für die Form
- 160 g Dinkelmehl
- 40 g veganes neutrales Proteinpulver
- 2 TL Backpulver
- 70 g Erythrit
- 1 TL Süßstoff
- 1 Prise Salz
- 50 g Rapsöl (alternativ geschmolzenes Kokosöl)
- 220 ml Pflanzendrink
- 15 g Backkakao

Für die Puddingcreme:

- 30 g Vanillepuddingpulver
- 30 g Erythrit
- 10 g Agar Agar
- 200 ml Pflanzendrink
- 100 g vegane Quark-alternative (alternativ Skyr Style)

Für die Schoko-Ganache:

- 70 g vegane Schokolade (mind. 70 % Kakao)
- 60 ml Sojasahne

1. Die Kirschen auftauen und in einem Sieb abtropfen lassen.
2. Den Backofen auf 175 °C Umluft vorheizen.
3. Eine Springform (ø 18 cm) mit Backpapier auslegen oder einfetten.
4. Die restlichen Zutaten für den Teig bis auf den Backkakao in eine Schüssel geben und mit dem Handrührgerät kurz verrühren. Die Hälfte des Teiges in die Springform füllen.
5. Den Backkakao mit dem restlichen Teig mischen. Den dunklen Teig auf den hellen löffeln und mit einer Gabel durch den Teig ziehen, um ein Marmormuster zu erreichen.
6. Die Kirschen auf dem Teig verteilen und leicht eindrücken.
7. Kuchen ungefähr 40 Minuten im Ofen backen. Dann herausnehmen und abkühlen lassen.
8. Nach dem Auskühlen den Kuchen aus der Form nehmen, auf eine Platte setzen und einen Tortenring um den Kuchen stellen. Für die Puddingcreme Puddingpulver, Erythrit, Agar Agar und 5 EL vom Pflanzendrink in einer Schüssel verrühren.
9. Den restlichen Pflanzendrink in einem Topf aufkochen lassen. Topf vom Herd nehmen und das angerührte Puddingpulver untermischen. Topf wieder auf den Herd stellen und Creme 2 Minuten unter Rühren aufkochen lassen.
10. Pudding in eine Schüssel umfüllen und die Quarkalternative unterheben. Creme auf dem Kuchen verteilen. Mit Klarsichtfolie abdecken und 2 Stunden kaltstellen.

11. Für die Schoko-Ganache die Schokolade mit einem Messer fein hacken und in eine Schüssel geben.
12. Die vegane Sahne in eine mikrowellengeeignete Schüssel füllen und kurz in der Mikrowelle erhitzen. Dann über die Schokolade gießen. Kurz warten und anschließend alles verrühren. Die Schokolade sollte nun komplett geschmolzen sein und es darf keine Klümpchen mehr geben.
13. Den Tortenring vorsichtig entfernen und die Ganache auf und um die Torte herum verteilen. Mit einem Tortenschaber das gewünschte Donauwellenmuster auf der Torte erzeugen. Torte vor dem Anschneiden weitere 30 Minuten kaltstellen.

Chocolate-Chip-Blondies mit Brombeersoße

PRO STÜCK 7 g Protein

FÜR 6 STÜCK
ZUBEREITUNGSZEIT: 30 MINUTEN • BACKZEIT: 30 MINUTEN • KÜHLZEIT: 30 MINUTEN
PRO STÜCK: 166 KCAL | 19 G KH | 6 G F

ZUTATEN:

Für die Blondies:

- 480 g Kichererbsen aus der Dose
- 60 g Erythrit
- 1 TL Vanillearoma
- 1 TL Süßstoff
- 3 EL Pflanzendrink
- 1 Prise Salz
- 30 g Erdnussmus
- 1½ TL Backpulver
- 1 EL Apfelessig
- 35 g zuckerfreie vegane Schokodrops (alternativ gehackte Schokolade)

Für die Brombeersoße:

- 120 g Brombeeren (frisch oder TK)
- 100 ml Wasser
- 1 TL Vanillepuddingpulver

1. Den Backofen auf 180 °C Umluft (200 °C Ober-/Unterhitze vorheizen.
2. Eine kleine Auflaufform (20 × 20 cm) mit Backpapier auslegen.
3. Die Kichererbsen in ein Sieb abgießen, abspülen und abtropfen lassen. Anschließend mit Erythrit, Süßstoff, Vanillearoma, Pflanzendrink, Salz und Erdnussmus in einen Rührbecher geben und mit dem Stabmixer pürieren.
4. Eine Mulde in den Teig drücken und Backpulver sowie Apfelessig darin vermischen. Anschließend alles einmal ordentlich durchmixen, dann die Schokodrops unterheben.
5. Den Teig etwa 2 cm hoch in die Auflaufform füllen. Die Blondies 30 Minuten im Ofen backen. Dann herausholen und 30 Minuten abkühlen lassen.
6. Anschließend den Kuchen vorsichtig aus der Form lösen und in 6 Stücke schneiden.
7. Für die Soße frische Brombeeren waschen und entstielen. Brombeeren mit 80 ml Wasser in einem Topf kurz aufkochen lassen.
8. In der Zwischenzeit das Puddingpulver in einer Tasse mit dem restlichen Wasser verrühren. Die Mischung unter Rühren zu den Brombeeren geben und Soße 1 Minute köcheln lassen.
9. Die Brombeersoße vor dem Servieren auf den Blondies verteilen.

Heidelbeer-Käsekuchen

PRO STÜCK 12 g Protein

FÜR 12 STÜCKE
ZUBEREITUNGSZEIT: 30 MINUTEN • BACKZEIT: 1 STUNDE
RUHEZEIT: 1 STUNDE • KÜHLZEIT: ÜBER NACHT
PRO STÜCK: 182 KCAL | 18 G KH | 7 G F

ZUTATEN:

Für den Boden:

40 g vegane Margarine
75 g Dinkelmehl
60 g veganes neutrales Proteinpulver
5 g Backpulver
100 g Erythrit
1 Prise Salz
1 TL Vanillearoma
150 g Apfelmark ohne Zucker

Für die Füllung:

200 g Tofu
200 g Sojajoghurt
20 g Vanillepuddingpulver
70 g Erythrit
20 g Hartweizengrieß
Saft von ½ Zitrone
100 g Heidelbeeren

Für die Soße:

100 g Heidelbeeren (frisch oder TK)
100 ml Wasser
1 TL Vanillepuddingpulver

1. Margarine in eine mikrowellengeeignete Schüssel geben und in der Mikrowelle (oder über dem warmen Wasserbad) schmelzen.
2. Geschmolzene Margarine und die restlichen Zutaten für den Boden in einer Schüssel mit dem Handrührgerät zu einem geschmeidigen Teig verkneten. Teig in Frischhaltefolie einwickeln und 20 Minuten kaltstellen.
3. Den Backofen auf 175 °C Ober-/Unterhitze (160 °C Umluft) vorheizen.
4. Für die Käsekuchenfüllung Tofu klein schneiden. Mit den restlichen Zutaten für die Creme bis auf die Heidelbeeren in einen Rührbecher geben und mit dem Stabmixer zu einer glatten Masse pürieren.
5. Die Beeren waschen, verlesen und unterheben.
6. Eine Springform (ø 17 cm) mit Backpapier auslegen. Den Teig hineingeben, am Boden flach drücken und an den Rändern hochziehen.
7. Die Creme auf dem Teig verstreichen. Kuchen 1 Stunde im Ofen backen. Anschließend weitere 1 Stunde im ausgeschalteten, geschlossenen Ofen stehen lassen.
8. Den Kuchen aus dem Ofen holen, komplett auskühlen lassen und am besten über Nacht in den Kühlschrank stellen, damit die Creme schön fest wird.
9. Für die Soße frische Heidelbeeren waschen und verlesen. Heidelbeeren mit 70 ml Wasser in einen Topf geben und zum Kochen bringen.
10. Währenddessen Puddingpulver in einer Tasse mit dem restlichen Wasser verrühren. Unter Rühren zu den Beeren geben und 1 Minute köcheln lassen. Die Soße zum Kuchen servieren.

Vanille-Schoko-Cupcakes mit Erdnussbutter

PRO STÜCK 8 g Protein

FÜR 12 STÜCK
ZUBEREITUNGSZEIT: 30 MINUTEN • VORBEREITUNGSZEIT: 3 STUNDEN ODER 20 MINUTEN • BACKZEIT: 25 MINUTEN
RUHEZEIT: 10 MINUTEN • KÜHLZEIT: 1 STUNDE
PRO STÜCK: 173 KCAL | 11 G KH | 11 G F

ZUTATEN:

- 100 g Cashewkerne
- 120 g Haferflocken
- 80 g Mandelmehl
- 2 TL Backpulver
- 10 g Stärke
- 40 g Erythrit
- 4 TL Süßstoff
- 1 TL Vanillearoma
- 300 ml Pflanzendrink
- 1 EL Apfelessig
- 50 g zuckerfreie vegane Schokodrops (alternativ gehackte Schokolade)
- 50 g Erdnussmus
- 12 g Backkakao
- 20 g Kokosöl
- 70 g Kokoscreme aus der Dose (der feste Teil)
- 2 TL Zitronensaft
- 20 g Agavendicksaft
- 4 Stücke dunkle Schokolade

1. Die Cashewkerne in eine Schüssel geben, mit Wasser übergießen und mindestens 3 Stunden einweichen oder in einem Topf mit Wasser 20 Minuten köcheln lassen.
2. Die Haferflocken im Mixer oder einer Kaffeemühle fein mahlen. Das Hafermehl in eine Schüssel umfüllen und mit Mandelmehl, Backpulver, Stärke, Erythrit, 3 TL Süßstoff, Vanillearoma, Pflanzendrink und Apfelessig vermischen. Mit dem Handrührgerät zu einem Teig verrühren. Dann die Schokodrops unterheben und Teig 10 Minuten stehen lassen.
3. In der Zwischenzeit den Backofen auf 170 °C Umluft (190 °C Ober-/Unterhitze) vorheizen.
4. 12 Mulden eines Muffinblechs mit Papierförmchen bestücken.
5. Den Teig in die 12 Mulden der Form füllen und 25 Minuten im Ofen backen. Die Muffins dann aus dem Ofen holen und 30 Minuten abkühlen lassen.
6. Nach dem Abkühlen mithilfe eines Apfel-Ausstechers Muffins in der Mitte aushöhlen, dabei aber den Boden nicht verletzen.
7. Das Erdnussmus in einer Schüssel mit Backkakao und dem restlichen Süßstoff verrühren. Jeweils ungefähr 5 g der Schoko-Erdnuss-Butter in die Löcher der Muffins geben.
8. Die Cashewkerne in ein Sieb abgießen.

9. Kokosöl in eine mikrowellengeeignete Schüssel geben und in der Mikrowelle (oder über dem warmen Wasserbad) schmelzen. Das flüssige Kokosöl mit den Cashewkernen, Kokoscreme, Zitronensaft und Agavendicksaft in einen Rührbecher geben und mit dem Stabmixer pürieren. Masse 30 Minuten in den Kühlschrank stellen.
10. Anschließend Masse in einen Spritzbeutel mit Sterntülle füllen und auf jeden Cupcake eine Haube spritzen.
11. Die Schokolade hacken und die Cupcakes damit garnieren.

PRO STÜCK 8 g Protein

Käsekuchen mit Schokoboden und Himbeersoße

FÜR 12 STÜCKE
ZUBEREITUNGSZEIT: 30 MINUTEN • BACKZEIT: 1 STUNDE
RUHEZEIT: 1 STUNDE • KÜHLZEIT: ÜBER NACHT
PRO STÜCK: 212 KCAL | 14 G KH | 14 G F

ZUTATEN:

Für den Schokoboden:

- ½ Banane
- 50 g Dinkelmehl
- 50 g Mandelmehl
- 20 g Backkakao
- 50 g Erythrit
- 1 Prise Salz
- 50 g vegane Margarine
- 1 TL Vanillearoma
- 1 TL Süßstoff

Für die Füllung:

- 50 g vegane Margarine
- 400 g Seidentofu (alternativ mehr vegane Quarkalternative)
- 100 g vegane Quarkalternative
- 100 ml Pflanzendrink
- 2 gestrichene EL Grieß
- 60 g Erythrit
- 1 TL Süßstoff
- 20 g Vanillepuddingpulver
- Saft von ½ Zitrone

Für die Soße:

- 150 g Himbeeren (TK oder frisch)
- ½ TL Süßstoff

1. Die Banane schälen, in eine Schüssel geben, mit einer Gabel zerdrücken oder mit dem Stabmixer pürieren.
2. Die restlichen Zutaten für den Boden dazugeben und mit dem Handrührgerät zu einem Teig verkneten. Teig in Frischhaltefolie einwickeln und bis zur Verwendung in den Kühlschrank legen.
3. Den Backofen auf 175 °C Ober-/Unterhitze (155 °C Umluft) vorheizen. Eine Springform (ø 17 cm) mit Backpapier auslegen.
4. Für die Füllung Margarine in eine mikrowellengeeignete Schüssel geben und 30 Sekunden in der Mikrowelle schmelzen. Mit den restlichen Zutaten für die Füllung in einen Rührbecher geben und mit dem Stabmixer pürieren.
5. Den Schokoteig aus dem Kühlschrank nehmen, in die Springform geben, am Boden flach drücken und an den Rändern hochziehen.
6. Die Füllung auf dem Teig verstreichen und Kuchen 1 Stunde im Ofen backen. Anschließend 1 Stunde im ausgeschalteten, geschlossenen Ofen stehen lassen.
7. Kuchen aus dem Ofen nehmen, komplett auskühlen lassen und dann mindestens 2 weitere Stunden oder über Nacht in den Kühlschrank stellen, damit die Füllung schön fest wird.
8. Für die Soße frische Himbeeren waschen und entstielen. TK-Himbeeren auftauen lassen und dabei den Saft auffangen.
9. Himbeeren und Süßstoff in einen Rührbecher geben und pürieren. Soße zum Kuchen servieren.

Über die Autorin

Daniela Ruppert (Instagram: *yummy.andfit*) wurde mit 13 Jahren Mitglied im Dr.-Oetker-Back-Club und entdeckte ihre Leidenschaft für das Backen und Kochen. Nach einer Ausbildung zur Erzieherin folgte sie ihrem Wunsch nach kreativer Freiheit, wurde Food-Fotografin und gründete den Onlineshop FoodyBoard. Die Liebe zum Sport beeinflusste ihre Kochkünste, und sie begann, ausgewogene und proteinreiche Gerichte zu kreieren, dokumentiert auf Instagram. Eine ethische Debatte motivierte sie, verstärkt vegane Rezepte auszuprobieren. Durch ihre langjährige Auseinandersetzung mit Makronährstoffen und gesunder Ernährung fiel es ihr leicht, proteinreiche vegane Gerichte zu entwickeln. Heute teilt sie ihre Freude daran, zu zeigen, wie einfach eine gesunde, eiweißreiche vegane Ernährung sein kann.

Annika Grimm · Nils Altner (Hrsg.)

Resilienz stärken – gesund bleiben als Lehrkraft

Besser mit Herausforderungen umgehen durch Achtsamkeit und Selbstfürsorge

Klett | Kallmeyer

Bibliografische Information der Deutschen Nationalbibliothek
Die Deutsche Nationalbibliothek verzeichnet diese Publikation in der Deutschen Nationalbibliografie; detaillierte bibliografische Daten sind im Internet über http://dnb.d-nb.de abrufbar.

Impressum

Annika Grimm • Nils Altner (Hrsg.)
Resilienz stärken – gesund bleiben als Lehrkraft
Besser mit Herausforderungen umgehen durch Achtsamkeit und Selbstfürsorge

1. Auflage 2024

Redaktion: Daniela Brunner, Korschenbroich
Realisation: Stefan Zielasko
Druck: BELTZ Grafische Betriebe GmbH, Bad Langensalza
Printed in Germany

ISBN: 978-3-7727-1716-1

Annika Grimm · Nils Altner (Hrsg.)

Resilienz stärken – gesund bleiben als Lehrkraft

Besser mit Herausforderungen umgehen durch Achtsamkeit und Selbstfürsorge

Klett | Kallmeyer

Vorab: Warum Resilienz für Lehrkräfte so wichtig ist 10

1 Einführung: Resilienz in der Schule – Aufgabe und Chance 13
Annika Grimm

Resilienz als Thema der Gesundheitsförderung in der Schule 14
Vergleich: Ist der Lehrberuf belastender als andere Berufe? 16
Forschungsergebnisse: Gesundheitliche Beeinträchtigungen im Lehrberuf 18

1.1 Wege zur Resilienz 20
Erster Schritt: Die eigene Belastung im Lehrberuf kennen(-lernen) 20
Selbstreflexion: Belastungsinventur M1 20
Zweiter Schritt: Körperliche Beschwerden verstehen lernen (Psychosomatik) 20
Übung zur Einstimmung: Belastung erleben M2 21
Dritter Schritt: Resilienz entwickeln durch Stärkung der BARES-Faktoren 23
Übung: Achtsamkeit und Resilienz verbessern mit dem MASTER-Plan M3 25

1.2 Gesundheit und Salutogenese – Fokus auf Ressourcen legen 26
Selbstreflexion zur Orientierung: Was verstehe ich unter Gesundheit ... und was nicht? M4 26
Selbstreflexion zur Vertiefung: Was bedeutet Gesundheit für mich und wie gesund erlebe ich mich? M5 28

1.3 Kohärenzgefühl – die Grundlage der Resilienz stärken 29
Erster Schritt: Wie stark ist mein Kohärenzgefühl überhaupt? 30
Selbstreflexion: Wie steht es um mein Kohärenzgefühl? M6 30
Zweiter Schritt: Wie sollte ich mein Kohärenzgefühl stärken? 30
Selbstreflexion: Wie kann ich mein Kohärenzgefühl stärken? M7 31

1.4 Stress entsteht im Kopf 31
Mit Stressoren und Stressreaktionen resilienzorientiert umgehen lernen 33
Selbstreflexion: Body- und Belastungs-Scan – was macht Stress mit mir? M8 34
Stress bewältigen – auch mit Programm 34

1.5 Verhaltensänderung durch Stärkung von Selbstwirksamkeit 35
Selbstreflexion: Wie steht es um meine Selbstwirksamkeitserwartungen als Lehrperson? M9 36

2 Bewegung – eine Säule der Stärkung von Resilienz 40
Christian Andrä und Germaine Berthold

2.1 Selbstfürsorge als Ausgangspunkt 40
Mit Bewegung lernen, auf sich selbst (besser) zu achten 42

2.2 Bewegung als Element der Selbstfürsorge im Lehrerberuf 42
Bewegung bewusst und als nützlich wahrnehmen 43
Selbstreflexion: Körperliche Aktivität M10 43
Übung: Der eigenen Bewegungsbiografie auf die Spur kommen M11 44

2.3 Bewegung in den Alltag einbauen und planen 45
Übung: Einfache Bewegungsanreize und -nischen im Arbeitsalltag umsetzen M12 46

2.4 Bewegung als ‚Werkzeug' im Unterrichtsalltag 48
Sich als Lehrkraft im Unterrichtsalltag bewegen 48
Sich als Lehrkraft Zeit für Ruhe und Bewegung schaffen 50
Schüler:innen im Unterrichtsalltag in Bewegung und auch in Ruhe bringen 52
Verlangen nach Bewegungsaktivität, Ruhe und Entspannung von Lernenden differenziert wahrnehmen 52
Übung: Nonverbales Verhalten trainieren M13 53
Bewegung im Classroom-Management und bei Gesprächen 54
Schüler:innen im Unterrichtsalltag gezielt (!) und gerichtet Gelegenheit zur Bewegung geben 56

3 Resilienter durch achtsame Atmung 59
Anna Paul und Nils Altner

Übung: Den Atem spüren M14 61

3.1 Die Atmung: Zwischen Körper und Geist 62
Lernen, das Atmen zu gestalten 63
Übung: Hand aufs Herz M15 63
Bewusst(er) atmen 64
Atmung und Rhythmus 65
Übung: Atem und Herzschlag M16 65
Wechselatmung – eine Yoga-Technik 66
Übung: Wechselatmung M17 67

3.2 Als Lehrperson auf die eigene Atmung achten 68
Atmung und Haltung 68
Drei Übungen zum Atmen und zur Haltung M18 70
Atmung und Stimmbildung 71
Vier Übungen zur Atmung und Stimmbildung M19 72
Atmung und erholsamer Schlaf 74
Zwei Übungen zu Atmung und erholsamem Schlaf M20 75

3.3 Atmung als Baustein einer gesunden Schule 76
Unterstützung und Anleiten bewussten Atmens 76
Durch achtsames Atmen die Aufmerksamkeit verbessern 77
Unterbrechen in Belastungssituationen 77
Sorge für ein gesundes Arbeitsumfeld 77
Übung: Wie gut ist die Luft im Klassenzimmer? M21 78
Bedeutung von Atmen und Atmung als Gegenstand des Unterrichts 79
Anregungen zur Vertiefung 81

4 Regeneration 83

Vera Kaltwasser

4.1 Definition von Achtsamkeit 85

4.2 Wege zu einer persönlichen Achtsamkeitspraxis 86

Wenn nicht jetzt, wann dann? 86

Die Haltung des beobachtenden Gewahrseins erkunden und trainieren 87

Am Steuer in Stress-Situationen 88

4.3 Übungen zur Selbstwirksamkeit und zur Regeneration 89

Mit der körpereigenen Reaktivität umgehen – den Führerschein erwerben 89

Übung: Automatische Reaktionen erkennen **M22** 90

Die Tücken des Belohnungssystems 90

Übung in einer Craving-Situation **M23** 90

Freude als Ressource 91

Übung: Freude-Bilder **M24** 91

Übung: Persönliche Ressourcen **M25** 92

Self-Compassion – Selbstmitgefühl 92

Übung: Der innere Kritiker **M26** 92

Compassion/Mitgefühl und Beziehungsgestaltung 93

Umsetzungswege, die Mut machen 94

5 Ernährung 96

Annika Grimm

5.1 Wege zur gesunden Ernährung 96

Was wissen wir überhaupt über Ernährung? 96

Plausibilität prüfen, nicht jedem neuen Trend folgen und aufs Machbare setzen 98

Das Potenzial für Verbesserungen der Ernährungsqualität prüfen 99

Übung: Bestandsaufnahme zur Ernährung in Ihrer Schule **M27** 99

Faktoren einer gesundheitsfördernden Ernährung 100

Sich auch um das „Wie" der Ernährung kümmern 101

5.2 Achtsamkeit und Intuition – mehr als nur Essen 103

Intuitive Ernährung für ein positives Körpergefühl 103

Ist intuitives Essen gleich achtsames Essen? 107

Übung: Während des Essens – Schokoladenmeditation **M28** 107

Übung: Nach dem Essen – eine Evaluation **M29** 108

Achtsames Essen: Nicht das *Was*, sondern das *Wie* ist entscheidend 109

Übung: Ernährungstagebuch **M30** 110

Wie lang sollte eine Mittagspause sein – oder: Wie viel Zeit braucht achtsames Essen? 111

5.3 Ein Blick über den Tellerrand 112

Ayurveda 112

Übung: Ayurveda-Test **M31** 115

5.4 Wege zur gesunden Ernährung in der Schule 115

Übung: Ess-Kultur in Ihrer Schule **M32** 116

Kontroversen über Essen in der Schule 116

Achtsamkeitsübung: Bewusstes Trinken **M33** 118

Wie gehen Schulen mit dem Schulessen um? 119

Ausblick: Nachhaltigkeit und Ernährung 121

6 Gemeinsam für Selbsthilfe und Demokratie 124
Nils Altner und Susanne Dannhorn

Selbstreflexionsideen für den Alltag (1) M34 127

6.1 Schritt 1: Selbst aktiv für ein achtsames Miteinander werden 127
Selbstreflexionsideen für den Alltag (2) M35 129
Selbstreflexionsideen für den Alltag (3) M36 130

6.2 Schritt 2: An bestehende Strukturen in der Schule anknüpfen 130
Selbstreflexionsideen für den Alltag (4) M37 132

6.3 Schritt 3: Integration von Achtsamkeits-Übungen in den Schulalltag und Unterricht 133
Achtsamkeits-Übungen als kleine Pausen im Schulalltag M38 134
Nach der Arbeit wohlwollend zurückschauen 134
Achtsamkeits-Übungen zum wohlwollenden Zurückschauen M39 135
Wirkebenen im System Schule 135

6.4 Schritt 4: Resilienzstärkende Bildungsprozesse verändern Lehrkräfte und Schulen 136
Veränderungen der äußeren Bedingungen 137
Gemeinsam eine demokratieförderliche Schulkultur gestalten 138
Selbstreflexionsideen für den Alltag (5) M40 138
Fazit: Achtsam resiliente Bildungstransformation für die Zukunft 140

Die Autorinnen und Autoren 142
Bildquellenverzeichnis 143
Download-Code 144

Vorab: Warum Resilienz für Lehrkräfte so wichtig ist

Resilienz ist kein Allheilmittel und auch keine Notfallmedizin. Sie kann weder alle Probleme lösen, noch ist sie eine Garantie für Wohlbefinden und Gesundheit. Das ist die eine Seite.

Auf der anderen Seite gilt aber auch: Nur mit Resilienz kann es Lehrkräften auf Dauer gelingen, ihren Beruf erfüllt, zufrieden und erfolgreich zu erleben und dabei auf ihre physische und psychische Gesundheit zu achten.

Wir sehen in diesem Buch deshalb Resilienz nicht vorrangig nur als Ziel von Gesundheitsvorsorge oder als eine zu erlernende Methode für Lehrkräfte, damit sie mit neuen Herausforderungen an Beruf und an ihre Person (z. B. durch Covid-Pandemie, Ukraine-Krieg, Klima-Krise) zurechtkommen können. Natürlich kann Resilienz dazu beitragen, sich diesen Herausforderungen erfolgreicher zu stellen. Viel bedeutsamer ist sie aus unserer Sicht aber als grundlegende Haltung und Kompetenz im Berufsleben der Lehrkraft im Sinne der folgenden Definition.

Resilienz

→ Kompetenz, berufliche Anforderungen, herausfordernde Situationen und Krisen zu meistern durch persönliche und soziale Ressourcen, Erfahrung von Selbstwirksamkeit, psychische Widerstandsfähigkeit und die Fähigkeit zur individuellen Entwicklung.

Forschungsergebnisse über guten Unterricht und gute Schule (vgl. Hattie 2015; Steffens/Höfer, 2016) sowie über Belastungen bzw. Gesundheit im Lehrberuf (Rothland/Klusmann 2016) belegen nachdrücklich, wie wichtig es für die Qualität des Unterrichts und die Gesundheit von Lehrkräften ist,

- sich den Anforderungen des Berufs gewachsen zu fühlen und die eigenen Leistungen zu sehen und zu wertschätzen,
- die Bewältigung der beruflichen Aufgaben ausgeglichen zu gestalten,
- Herausforderungen positiv zu meistern und belastungsreduzierend mit Störungen umzugehen,
- den Lehrberuf auch als für sich persönlich bereichernd und erfüllend zu erfahren.

Um dies zu erreichen, ist Resilienz notwendig – und zwar als professionelle Grundhaltung und als Reservoir, aus dem Lehrerinnen und Lehrer *Kraft* für das Gelingen ihres Berufes schöpfen können und zu Lehr**kräften** werden. Resilienz als Grundhaltung ist also keine Wellness-, Lifestyle-Activity oder Selbstoptimierungsstrategie, sondern zentraler Bestandteil der beruflichen (und persönlichen) Qualifikation, die man lernen, verbessern, stärken und absichern kann.

In der Aus- und Fortbildung zum Lehrberuf steht das Thema *Resilienz* allerdings noch zu selten auf dem Studienplan – meist nur als Zusatzangebot, als Beratungsangebot oder als Coaching.

Nach unseren Erfahrungen sollte die Beschäftigung mit Resilienz allerdings zum Ausbildungs- und Berufsalltag gehören. Im Kern geht es um die Beantwortung der Frage:

> Wie kann ich selbst für mich sorgen und meine Arbeit in der Schule so gestalten, dass sie den anderen und mir Kraft gibt, die täglichen Aufgaben und besonderen Herausforderungen physisch und psychisch so zu bewältigen, dass wir uns wohlfühlen und aufeinander achten?

Untersucht man vor diesem Hintergrund die tägliche Arbeit als Lehrerin oder Lehrer, entdeckt man schnell, wo sie/er *Kraft lässt* oder *Kraft schöpft.* Kraftraubend können persönliche Verhaltensweisen, Einstellungen, Haltungen und Routinen sein, beispielsweise der zu große Aufwand und der zu anspruchsvolle Umgang mit Korrekturen oder die Fokussierung auf Störungen. Genauso kraftraubend kann es sein, im Schulalltag zu wenig darauf zu achten, für die eigene Arbeitsfähigkeit und -freude zu sorgen. Andere *Krafträuber* sind weniger durch die Person, sondern durch die Arbeitsweise und die Strukturen in Schule und Unterricht verursacht, beispielsweise durch unklare Entscheidungen, problematische Organisation, fehlende Unterstützung.

Dieses Buch soll u. a. für solche Situationen konkrete Handlungs- und Denkanstöße liefern, damit Lehrer:innen Kraft finden, sie besser zu bewältigen. Es soll helfen, Resilienz zu stärken – durch Stärkung der eigenen Widerstandskraft, Unterstützung konstruktiver Lösungen sowie Reflexion und Veränderung problematischer Lebens- und Handlungsweisen.

Erfahrungen und Forschungsergebnisse weisen darauf hin, dass bei helfenden und lehrenden Berufen vor allem die folgenden fünf Grundpfeiler die *Resilienz* tragen:

- Bewegung
- Atmung
- Regeneration
- Ernährung
- Selbsthilfe

In diesem Erfahrungs- und Arbeitsbuch beschreiben wir – nach einem ersten orientierenden Kapitel – diese fünf Säulen auf Basis der Achtsamkeit und stellen evidenzbasierte Ansätze, Verfahren und Übungen vor, um in diesen Bereichen *Resilienz* zielgerichtet und in den Berufsalltag integriert stärken zu können. Sich um diese fünf Säulen der Resilienz zu kümmern, heißt so auch, für seine physische und seelische Gesundheit zu sorgen und eine aktive Lehrkraft sein und bleiben zu können.

Wir verstehen das Buch dabei als Einladung, sich aufmerksam wahrzunehmen, die Übungen auszuprobieren, um selbstfürsorglich für sich und die eigene Arbeit tätig werden zu können und dabei insbesondere auf die Gesundheit zu achten. Dabei sind die Kapitel nach der Einführung so angelegt, dass sie jeweils für sich gelesen werden können – je nach Situation und Bedürfnis des Lesers oder der Leserin.

Die Beiträge stellen jeweils kurz Forschungsergebnisse und Diskussionen zum jeweiligen Resilienz-Element dar. Dann richten sie den Blick auf die Praxis von Schule und Unterricht. Zusätzlich werden dann jeweils Übungen, Aufgaben, Verfahren und Ansätze zur Stärkung der Resilienz vorgestellt.

Nach einem Einführungskapitel befasst die erste Säule der Resilienz sich mit Bewegung, ihrer Integration in den Schulalltag und ihrer (Wieder-)Entdeckung als Gesundheitsressource. Die Atmung steht im Fokus des folgenden Kapitels: Wie sie die Grundlage einer achtsamkeitsbasierten Haltung bilden und wie sie von Anspannung befreien kann. Achtsamkeit und Regeneration bilden die Grundlage des nächsten Kapitels. Hier wird beschrieben, wie sich die Freude im Beruf erhalten lässt und wie man Stress meistern kann. In einem weiteren Beitrag wird gezeigt, wie die Ernährung die Fähigkeit zur Resilienz steigern kann, wenn man ihr mehr Raum gibt als den schnellen Snack in der Fünfminutenpause. Zuletzt wird noch einmal ausführlich auf die praktische Umsetzung von Achtsamkeits-Konzepten im Sinne der Selbsthilfe im Unterricht eingegangen.

Abschließend noch ein Hinweis zum Downloadmaterial: Dieses Buch enthält Anregungen zur Selbstreflexion und Übungen. Die dazu gehörenden Bögen und Materialien finden Sie im Downloadmaterial. Dieses Zeichen verweist darauf: ⬇. Die Übungen finden Sie im Buch. Sie sind aber zusätzlich noch im Downloadmaterial zum praktischen Herunterladen bereitgestellt. Der Code befindet sich am Ende des Buches.

Greifswald/Berlin, November 2023

Annika Grimm und Nils Altner

1 Einführung: Resilienz in der Schule – Aufgabe und Chance

Annika Grimm

Resilienz wird sichtbar, wenn man bei der Bewältigung von Aufgaben und herausfordernden Situationen auf persönliche Ressourcen zurückgreifen kann, sich widerstandfähig gegenüber Risikofaktoren und Stressoren zeigt sowie mit negativem Stress umgehen kann. Der lateinische Ursprung des Wortes resilire (= zurückspringen, sich wieder aufrichten, abprallen) betont noch das reaktive Element von Resilienz, aber seit einigen Jahren wird zunehmend auch die aktive Seite von Resilienz mit ihren drei Komponenten hervorgehoben:

- Resistenz,
- Regeneration und
- Rekonfiguration.

Allerdings – so selbstverständlich der Begriff *Resilienz* inzwischen in pädagogischen Diskussionen und im Alltag benutzt wird, ist er nicht: Erstmalig tauchte er wahrscheinlich 1977 in einer Arbeit eines amerikanischen Psychologen über Kleinkinder auf (Block 1977). Bekannt wurde er aber durch eine wegweisende Studie aus dem Jahre 1989: Dort stellte die amerikanische Forscherin Emmy Werner in ihrer Untersuchung über Entwicklungsprozesse einer Geburtskohorte der Insel Kauai (Thun-Hohenstein u.a. 2020, S. 8) heraus, wie wichtig zentrale Resilienz- und Schutzfaktoren für eine positive Lebensbewältigung bei Kindern sind. Diese Studie gilt nach wie vor als einer der Grundpfeiler der Resilienzforschung, denn sie fand heraus, dass insbesondere die Kompetenz, mit widrigen Umständen umzugehen, dafür verantwortlich ist, wie Kinder sich entwickeln. Andere Rahmenbedingungen der Umwelt oder der Herkunft spielten im Vergleich zu dieser Kompetenz eine deutlich geringere Rolle. So konnte Werner beobachten, dass sich etwa ein Drittel der beobachteten Kinder trotz großer sozialer und finanzieller Nachteile positiv entwickelten. Diese Kinder nannte sie *resilient*.

Etwa gleichzeitig entwickelte Aaron Antonovsky (1979 u. 1997) das Konzept der *Salutogenese*, einer Theorie über Schlüsselfaktoren für Gesundheit und über Ressourcen gegenüber risikoerhöhender Gefährdung. Antonovskys Ansätze wurden in unterschiedlichen Konzepten weiterentwickelt, in denen Wechselwirkungen und Wirkmechanismen einzelner Schutzfaktoren im Blickpunkt standen. So wurden beispielsweise biologische bzw. neurobiologische Konzepte der Resilienz vorgestellt, die Risiko- und Schutzfaktoren für Resilienz einbezogen oder die Bedeutung sozialer und emotionaler Ressourcen hervorhoben.

Fast alle neueren Konzepte von Resilienz fokussieren – zum Teil plakativ – auf einige wenige Faktoren oder Aspekte der Resilienz. Das im deutschen Sprachraum recht bekannte und häufig genutzte Konzept von Reivich und Shatté (2003) zählt sieben Säulen der Resilienz: Es werden soziale und emotionale Kompetenzen zusammengefasst, die Optimismus, Akzeptanz, Handlungsfähigkeit, Verantwortungsbereitschaft, Lösungsorientierung, Netzwerkpflege und Zukunftsplanung umfassen.

Nach dem ersten „Boom“ der Resilienzkonzepte wurde bald vor dem Resilienzbegriff als einem „Modekonzept“ gewarnt (Opp u. a. 2007, S. 299) und gefordert, Resilienz nicht nur als Frage persönlicher Entwicklungs- und Bewältigungsressourcen zu sehen, sondern auch als Frage, wie das Lebensumfeld von Individuen resilienzförderlich gestaltet werden muss (Zander 2009, S. 47).

Das Verständnis von Resilienz hat sich in der Folge dieser Diskussionen deutlich erweitert: Neben dem grundlegenden Aspekt der Widerstandskraft geht es zunehmend auch um das Lernen und die Pflege von Erneuerungs- und Gestaltungskraft und die Fähigkeit, zuversichtlich nach vorn auf die Lösung und Bewältigung von Aufgaben blicken zu können, Lösungswege zu erkennen und neue Muster und Verhaltensweisen zu bilden (Haas u. a. 2022, S. 24).

Lange hielt man in der Medizin und Psychologie diese Fähigkeit für angeboren. Allerdings zeichnet sich heute ein dynamischeres Verständnis ab: Resilienz wird als variable Kapazität oder Ressource verstanden, die sich über längere Zeiträume in der Mensch-Umwelt-Interaktion entwickelt (Wustmann 2005, S. 193).

Resilienz ist also erlern- und trainierbar – dabei wächst oder bleibt sie allerdings nicht konstant, sondern kann im Verlaufe des Lebens stark schwanken, je nach Lebenssituation und Herausforderungen. Deshalb muss sie immer wieder erworben und gestärkt werden.

Resilienz als Thema der Gesundheitsförderung in der Schule

Als Resilienz auch zum Thema für und in Schule wurde, verortete man es zunächst vor allem in der schulischen Gesundheitsförderung und -erziehung. Wie Resilienz dort aufgenommen und integriert wurde, unterschied sich nach dem jeweils verfolgten grundlegenden Konzept für schulische Gesundheitsförderung. Drei grundsätzliche Herangehensweisen lassen sich hier unterscheiden:

- **Verhaltensbasierte Prävention:** Hier geht es um Gesundheitsförderung *in* der Schule, nicht *durch* die Schule. Dabei ist das Individuum selbst der oder

die „Gesundheitsbeauftragte". Die Schule wird in diesem Konzept gesehen als ein Ort, wo eine Zielgruppe erreicht werden kann, ihr Wissen vermittelt und sie zur Auseinandersetzung mit Einstellungen und Verhalten gebracht werden kann.
- **Gesundheitsfördernde Schule:** Dieses Konzept betrachtet die Schule als Setting, das gesundheitsförderlich gestaltet werden kann – die Schule ist verantwortlich für die Gesundheitsförderung. Gesundheit wird zum Thema gemacht, die Veränderung von schulischen Rahmenbedingungen und Strukturen steht im Vordergrund.
- **Gute gesunde Schule:** Dieser Ansatz fokussiert vor dem Ausgangspunkt einer schulpädagogischen Problemstellung auf die Bildungsförderung durch Gesundheit. Er zielt darauf, mit Gesundheit gute Schule zu machen und konzentriert sich unter anderem auf Qualitätsdimensionen guter Schulen.

Es werden grundlegende Ansätze der Gesundheitsförderung klar: einerseits verhaltensorientierte, andererseits verhältnisbezogene. Der verhaltensorientierte Ansatz bezieht sich auf die einzelne Person, während die verhältnisbezogenen Ansätze der gesundheitsfördernden bzw. guten gesunden Schule dagegen mehr die Ebene der Arbeitsorganisation ansprechen (Paulus/Dadaczynski 2020).

Die Weltgesundheitsorganisation (WHO) empfiehlt, bei der Gesundheitsprävention von Lehrkräften (und auch für die Schule insgesamt) die beiden Ansätze (personen- und verhältnisbezogen) zu kombinieren. Dies könne beispielsweise durch Unterstützung des Individuums wie auch durch Maßnahmen zur Gestaltung der schulischen Umgebung auf Ebene der Verhältnisprävention erfolgen (Langford u. a. 2011).

Wie welcher der beiden Ansätze wirkt, lässt sich allerdings noch nicht abschließend beurteilen. Für Interventionen von Gesundheitsförderung und -erziehung auf verhaltensbasierter Ebene konnte gezeigt werden, dass es unter anderem durch die Anwendung von Entspannungsverfahren zu einer Reduktion von Formen emotionaler Erschöpfung kommt, die mit Burn-out assoziiert sind. Der Aktionsrat Bildung geht davon aus, dass verhaltensbasierte Maßnahmen größere Effektstärken aufweisen als die verhältnisbasierten (Blossfeld u. a. 2014). Es ist jedoch große Vorsicht dabei geboten, angesichts solcher Befunde das Individuum als einzig *Verantwortlichen* bei der Gesundheitsförderung zu sehen: Strukturelle Defizite in der Schule und in der Gesellschaft, Ungerechtigkeit oder Missstände dürfen nicht übersehen werden (Sonnenmoser 2018). Die Verantwortung dafür, ob und wie in einer Schule gesund gelebt und gearbeitet werden kann, liegt also nicht allein bei den Individuen und ihrer Lebensweise, sondern ist immer auch bei der Schulleitung und dem Kollegium zu suchen. Resilienz kann sich nur entwickeln und entfalten, wenn Schule Aufmerksamkeit und Freiräume gegenüber dem Thema Gesundheit bietet.

Dieses Buch orientiert sich besonders am verhaltensbasierten Ansatz zur Förderung von Resilienz bei Lehrkräften, um sie beim selbstwirksamen Handeln für die Gesundheit zu unterstützen. Damit zielt es aber auch indirekt auf verhältnisbasierte Aspekte: Je mehr Lehrerinnen und Lehrer lernen und unterstützt werden, Gesundheits-Kraft zu entwickeln und zu pflegen, umso besser sind auch ihre Voraussetzungen, sich in der Schule für Gesundheitsförderung einzusetzen und gezielt deren Haltung, Organisation und Struktur zu beeinflussen. Für eine gute gesunde Schule sind gesundheitsbewusste und resiliente Lehrkräfte eine wichtige Voraussetzung – und eine gute Unterstützung.

Nicht jede Herausforderung lässt sich jedoch nur mittels Resilienz meistern, nicht jede Krise kann durch ihre Stärkung überwunden werden. Resilienz ist ein wichtiges Element der Gesundheitsfürsorge – mit ihr kann man viel erreichen, aber nicht alles. Immer wieder bedarf es auch anderer psychologischer oder medizinischer Formen von Unterstützung und Hilfe. Es ist deshalb immer wichtig, für sich, aber auch für Kolleginnen und Kollegen, Adressen und Anlaufstellen zu kennen, an die man sich im Notfall wenden kann (siehe Downloadmaterial **M41**).

Vergleich: Ist der Lehrberuf belastender als andere Berufe?

Eine Grundvoraussetzung für die Auseinandersetzung mit Resilienz – sowohl mit der eigenen wie auch der der Schule – ist die Klärung der Lebens- und Arbeitsumstände, die belastend bzw. beanspruchend wirken. Wichtig ist dabei, die beiden Begriffe *Belastung* und *Beanspruchung* erst einmal neutral zu benutzen und alles zu erfassen, was auf das persönliche Wohlbefinden und die Arbeit Einfluss nimmt:

- *Belastung* wird hier neutral verstanden als Gesamtheit der erfassbaren Einflüsse, die auf einen Menschen von außen zukommen, wie Lärm oder Zeitdruck.
- *Beanspruchung* wird hier definiert als langfristige und subjektive Auswirkung psychischer bzw. physischer Belastung in Abhängigkeit von individuellen Voraussetzungen und seinen Ressourcen.

Häufig wird der Lehrberuf als ein Beruf eingeschätzt, der ein hohes Maß an Beanspruchung beinhaltet oder sogar vielleicht schon selbst ein Gesundheitsrisiko darstellt (Schaarschmidt 2004). Insgesamt ist die Datenlage hierzu jedoch schwierig – sie fokussiert stark auf den Aspekt des Burn-outs (Lehr 2014, S. 949) und beruht zu einem sehr großen Teil nur auf Befragungen zur

Belastung von Lehrkräften (Mach-Würth 2022, S. 19 ff.). Das liegt daran, dass harte Daten zum Gesundheitsstatus von Lehrpersonen zum großen Teil nur auf der Basis ärztlicher Diagnosen bei Feststellung von Dienstunfähigkeit (Frühpensionierung) erhoben werden. Ob und in welchem Maße Lehrkräfte ihre Dienstunfähigkeit mit dem Ziel einer Frühpensionierung feststellen lassen, hängt aber nicht nur von ihrem Gesundheitszustand ab, sondern auch von politischen Entscheidungen wie Altersteilzeitangeboten oder fehlenden Möglichkeiten zu einer alternativen Beschäftigungsmöglichkeit von unterrichtsmüden Lehrpersonen (Schumacher/Nieskens/Sieland 2012). Auswertungen von Gesundheitsdaten von Lehrkräften im Beruf sind insgesamt spärlich und beruhen vorwiegend auf Selbstauskünften von Lehrkräften, sie erfassen also den subjektiven Gesundheitszustand.

Ob und in welchem Maße Lehrkräfte im Beruf überhaupt besonders belastet sind oder beansprucht werden, wird in der Gesellschaft kontrovers diskutiert. Eine Inhaltsanalyse der Berichterstattung der Nachrichtenmagazine Spiegel und Focus ergibt zusammenfassend ein eher negatives Bild von der Belastbarkeit von Lehrkräften: In den Magazinen wird immer wieder der Eindruck erweckt, „Lehrpersonen seien unfähig und unwillig, sich den Anforderungen ihres Berufes zu stellen – und tun sie es doch, werden sie krank" (Blömeke 2005, S. 31).

Es gibt aber eine Reihe von Hinweisen und Indizien auf schädliche bzw. ungünstige gesundheitliche Folgen durch Belastungen und Beanspruchungen im Lehrberuf:

- Im DGB-Index „Gute Arbeit" (Fuchs/Trischler 2009) gaben Lehrpersonen an, unter hohen Belastungen zu leiden: 34 % der Lehrkräfte gaben an, unter Belastungen wie Arbeitsintensität bzw. den emotionalen und körperlichen Anforderungen der Arbeit zu leiden – für die Vergleichsgruppe traf dies nur in 22 % der Fälle zu.
- Laut der DAK-Studie „Lehrergesundheit" (Rupprecht/Thomas 2011) leiden zusätzlich mehr als die Hälfte der Lehrenden gesundheitlich stark unter Stress und emotionaler Belastung. Zu einem ähnlichen Fazit kommen Schönwälder u. a. (2003). Danach sind gesunde, weitgehend beschwerdefreie Lehrkräfte in Deutschland eine Minderheit!
- Die hohen Belastungen schlagen sich auch in psychischen und psychosomatischen Erkrankungen nieder, die bei Lehrkräften häufiger vorkommen als in anderen Berufen. Lehrpersonen leiden insgesamt mehr als andere Berufsgruppen unter Müdigkeit, Angespanntheit und Kopfschmerzen (Scheuch/Haufe/Seibt 2015).
- Auch die Covid-19-Pandemie hat dazu geführt, dass der Schulalltag von Lehrpersonen als belastender erfahren wird: In einer Befragung zur Lehrergesundheit während der Corona-Pandemie gaben 84 % der Lehrperso-

nen an, seit der Pandemie sei es zu Mehrarbeit gekommen, in etwa sechs Überstunden in der Woche. 59 % empfanden den Unterricht im Vergleich zum Vorjahr als deutlich anstrengender. Darüber hinaus zeigten 28 % der Befragten Symptome der emotionalen Erschöpfung. Die Corona-Pandemie scheint die Belastungs- und Beanspruchungs-Symptome bei denjenigen zu verstärken, die einen hohen Erschöpfungsgrad aufweisen (Hansen/Klusmann/Hanewinkel 2020).
- Zusätzlich gaben 97 % der Schulleitungen an, dass sich die Anforderungen in Zeiten der Covid-19-Pandemie noch gesteigert haben – gleichzeitig wurde deutlich, dass 60 % der Schulleitungen meinten, dass die Kultusministerien keine ausreichenden Möglichkeiten zur Gesunderhaltung der Lehrkräfte und des pädagogischen Personals durch Fortbildungen oder andere Maßnahmen wie Supervision bieten (FORSA 2021).

Forschungsergebnisse: Gesundheitliche Beeinträchtigungen im Lehrberuf

Welche Belastungen und Beanspruchungen führen besonders zu gesundheitlichen Beeinträchtigungen im Lehrberuf? Welche Belastungen sind mit diesem Beruf verbunden?

Zuallererst: Der Lehrberuf an sich ist weder nur belastend noch grundsätzlich durch zu hohe Beanspruchungen geprägt, sondern er bietet viele Möglichkeiten der individuellen Entfaltung, der Erlangung persönlicher Zufriedenheit und eines positiven Gefühls von Selbstwirksamkeit. Der Lehrberuf ist also weder Diagnose noch Schicksal. Das Vertrauen darauf, dass man als Lehrkraft sich und seine Arbeit positiv beeinflussen und verändern kann, unterstützt die Resilienz nachhaltig. Auch das Wissen über mögliche Ursachen von gesundheitlicher Beeinträchtigung im Lehrberuf hilft, Belastungen und Beanspruchung auf den Prüfstand zu stellen und Einfluss darauf zu nehmen.

Beim DGB-Index „Gute Arbeit“ (Fuchs/Trischler 2009) gaben Lehrkräfte als positive Aspekte ihrer Arbeit den hohen Sinngehalt und die Möglichkeit zur Kreativität an. Der Lehrberuf gab nach ihrer Erfahrung immer wieder Möglichkeiten zur freien Gestaltung und Entfaltung und wurde als von großer gesellschaftlicher Bedeutung wahrgenommen. Dennoch empfanden bei dieser Untersuchung nur 17 % der Lehrenden ihre Arbeitsintensität als angemessen, während der Großteil der Befragten über eine **unangemessen hohe Belastung** berichtete. Die möglichen Belastungen sind vielfältig und multifaktoriell, es ergibt sich ein Belastungsbild aus vielen unterschiedlichen Einzelfaktoren. Als negativen Aspekt macht der DGB-Index eine hohe Anzahl von Überstunden aus: Die Arbeitszeit liegt bei Lehrkräften demnach im Schnitt um zehn Stunden höher als mit dem Arbeitgeber vereinbart. Das liegt nicht zuletzt an der Tatsache, dass die Arbeitszeit von Lehrpersonen nicht vollkommen durch zeitliche Vorgaben geregelt ist und dadurch oft als grenzenlos oder unkalkulierbar empfunden wird.

Ein Viertel der Lehrkräfte leidet nach dieser Untersuchung unter körperlichen Anforderungen, unter anderem als Folge körperlich einseitigen Arbeitens wie ständiges Sitzen bzw. Stehen. In einer Vergleichsgruppe von Dienstleistungsberufen mit (Fach-)Hochschulabschluss gaben dagegen nur 15 % der Befragten an, unter körperlichen Anforderungen ihres Berufes zu leiden.

Als besonderer Risikofaktor für die Gesundheit gilt Lärm. Lehrpersonen sind häufig hohen und als konzentrationsstörend empfundenen Umgebungsgeräuschen ausgesetzt. Die Hälfte der Befragten gab an, darunter zu leiden – in der Vergleichsgruppe empfanden nur 14 % der Befragten den bei ihnen vorherrschenden Lärmpegel als problematisch. **Lärm, eine hohe Anzahl Arbeitsstunden** und **die körperlichen Anforderungen** sind also bedeutsame Gründe für eine von Lehrkräften als gesundheitlich problematisch und überfordernd empfundene Beanspruchung und Belastung.

Schließlich gab die überwiegende Mehrheit der in der „Gute-Arbeit"-Studie befragten Lehrpersonen an, dass bei ihnen während oder unmittelbar nach der Arbeit gesundheitliche Beschwerden auftraten, wobei insbesondere psychische Beschwerden stärker als im Vergleich zum Durchschnitt vorkamen. Nur 16 % der befragten Lehrerinnen und Lehrer gaben an, dass sie während ihrer Arbeitszeit beschwerdefrei seien.

Nach Fuchs/Trischler (2009) stellen insbesondere **fehlende Aufstiegsperspektiven, ein als ungenügend empfundenes Einkommen** sowie die **hohe Arbeitsintensität** die größte Belastung für Lehrpersonen dar.

Koch, Lehr und Hillert (2013) sehen vor allem auf drei Ebenen besondere gesundheitliche Risiken durch Belastung und Beanspruchung von Lehrkräften:

- *auf der gesellschaftlichen Ebene* durch mangelnde Wertschätzung des Lehrberufs in der Gesellschaft und durch überhastet durchgeführte Reformen im Schulsystem,
- *auf der Schulebene* durch spezifische Herausforderungen des Schultyps (soziales Umfeld), durch Konflikte im Kollegium, durch mangelnde Rücksichtnahme von Schulleitung auf Lehrkräfte,
- *auf individueller Ebene* durch mangelnde persönliche Ressourcen, fehlende Unterstützungsnetzwerke und -strukturen sowie durch Mehrfachbelastung des Einzelnen.

Auch weitere Faktoren können belastend einwirken. Als besonders störend wird hier das Gefühl beschrieben, über wichtige Entscheidungen im hierarchischen Schulsystem nicht ausreichend mitbestimmen zu können.

1.1 Wege zur Resilienz

Resilienz kann man nicht wie ein Arzneimittel verordnen, es reicht auch nicht, Menschen davon zu überzeugen, wie wichtig und hilfreich Resilienz für das persönliche und berufliche Wohlbefinden und die Gesundheit ist. Sich so zu verhalten, dass die eigene Widerstandsfähigkeit wächst bzw. erhalten bleibt, muss man lernen und vor allem immer wieder auch üben. Am ehesten lassen sich resilienzfördernde Verhaltensweisen anhand von eigenen positiven Erfahrungen im Alltag verankern. Dazu eignen sich die folgenden drei Schritte.

Erster Schritt: Die eigene Belastung im Lehrberuf kennen(-lernen)

Forschungsergebnisse über Belastungen und Beanspruchungen im Lehrberuf können wichtige Hinweise darauf geben, wo Lehrkräfte und Schulen ansetzen können, um gesundheitliche Risiken zu minimieren und gesundheitsförderliche Schritte zu unternehmen. Gerade aber bei Menschen oder Organisationen, die sich schon körperlich oder psychisch belastet fühlen, kann die Auseinandersetzung mit solchen Forschungsergebnissen auch eine kontraproduktive Wirkung haben: Sie wird dann nur wahrgenommen als Bestätigung der schlechten Situation oder der Ausweglosigkeit. Deshalb ist es wichtig, Forschungsergebnisse zur generellen Situation in Bezug zu setzen zur eigenen Lage und zu untersuchen: Wie genau sehen bei mir und meiner schulischen Umgebung die gesundheitlichen Belastungen und Beanspruchungen aus? Woran mache ich die Einschätzung fest? Wie wird die Lage von anderen gesehen?

Antworten auf diese Fragen können helfen, die generelle Einschätzung zu differenzieren und erste Handlungs- und Lösungsansätze zu erkennen. Hilfe dazu gibt die folgende Anleitung zur Selbstreflexion.

Selbstreflexion: Belastungsinventur M1
Welche Belastungen und Beanspruchungen erleben Sie in Ihrem beruflichen Alltag – und auf welcher Ebene? – Im Downloadmaterial befindet sich ein Selbstreflexionsbogen, mit dem Sie diesen ersten Fragen auf den Grund gehen können.

Zweiter Schritt: Körperliche Beschwerden verstehen lernen (Psychosomatik)

Wie wirkt Belastung auf Kopf und Körper? Wie entstehen durch Belastungen körperliche Beschwerden?

Übung zur Einstimmung: Belastung erleben M2

Setzen Sie sich in „Kutscherhaltung" auf einen Stuhl und atmen Sie 30 Sekunden tief ein und aus. Schließen Sie dabei die Augen. Stellen Sie sich vor, Sie befinden sich jetzt an einem Strand. Sie hören das Geräusch des Windes, stellen sich vor, wie Ihre Füße sich sanft in den angenehm warmen Sand graben. Im Hintergrund hören Sie Möwen und Meeresrauschen, die Sonne scheint. Wahrscheinlich fühlen Sie sich durch die bloße Vorstellung eines schönen Strandtages schon wohler.

Leider funktioniert diese Übung aber auch andersherum:
Setzen Sie sich wie im ersten Teil auf einen Stuhl, atmen sie wieder 30 Sekunden tief ein und aus. Schließen Sie dabei die Augen. Stellen Sie sich jetzt vor, Sie befinden sich auf einer Klassenfahrt am Berliner Hauptbahnhof. Sie müssen es mit Ihrer Klasse innerhalb von drei Minuten von der Hochebene zur Tiefebene schaffen, um den Anschlusszug zu erreichen.
Wahrscheinlich fühlen Sie sich durch diese Vorstellung schon gestresst, unwohl und der Puls steigt ...

Die Auswertung der *Belastungsinventur* (vor allem, wenn sie über einen längeren Zeitraum erfolgt), zeigt häufig, dass Belastungen und Beanspruchungen verbunden mit körperlichen Beschwerden und Beeinträchtigungen erlebt werden. Sie haben Folgen für *Kopf und Körper* und erscheinen als psychosomatische Beschwerden. Dabei ist es gar nicht entscheidend, ob eine Belastung *objektiv* körperliche Reaktionen oder Belastungen hervorruft (Anstrengung, Herzrhythmus) oder ob die Belastung durch das psychische Erleben oder die persönliche Haltung ausgelöst wird. Wichtig ist vielmehr, dass unter Belastung ein Zusammenspiel zwischen Körper und Psyche erfolgt, das als krankmachend bzw. beeinträchtigend erfahren wird.

Dies ist das Feld der *Psychosomatik*. Sie untersucht dieses Zusammenspiel und fasst dabei auch funktionelle Körperbeschwerden mit ein. Sie umfassen ein breites Spektrum von Symptomen und Beschwerdebildern, und zwar von vorübergehenden Befindlichkeiten über medizinisch nicht erklärbare Symptome bis hin zu körperlichen Belastungsstörungen (wie Reizdarmsyndrom oder chronisches Erschöpfungssyndrom). *Funktionell* verweist dabei darauf, dass die Funktion eines Organs aus dem Gleichgewicht geraten ist, wie beispielsweise bei Gliederschmerzen, das Organ selbst (hier: Gelenke und Muskeln) jedoch gesund ist. Matzat (2018) vergleicht funktionelle Störungen mit einem verstimmten Klavier: In seinen Einzelteilen ist es völlig intakt, die Melodie klingt trotzdem für die Zuhörenden nicht richtig.

Viele Lehrkräfte berichten im Berufsalltag von psychosomatischen Beschwerden – im Lehrberuf sind sie also absolut kein Einzelfall:

- Laut Schönwälder u. a. (2003) sind beschwerdefreie Lehrkräfte in Deutschland weitgehend eine Minderheit.
- Harazd u. a. (2009) haben in ihrer Studie ermittelt, dass 40 % der Befragten häufig oder fast immer unter Glieder- und Muskelbeschwerden zu leiden.

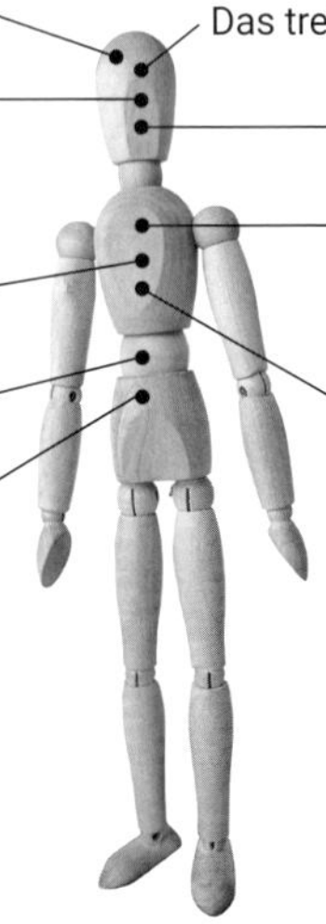

Abb. 1.1: Redewendungen zeigen, wie eng Psyche und Körper zusammenhängen können

Die meisten Lehrkräfte kennen in ihrem Berufsalltag körperliche Beschwerden wie Kopf- oder Muskelschmerzen, Müdigkeit, Verdauungsbeschwerden. Sie gehören zum Teil zum Alltag und verschwinden häufig von selbst wieder. Halten diese jedoch so lange an, dass ein Arzt aufgesucht werden muss, lassen sich dort oft keine eindeutigen Ursachen für die Beschwerden feststellen: In einem Drittel der Fälle ist eine Beschädigung von Organen nicht festzustellen. Die Beschwerden werden dann auch als „medizinisch unerklärliche Symptome" kategorisiert, 40 bis 49 % der allgemeinmedizinisch behandelten Patienten leiden unter solchen medizinisch unerklärlichen Symptomen (Haller u. a. 2015). Auch wenn organisch nichts vorzuliegen scheint, kann durch diese Beschwerden die Lebensqualität erheblich beeinträchtigt werden.

Deshalb müssen solche körperlichen Beschwerden ärztlich abgeklärt und auch psychische Belastungen mit in den Blick genommen werden (Simultandiagnostik).

Für die Behandlung einschränkender funktioneller Beeinträchtigungen bieten sich einfache und risikoarme Möglichkeiten: Dabei geht es zuerst darum, mögliche Auslöser für die Beeinträchtigung zu finden, die Auslöser selbst (wie Konflikte am Arbeitsplatz) zu benennen sowie Ziele und Wege zu bestimmen, um mit diesen Auslösern besser umgehen zu können. Hier sind Selbstfürsorge und Selbstwirksamkeit der Betroffenen entscheidende Ansätze: Werden sie gestärkt, können Betroffene aktiv tätig für ihre eigene Gesundheit werden (Roenneberg u. a. 2019).

Dritter Schritt: Resilienz entwickeln durch Stärkung der BARES-Faktoren

Wenn man um die eigenen Belastungen im Lehrberuf weiß und sich vergewissert hat, ob und wie sie körperlich wirken, stellt sich natürlich die Frage, wie man daraus Konsequenzen ziehen und die eigene Resilienz im Beruf stärken und verbessern kann. Dass gerade Lehrkräfte intensiv nach Wegen suchen, ihre Widerstands- und Belastungsfähigkeit zu fördern, zeigt sich dann an der außerordentlich hohen Nachfrage nach individuellen Unterstützungsangeboten und Kursen. Fast immer wird dabei der Ausgangspunkt des Bemühens um eine Stärkung der Resilienz zuerst auf individueller, persönlicher Ebene gesucht.

Mit diesem Buch möchten wir an dieses Interesse anknüpfen und auf individuelle Wege zur Stärkung von Resilienz besonders eingehen. Im Mittelpunkt stehen dabei fünf Faktoren der Resilienz, denen im täglichen Lehreralltag besondere Aufmerksamkeit geschenkt werden muss:

- **B**ewegung
- **A**tmung
- **R**egeneration
- **E**rnährung und
- **S**elbsthilfe

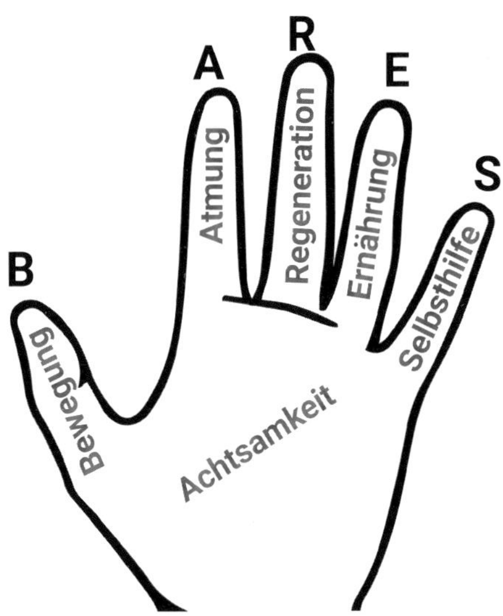

Abb. 1.2: Die BARES-Faktoren: Aufbau und Stärkung von Achtsamkeit und Resilienz im Lehrberuf

Diese fünf BARES-Faktoren sind aus psychologischer und medizinischer Sicht für Lehrkräfte besonders relevant – sie werden von ihnen individuell und beruflich als hilfreich empfunden und ihnen wird Veränderungspotenzial zugeschrieben. Regelmäßige Beachtung und Verbesserung dieser Faktoren können Stressregulation und eine verbesserte Gesundheit erreichen. Die Integration dieser Faktoren gelingt vor dem Hintergrund einer achtsamen Haltung, die den Grundstein für eine zunehmende Resilienz legt.

Achtsamkeit meint hier mehr, als nur die Faktoren im Blick zu behalten. Vielmehr ist sie die Fähigkeit und die Bereitschaft zur bewussten Lenkung der Aufmerksamkeit auf die Gegenwart und den gelebten Augenblick. Sie ist geprägt von Akzeptanz, Emotionsregulation, Präsenz, Geduld und Mitgefühl (Valtl 2021). Damit bildet sie die Verhaltens- und Werte-Basis für die Entwicklung und Verbesserung der Resilienz.

Die Betonung von *Achtsamkeit* ist nicht neu – sie gehörte ursprünglich zur buddhistischen Lehre, geriet nach ersten Wiederentdeckungsansätzen in den USA seit den 1990er-Jahren zunehmend in den Fokus der Wissenschaft und Gesellschaft. Heute ist sie Grundlage zahlreicher Weiterbildungs- und Therapieangebote für Lehrpersonen.

Schon in den 1970er-Jahren wurde am University of Massachusetts Medical Center die Achtsamkeitsbasierte Stressreduktion oder Mindfulness-Based Stress Reduction (MBSR) entwickelt (Kabat-Zinn 1990). In einem mehrwöchigen Programm wurden von den Teilnehmenden dabei Übungen erlernt, um den gegenwärtigen Augenblick bewusst (aber nicht wertend) wahrzunehmen. Die Wirkung von MBSR wurde in der Folge immer wieder untersucht. So fanden unter anderem Gotink u. a. (2015) in einem Überblick über 115 Studien mit über 8.000 Patienten mit körperlichen und psychischen Erkrankungen Hinweise auf die Wirksamkeit von MBSR als achtsamkeitsbasiertem Training. Dabei konnten keine bzw. keine schwerwiegenden Nebenwirkungen der MBSR-Programme festgestellt werden, wobei die Studie aufgrund von methodischen Schwächen nicht ausreichend aussagekräftig ist (Gotink u. a. 2015). Weiterhin werden für Achtsamkeits-Trainings große Effekte bei der Reduktion des Stresslevels und eine Verbesserung der Lebensqualität beschrieben (Khoury u. a. 2015). Auch konnte gezeigt werden, dass achtsamkeitsbasierte Trainings helfen können, effektiver unter Stress zu arbeiten (Jha u. a. 2007).

Achtsamkeit wird heute als erlernbare persönliche Fähigkeit verstanden, die nur durch Übung der Achtsamkeitspraxis erhalten und erweitert werden kann. Zur Praxis der Achtsamkeit zählen u. a. Meditation, bewusste Körperwahrnehmung sowie eine ebenso bewusste Lebensführung.

Die positive Wirkung von Achtsamkeit für die Stärkung der Faktoren physischer und psychischer Resilienz bei Lehrkräften konnte in mehreren Studien nachgewiesen werden (vgl. Metastudie von Färber/Rosendahl 2018). Dabei zeigten sich positive Effekte auf die Gesundheit allgemein sowie für Lehrkräfte speziell:

- verbesserte Gesundheit durch eine Vorbeugung von Erkrankungen des Herz-Kreislauf-Systems und des Bewegungsapparates durch eine Harmonisierung von Puls, Blutdruck und Muskelspannung (Ditto u. a. 2006),
- erhöhte Aufmerksamkeitsleistungen (Goldin/Gross 2010),
- Verringerung von Depression, Angst, Grübeln und Selbstzweifel (Hofmann u. a. 2010),
- Begünstigung der Fähigkeit zur Widerstandkraft durch Steigerung der Selbstfürsorge von Lehrkräften (Shapiro u. a. 2016),
- Verbesserung der Fähigkeit, Gefühle wertungsfrei wahrzunehmen, zu regulieren, ohne zu unterdrücken und so zu einer reduzierten Stresswahrnehmung zu gelangen (Schussler u. a. 2016),
- Veränderung subjektiven Stresserlebens, Reduktion der Beanspruchung und Förderung erhöhter Stressresilienz (Harris u. a. 2016).

Es hat sich auch gezeigt, dass Lehrkräfte, die Achtsamkeit im Hinblick auf diese Faktoren praktizieren, stärker auf Schüler:innen bezogen unterrichteten: Sie fokussierten mehr auf die emotional motivationale Entwicklung der Lernenden als Lehrkräfte ohne Achtsamkeitspraxis (Altner/Sauer 2013).

Natürlich haben die Ansätze der Förderung von Achtsamkeit und Resilienz auch ihre Grenzen – und sie können keine ärztliche Behandlung ersetzen. Bei manchen Menschen kann Achtsamkeitspraxis auch zu negativen Effekten führen (Britton 2019). Trainings zielen mittlerweile oft nur noch auf Selbstoptimierung und stellen den Einzelnen und sein Befinden in den Mittelpunkt. Dann kann aber eben das aktive Hineinhorchen in sich selbst zum Problem werden: In einer Situation, in der man unter Druck steht, sich noch weiter auf sich selbst und die eigene Unruhe zu konzentrieren, kann auch dazu führen, dass diese Belastungsfaktoren nur noch verstärkt werden. Achtsamkeit braucht Übung – und auch eine Wahrnehmung dafür, wann sie uns guttut, und wann nicht. Sie ist kein Allheilmittel. Die Dosis macht's!

Übung: Achtsamkeit und Resilienz verbessern mit dem MASTER-Plan M3

Viele Lehrkräfte haben das Ziel, ihre Achtsamkeit und Resilienz zu verbessern, scheitern aber daran, das Ziel nachhaltig umzusetzen.

Ein entscheidender Gelingensfaktor für die Umsetzung von gesetzten Zielen liegt aber bereits in deren Formulierung: Ziele, die so formuliert werden, dass sie auch eingehalten werden können, werden eher erreicht. Erfolgversprechend ist insbesondere das Setzen überschaubarer und machbarer Ziele.

Hier kann das Prinzip des „Master-Plans" eine Orientierung bieten und schwammige Ziele („Ich mache mehr Sport!") vermeiden helfen:

M	A	S	T	E	R
Messbar	Aktiv	Spezifisch	Terminiert	Erreichbar	Relevant

Anhand des „Master-Plans" lassen sich Ziele konkretisieren und damit auch besser erreichen (Darstellung angelehnt an die Smart-Ziele, Drucker 1977).

- **Messbar:** Wie lässt sich der Erfolg messen, gibt es eine Messeinheit oder einen Indikator für das Erreichen des Ziels?
- **Aktiv:** Die Formulierung sollte aktiv und positiv formuliert sein: „Ich bin ...", „Ich werde ..."
- **Spezifisch:** Das Ziel soll klar umrissen und so deutlich formuliert sein, wie möglich.
- **Terminiert:** Es gibt eine „Deadline", wann das Ziel erreicht sein oder zumindest eine Re-Evaluation stattfinden sollte.
- **Erreichbar:** Ziele dürfen fordernd und ambitioniert formuliert sein, sie müssen insgesamt aber machbar und möglich erscheinen. Es ist sinnvoll, Barrieren und Einschränkungen bei der Durchführung im Vorhinein zu identifizieren.
- **Relevant:** Das Ziel muss von Bedeutung sein – sonst fehlen Sinn und Motivation. Es muss sich auch lohnen!

Mithilfe des Bogens im Downloadmaterial können Sie trainieren, Ziele nach dem Master-Prinzip zu formulieren, um sie dann leichter umsetzen zu können. Aufgabe ist es, ein Ziel für die Stärkung eines BARES-Faktors zu formulieren, das Sie in den nächsten drei Wochen umsetzen wollen.

1.2 Gesundheit und Salutogenese – Fokus auf Ressourcen legen

Wie man *Gesundheit* versteht, so geht man auch mit ihr um. Es kann einen Unterschied machen, aus welcher Perspektive man Gesundheit definiert und im Anschluss daran Gesundheitsförderung anlegt.

Selbstreflexion zur Orientierung: Was verstehe ich unter *Gesundheit* ... und was nicht?
M4
Anhand eines Fragebogens im Downloadmaterial können Sie das eigene Verständnis von Gesundheit näher bestimmen.

Gesundheit lässt sich nicht allgemeingültig definieren (Faltermaier 2017), dazu sind Kontexte und Perspektiven zu unterschiedlich. Deshalb sollte man bei Diskussionen über Gesundheitsförderung in der Schule immer eingrenzen, was man als *Gesundheit* verstehen will. Eine der gebräuchlichsten Ansätze hat hier die WHO zur Verfügung gestellt:

> „Gesundheit ist der Zustand des umfassenden körperlichen, geistigen und sozialen Wohlbefindens und nicht nur die Abwesenheit von Krankheit und Gebrechen."
>
> (Präambel der WHO-Verfassung 2020)

Dieser Ansatz definiert Gesundheit positiv auf wertebasierter Grundlage als mehrdimensionalen Zustand und macht klar, dass Gesundheit „im Auge des Betrachters" liegt: Jeder Mensch hat eigene Vorstellungen von Gesundheit, von denen dann auch der eigene Umgang mit Gesundheit und Krankheit geprägt wird.

Kritisiert wird diese Definition u. a. wegen ihrer Position von Gesundheit als „unerreichbaren utopischen und statischen Zustand" (Huber u. a. 2016, S. 2). Andere Definitionen zielen mehr auf das körperlich-seelische Gleichgewicht ab und fokussieren auf Resilienz sowie Risiko- und Schutzfaktoren.

Der Ansatz, Resilienz zu stärken und zu fördern, wendet sich ab von defizit- bzw. störungsorientierten Betrachtungsweisen von Gesundheit („Was macht uns krank?", Pathogenese) und richtet stattdessen die Aufmerksamkeit auf ein Modell, das Gesundheit und Möglichkeiten ins Zentrum stellt – die Salutogenese (lat. *salus* = gesund, Antonovsky 1997). Sie stellt die Frage „Was macht uns gesund?" in den Vordergrund und betont, dass Menschen über vielfältige Ressourcen verfügen, auf die sie sich bei der Bewältigung von Belastungen stützen können. Gesundheit und Krankheit werden in diesem Modell nicht als dichotome Aufteilung in *krank* und *gesund* verstanden, sondern als Pole eines Kontinuums (s. Abb. 1.3). Dies gibt auch Menschen mit Erkrankungen die Möglichkeit, eine Perspektive zu gewinnen, ihre Gesundheit in eine positive Richtung, eben in Richtung des Pols *Gesundheit*, zu bewegen.

Antonovsky (1987) veranschaulicht sein Verständnis von Gesundheit mit einer Metapher: Er sieht Gesundheit als einen Fluss mit seichten Stellen, aber auch Stromschnellen, Untiefen, Strudeln und Biegungen. Nicht jedem kann es gelingen, mit Leichtigkeit über schwierige Stellen hinwegzukommen, einige müssen sich bemühen und kämpfen. Ständig müssen wir uns deshalb anpassen, so Antonovsky, und immer wieder Bewältigungsleistungen erbringen. Es stellt sich die Frage, wie Menschen es schaffen können, zu guten Schwimmern zu werden.

Bei der Fluss-Metapher scheint die Antwort noch recht einfach, wie die individuellen Fähigkeiten erworben werden müssen, um gut schwimmen zu können - durch Übung, Training, Instruktion. Betrachtet man dagegen die Frage, wie Lehrkräfte die Fähigkeit zur Resilienz erwerben und was sie konkret für ihre Gesundheit tun können, dann fällt die Antwort darauf, was Lehrkräfte konkret tun können, weit komplexer aus.

Die Salutogenese liefert eine gute theoretische Basis für Gesundheitsförderung pädagogischen Fachpersonals (Krause/Mayer 2012), weil sie gerade nicht angeblich objektiv zwischen *krank* und *gesund* zu unterscheiden versucht, sondern das individuelle Verständnis, die subjektive Einschätzung und die eigene Aktivität miteinbezieht. Sie richtet damit den Fokus auf den eigenen Beitrag zur Gesundheit, auf die dafür notwendigen Ressourcen sowie Bewältigungsstrategien und die Notwendigkeit der Achtsamkeit auf die BARES-Faktoren. Für den Lehrberuf mit seinen Herausforderungen ist dieser Ansatz besonders geeignet, weil er Selbstfürsorge, Selbstwirksamkeit und Eigenaktivität anspricht - etwas, das Lehrkräfte auch bei Schülerinnen und Schülern erreichen wollen.

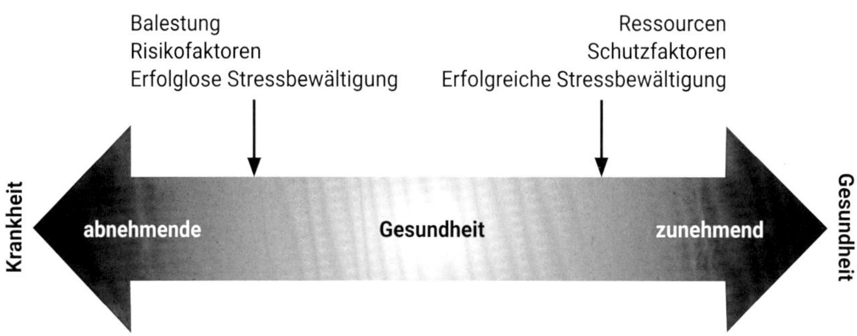

Abb. 1.3: Die salutogene Betrachtungsweise: Kontinuum von Gesundheit – Krankheit

Selbstreflexion zur Vertiefung: Was bedeutet Gesundheit für mich und wie *gesund* erlebe ich mich? M5

Ausgangspunkt dieses Kapitels war eine erste „Belastungsinventur", mit der eine Einschätzung der gesundheitlichen Situation erfolgen kann.

Um Resilienz und Achtsamkeit zu stärken und zu fördern, reicht es aber nicht, nur die eigenen Belastungsfaktoren „zu kennen". Neben dem Wissen um die eigene Belastung, bedarf es auch einer Erkundung des eigenen Selbstverständnisses von *Gesundheit, um zu erkennen, wie und wo man seine eigene Haltung zur Gesundheit verändern und Resilienz stärken kann – und muss.*

Dazu befindet sich im Downloadmaterial ein weiterer Selbstreflexionsbogen.

1.3 Kohärenzgefühl – die Grundlage der Resilienz stärken

An welcher Stelle Menschen sich auf dem Gesund-Krankheits-Kontinuum verorten, wie sie Belastungen erleben und verarbeiten, wie resilient sie sind oder sein können, das hängt wesentlich ab von ihrem „sense of coherence" (Antonovsky 1979). Damit werden das Kohärenzgefühl und die Lebensorientierung bezeichnet, wie man mit **Herausforderungen** zurechtkommt, auch wenn es schwieriger wird. Es beschreibt das Vertrauen, dass Anforderungen verstanden und gelöst werden können und sich die Anstrengung dafür lohnt. Ein gut ausgebildetes Kohärenzgefühl wirkt sich als Grundlage für Resilienz positiv aus auf Gesundheit, insbesondere psychische Gesundheit (Eriksson/Lindstrom 2005). Ein hohes Kohärenzgefühl hängt mit psychischem und physischem Wohlbefinden zusammen: Es lassen sich weniger subjektive Beschwerden und weniger somatoforme Symptome finden (Schumacher u. a. 2000) und es kann zu einer besseren Bewältigung belastender Ereignisse beitragen – sowohl der Arbeitsbelastung, als auch bei Krankheiten oder Alltagsbelastungen.

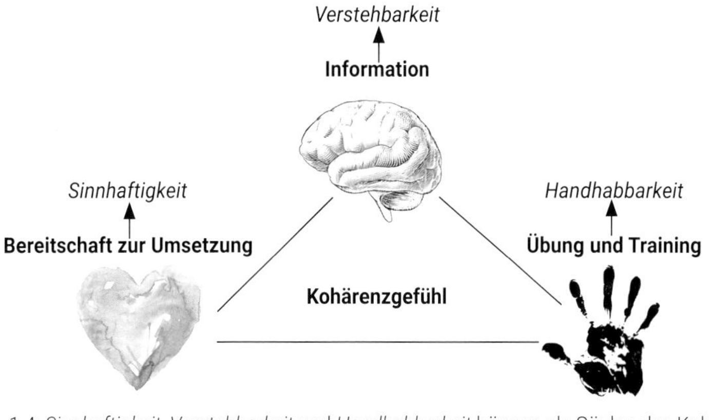

Abb. 1.4: *Sinnhaftigkeit*, *Verstehbarkeit* und *Handhabbarkeit* hängen als Säulen des Kohärenzgefühls eng mit der Bereitschaft zur Umsetzung, der Qualität der Informationen sowie Übung und Training zusammen.

Wesentlich für das Kohärenzgefühl sind drei Komponenten (s. Abb. 1.4 oben): Von ihnen hängt es ab, ob und wie Resilienz entwickelt und gestärkt werden kann:

- **Verstehbarkeit:** Das eigene Leben ist erklärbar und nicht chaotisch. Auch unerwartet auftretende Situationen können erklärt und eingeordnet werden.
- **Machbarkeit:** Zuversicht, dass Anforderungen im Wesentlichen bewältigbar sind und dass genug Ressourcen vorhanden sind, um Belastungen begegnen zu können.

- **Sinnhaftigkeit:** Das Leben – oder auch eine vorliegende Herausforderung – wird als sinnvoll erlebt. Der Einsatz für eine Sache oder Aufgabe wird als sinnvoll angesehen, eine Anforderung wird eher als Herausforderung und nicht als Überforderung erlebt.

Erster Schritt: Wie stark ist mein Kohärenzgefühl überhaupt?

Menschen schätzen die Stärke ihrer Resilienz oft nicht richtig ein: Häufig meinen sie, Beanspruchungen und Belastungen aushalten zu müssen. Durch Erwartungen oder Druck von außen kann diese Wahrnehmung noch verstärkt werden, wenn beispielsweise im Kollegium der Krankenstand hoch ist und man nun ‚nicht noch einen weiteren Kranken' verkraften kann. Druck entsteht auch, wenn ‚verordnete Kollegialität' herrscht und man als gute:r Kolleg:in alles daransetzen soll, bloß keine weiteren Belastungen für andere (z. B. durch Krankheit, Fortbildung) zu erzeugen. In solchen Situationen wird die Frage nach der Stärke des eigenen Resilienzgefühls häufig zurückgestellt, um dann später umso heftiger hervorzubrechen.

Aber so, wie man auch Fieber nicht dauerhaft ignorieren kann, ohne Langzeitschäden zu riskieren, so kann man auch nicht ausblenden, dass man für sich keine Möglichkeit mehr sieht, Resilienz zu spüren oder zu entwickeln. Das Gefühl der *Resilienzlosigkeit* lähmt, fördert Krisen und verstärkt Belastungen. Umso wichtiger ist es, zumindest grob selbst beurteilen zu können, wie es um das eigene Resilienzgefühl bestellt ist. Hierzu sind umfangreiche Fragebögen und Einschätzungsskalen entwickelt worden, unter anderem die „Leipziger Kurzskala" (Schumacher u. a. 2000) (SoC-L9 Scale).

Selbstreflexion: Wie steht es um mein Kohärenzgefühl? M6
Im DL-Material befindet sich ein Selbstreflexionsbogen zur Einschätzung der eigenen Resilienz, der sich eng an der Leipziger Kurzskala orientiert. Die Antwortmöglichkeiten sind angepasst. Diesen können Sie nun heranziehen, um sich selbst einzuschätzen.

Zweiter Schritt: Wie sollte ich mein Kohärenzgefühl stärken?

Die Einsicht über die Stärke des Kohärenzgefühls zeigt auf, ob und in welchem Maße man sich um eine Stärkung dieses Gefühls bemühen sollte. Offen bleibt aber – zumindest in der kurzen Formularform – wo denn das Kohärenzgefühl am besten und wirkungsvollsten verstärkt werden sollte, bzw. welche Bereiche des Kohärenzgefühls noch ein hohes Entwicklungspotenzial haben.

Dies lässt sich mit drei Kernfragen erkunden. Die Antworten können Ausgangspunkt sein für die Selbstreflexion und für Überlegungen in Gruppen oder Teams. Sie können darüber Anstöße geben, Aufgabenfelder und Möglichkeiten für die Stärkung von Resilienz zu finden und Leistbares zu bestimmen.

Selbstreflexion: Wie kann ich mein Kohärenzgefühl stärken? M7
Mithilfe eines Selbstreflexionsbogens im DL-Material können Sie anhand von drei Kernfragen Möglichkeiten für die Stärkung von Resilienz finden und Leistbares bestimmen.

1.4 Stress entsteht im Kopf

Viele Menschen bejahen die Frage „Haben Sie Stress?“ sofort, beinahe intuitiv, und verbinden mit dem Schlagwort *Stress* hauptsächlich negative Erlebnisse, Konflikte oder Zeitdruck. Stress, der als unangenehm, bedrohlich oder nicht bewältigbar empfunden wird, wird als Disstress bezeichnet. Gutgemeinte Vorschläge wie „Stress dich nicht so!“ oder „Mach einfach mal Pause, lass die Dinge nicht so an dich herankommen“ helfen meist nicht weiter, weil sie an die Wurzel des Stressempfindens und der Belastung durch Stress nicht herankommen.

Eine wesentliche Voraussetzung, um mit Stress besser umgehen zu können, besteht darin, *Stress* erst einmal zu verstehen und einschätzen zu lernen. Dazu gehört u. a., dass es nicht nur *schlechten Stress* gibt. Im Gegensatz dazu steht der Eustress. Er wird nicht als belastend empfunden und kann geradezu beflügeln: Werden Aufgaben erfolgreich gelöst, können mehr Selbstvertrauen und Zufriedenheit erzeugt werden. Herausforderungen müssen also an sich nicht unbedingt negativ sein. So können angemessene Vorgaben wie Zeitdruck dazu führen, dass Arbeit effizient, schnell und gut erledigt wird. Ständiger oder zu hoher Zeitdruck kann dagegen zur Überlastung führen: Es stellt sich ein Gefühl von Disstress ein.

Das eigene Stresserleben hängt also maßgeblich von der Bewertung der wahrgenommenen Herausforderung ab. Manche Menschen können positiv mit Stress umgehen und empfinden ihn als beflügelnd, während andere durch ihn überfordert und an ihre Grenzen gebracht werden.

> „Stress lässt sich definieren als eine starke Beanspruchung eines Organismus durch innere oder äußere Reize.“ (Ernst u. a. 2022)

Es ergeben sich die drei Ebenen der instrumentalen, mentalen und regenerativen Stressbewältigung (Modalitäten der Stressbewältigung, s. Abb. 1.5).

- Auf instrumenteller Ebene wird Stress aktiv begegnet, die zugrundeliegenden Probleme werden zu lösen versucht. Hier stehen die Optimierung von Zeitmanagement und das Vernetzen auf sozialer Ebene, die Suche nach Unterstützung und die Veränderung von Verhältnissen im Vordergrund.
- Mentale Stresskompetenz bezeichnet intrapsychische Vorgänge zur Bewältigung von Stress: So kann man es durch Sinnsuche oder kognitives Umstrukturieren schaffen, den Stressor neu bzw. anders zu bewerten – und ihn so nicht mehr unbedingt als Stress wahrzunehmen. Kaluza (2017) geht davon aus, dass es persönliche Stressverstärker gibt, z. B. eigene Ungeduld oder Perfektionismus. Wird man sich diesen Stressverstärkern bewusst und kann ihnen förderliche Gedanken und Einstellungen entgegenstellen, führt dies zu einer erhöhten Stresskompetenz bzw. zu einem geringeren Stresslevel.
- Die dritte Ebene wird durch die regenerative Stresskompetenz gebildet. Sie geht auf die psychischen und auch physischen Folgen von Stress ein. Pfeiler der regenerativen Copingstrategie sind aktive Entspannung, Bewegung, Erholung – „Energie tanken“.

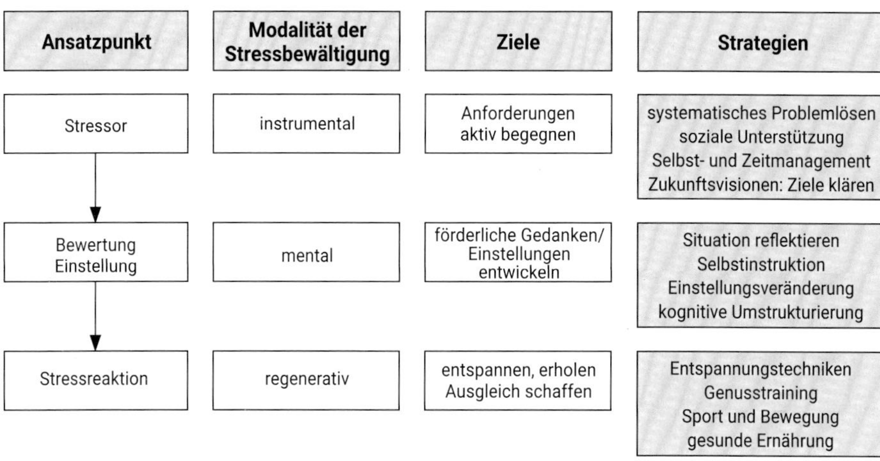

Abb. 1.5: Modalitäten der Stressbewältigung (nach Kaluza 2015)

Unabhängig von der Modalität der Stressbewältigung verursachen Schwierigkeiten bei der Bewältigung bzw. Disstress in jedem Fall Störungen und Beeinträchtigungen bei der Bildung und dem Erhalt von Resilienz: Wer negativen Stress verspürt oder jeden Stress als negativ einordnet, kann schwerer regenerieren, kann sich schwerer helfen und entspannen. Gleichzeitig werden mögliche positive Effekte von Eustress schwerer nutzbar zum Aufbau von Resilienz. So bleibt die Rolle von Stress als Kraft-Räuber oder aber auch als Kraft-Geber unklar.

Mit Stressoren und Stressreaktionen resilienzorientiert umgehen lernen

Stellen Sie sich vor, Sie befinden sich in einer für Sie stressigen Situation, beispielsweise in einem schwierigen Elterngespräch. In dieser Situation werden Stresshormone wie Adrenalin, Noradrenalin und Kortisol ausgeschüttet, die Blutgefäße verengen sich, der Blutdruck steigt. Auch die Blutzufuhr zum Darm sowie zur Haut werden gedrosselt, während sich die Blutgefäße der Skelettmuskulatur weiten. Das ist ein Zeichen für die klassische „Kampf- oder Flucht Reaktion“. Diese Überlebensstrategie kann kurzfristig sinnvoll sein – doch schon selbst auf kurze Zeit können z. B. im Elterngespräch ein merkbar erhöhter Blutdruck oder innere Unruhe störend sein.

Tritt Stress permanent oder in hoher Intensität auf, führt dies zu einer chronischen Überlastung. Die Gefahr für Herzkreislauferkrankungen steigt, eine verminderte Lungenfunktion oder eine schmerzhafte Reizung der Magenschleimhaut können die Folge sein. Nicht umsonst heißt es z. B. „Stress schlägt mir auf den Magen ...“.

In der Schule gibt es häufig keine Möglichkeit, sich nach Stress-Situationen zu entspannen oder eine Auszeit zu nehmen. Körper und in der Folge auch Psyche bleiben gestresst, finden keine Möglichkeiten einer adäquaten Bewältigung. Die initial hilfreiche „Stress-Strategie“ des Körpers wird nun zum Verhängnis. Die so aus der Auseinandersetzung mit Stressoren entstehenden Stressreaktionen lassen sich in vier Kategorien unterteilen (s. Abb. 1.6).

Stressor

↓

Stressreaktionen

Psychologisch	**Emotional**	**Kognitiv**	**Verhalten**
– Muskelspannung ↑	– Ärger	– „Das schaffe ich nie“	– gereizt sein
– Atemfrequenz ↑	– Angst	– „Das wird nichts“	– gehetzt arbeiten
– Puls ↑, Blutdruck ↑	– Enttäuschung	– „Ich weiß nicht weiter“	– Pausenvernachlässigung
– Blutgerinnung ↑	– Depressionen	– „Jetzt ist alles vorbei“	– Rauchen oder Alkohol
– Verdauung ↓			– nebenbei essen
– Immunkompetenz ↓			– Konflikte mit anderen
– Sexualfunktion ↓			

Abb. 1.6: Physiologische, emotionale, kognitive Reaktionen auf Stress bzw. verändertes Verhalten durch Stress (nach Vogel u. a. 2000)

Körperliche Reaktionen auf Stressoren sind meist die Auswirkungen von Stress, die als Erstes wahrgenommen werden. Bei der emotionalen Reaktion geht es um Gefühle wie Angst, Ärger oder gar Depressionen. Stressreaktionen können auch aus kognitiven Aspekten rühren, die die Stressreaktion einerseits selbst ausmachen, diese dann aber wiederum im Sinne eines Teufelskreises auch noch verstärken können. Schließlich hat ständiger und häufiger Stress eine nachhaltige Wirkung auf das Verhalten und ändert es: In manchen Situationen, z. B. unter Zeitdruck, beginnen wir, verkrampft und hastig zu arbeiten, verlieren die Übersicht oder reagieren gereizt. Auch hier entstehen Stress-Teufelskreise: So kann Stress zu Pausenvermeidung und Hetze führen. Chronifizierter Stress kann in schweren Fällen gesundheitsförderliche Ressourcen beeinträchtigen und schädigen, die dann wiederum zur Bewältigung der nächsten Stressreaktion nicht mehr zur Verfügung stehen.

Selbstreflexion: Body- und Belastungs-Scan – was macht Stress mit mir? M8
Um nicht in Teufelskreise zu geraten und das eigene (vielleicht ungesunde) Verhalten zu erkennen und ggf. verändern zu können, kann Selbstbeobachtung ein wichtiger Ansatz sein.

Sie sollten sich immer auf einen überschaubaren und begrenzten Zeitraum beziehen und möglichst alle Gefühle, Verhaltensweisen und Reaktionen unkommentiert erfassen. Mithilfe von zwei Selbstreflexionsbögen im DL-Material können Sie in diesem Sinne der o. g. Frage nachgehen und zu einer persönlichen Bewertung kommen.

Stress bewältigen – auch mit Programm

Im Rahmen unseres BARES-Ansatzes können auch Bausteine von Stress-Bewältigungs-Trainings eingesetzt werden, an denen man als Privatperson oder in der Schule (als Team oder Gruppe) teilnehmen kann. Solche Trainings können für die berufliche Tätigkeit nur dann wirksam werden, wenn es in der Schule und im eigenen Unterricht auch hinreichend Möglichkeiten und Vertrauen gibt, sie einzusetzen und auch zu korrigieren. Als wirksam auch mit Blick auf den Lehrberuf haben sich gezeigt (Kaluza/Chevalier 2017):

- **Information und Psychoedukation:** Das Wissen darum, was auf unsere Gesundheit einwirkt, wie wir Ressourcen aufbauen können und was Stress ausmacht.
- **Systematische Selbstbeobachtung:** Reflexion über Stress und seine Auslöser können helfen, Stresskreisläufe möglichst früh zu unterbrechen. Allein durch Selbstbeobachtung kann ein stressreduzierender, weil distanzierender, Effekt erzielt werden. Die Übungen zur Selbstbeobachtung geben Möglichkeit, sich systematisch selbst einschätzen zu können.
- **Achtsamkeitstraining:** Durch die systematische und nicht wertende Selbstbeobachtung lässt sich dies aus der systematischen Selbstbeobachtung folgern. Das Erleben im Moment ohne möglicherweise negative Bewertung steht im Mittelpunkt. Die erlernte Präsenz im Moment kann helfen, Ressourcen aufzubauen – Achtsamkeit verlangt immer Übung.

- **Entspannung:** Übungen zum Nachlassen der körperlichen und mentalen Anspannung fördern die eigene Stressresistenz. Dabei kann die Entspannung sowohl in Situationen der akuten Beanspruchung sowie bei chronischem Stress helfen.
- **Erholung und Genusstraining:** Durch Stress bildet sich ein Teufelskreis aus Stress folgendem Rückzug. Chronischer Stress führt zur Vernachlässigung von sozialen Kontakten, Hobbys – und mitunter auch von sich selbst. Dagegen werden durch Erholung und Genusstraining angenehme Erfahrungen und Erlebnisse aktiv beleuchtet.
- **Mental-Training:** Achtsamkeitsbasiert soll hier der Wechsel vom „denkenden Ich" zum „beobachtenden Ich" vollzogen werden.
- **Problemlöse-Training:** Bearbeitung individueller Probleme anhand einzelner, aufeinander abgestimmter Schritte. Wie kann Verhalten auch geändert werden in eine Richtung, die wir uns wünschen?
- **Zeitmanagement:** Prioritätensetzung und eine realistische Einschätzung der Arbeitszeit sind hier von Bedeutung. Schließlich hat man nur die Zeit, die man sich nimmt!

1.5 Verhaltensänderung durch Stärkung von Selbstwirksamkeit

Die Selbstwirksamkeit wird als Überzeugung einer Person definiert, in einer bestimmten Situation eine Handlung kompetent bzw. erfolgreich durchführen zu können – aus eigener Kraft und Überzeugung.

Die allgemeine Selbstwirksamkeitserwartung erfasst dabei die generelle Überzeugung einer Lebensbewältigungskompetenz, während die spezifische Selbstwirksamkeitserwartung im Lehrberuf die subjektive Überzeugung beinhaltet, beruflich schwierige Situationen und Anforderungen erfolgreich bewältigen zu können. Positive Erfahrungen, z. B. erfolgreich gemeisterte Stresssituationen, eine gelungene Unterrichtsstunde oder ein guter kollegialer Austausch, fördern die Selbstwirksamkeit im Lehrberuf.

Eine hohe Selbstwirksamkeitserwartung – generell wie beruflich – wirkt sich positiv auf die Gesundheit aus. So leiden Lehrpersonen mit einer hohen Selbstwirksamkeit seltener an psychischen Beschwerden und Burnout-Symptomen. Auch emotionale Stabilität und beruflicher Erfolg hängen mit einer hohen Selbstwirksamkeit zusammen (Schwarzer/Jerusalem 2002). Weiterhin konnten Untersuchungen zeigen, dass ein Zusammenhang zwischen der Selbstwirksamkeit von Lehrpersonen und Leistungen von Lernenden besteht: In Klassen mit hohen Leistungen kann bei den Lehrkräften eine stärker ausgeprägte Selbstwirksamkeit festgestellt werden (Schmich/Itzlinger-Bruneforth 2019).

Ein erhöhtes Selbstwirksamkeitserleben der Lehrperson kann den Unterricht flüssiger und ertragreicher für alle Beteiligten machen (Flook u. a. 2013). Die Selbstwirksamkeitserwartung ist einer der bestimmenden protektiven Faktoren gegenüber dem Gefühl von (zu großer) Belastung und Beanspruchung:

> „Lehrkräfte, die sich mehr zutrauen, erleben die Belastung geringer." (Harazd u. a. 2009)

Selbstwirksamkeitsüberzeugungen kommen nicht einfach so „durch gute Arbeit", sondern Voraussetzung dafür ist immer, dass sich Lehrpersonen ihrer Arbeit vergewissern. Dazu gehören regelmäßige *Rückblicke* auf den eigenen Unterricht (z. B. durch Auswertung von Arbeits- oder Hausaufgabenheften) und Selbstbeobachtung (z. B. durch Audio-Aufnahmen des eigenen Unterrichts, Besuch von Kolleginnen und Kollegen). Selbstwirksamkeitsüberzeugungen müssen also auf Erfahrungen der Arbeitswirklichkeit beruhen, es reicht nicht, überzeugt zu sein, dass man eine hohe Selbstwirksamkeit erreichen könnte, wenn nur die dafür erforderlichen Bedingungen (z. B. kleine Klassen) vorhanden wären. Selbstwirksamkeit wirkt sich dann positiv auf Resilienz aus, wenn sie gelebte Erfahrung ist – und nicht beim Anspruch oder bei der Vision bleibt.

Die Einschätzung der eigenen Erwartungen an die Selbstwirksamkeit können deshalb nur eine, wenn auch wichtige Ergänzung zur Vergewisserung über die eigene Arbeit sein.

Selbstreflexion: Wie steht es um meine Selbstwirksamkeitserwartungen als Lehrperson?
M9

Zur Einschätzung der Selbstwirksamkeit von Lehrkräften haben Schwarzer/Jerusalem (1999) eine Skala entwickelt (vgl. Schumacher u. a. 2012), die Sie im Downloadmaterial finden und bearbeiten können.

Besonders bewährt bei der Einschätzung der eigenen Selbstwirksamkeit als Lehrperson hat sich das *Erfolgstagebuch*: Es hilft, die eigenen Ressourcen zu dokumentieren. Denn oft übersehen wir eigene Erfolge und Stärken. Doch gerade die Dokumentation der eigenen Arbeit und erfolgreicher Schritte zeigt auch im Nachhinein immer wieder die eigenen Ressourcen als Lehrperson auf und stärkt so die Selbstwirksamkeit.

Tragen Sie in Ihr Erfolgstagebuch regelmäßig ein: *Was ist mir heute gelungen? – Was habe ich heute im Unterricht bewirkt?*

Beachten Sie dabei: Schreiben Sie Ihr Erfolgstagebuch regelmäßig zu einem bestimmten Zeitpunkt. Das hilft, Erfolge nicht aus dem Blick zu verlieren, und vermeidet, nur dann zu schreiben, wenn man etwas loswerden will. Ein schönes Notizbuch oder ein guter Stift kann helfen, das Schreiben eines solchen Buches auch als etwas Besonderes zu „begreifen". Denn das Erfolgstagebuch kann in schwierigen Zeiten eine gute Stütze sein, die die Aufmerksamkeit auf schon Geschafftes lenken kann.

Literatur

Altner, Nils/Sauer, Sebastian (2013): Achtsamkeitspraxis als Gesundheitsressource für LehrerInnen. Kölner Reihe–Materialien zu Supervision und Beratung. (Band 4). Göttingen.

Antonovsky, Aaron (1979): Health, stress, and coping: New perspectives on mental and physical well-being. San Francisco.

Antonovsky, Aaron (1987): The salutogenic perspective: Toward a new view of health and illness. In: Advances. (4) 1, S. 47–55.

Antonovsky, Aaron/Franke, Alexa (1997): Salutogenese: zur Entmystifizierung der Gesundheit. In: Forum für Verhaltenstherapie und psychosoziale Praxis. 36.

Block, Jack/Block, Jeanne H. (1977): The developmental continuity of Ego-control and Ego-resiliency: Some accomplishments. Society for Research in Child Development. New Orleans.

Blömeke, Sigrid (2005): Das Lehrerbild in Printmedien. In: Die Deutsche Schule. (97) 1, 24–39.

Blossfeld, Hans-Peter/Bos, Wilfried/Daniel, Hans-Dieter/Hannover, Bettina/Lenzen, Dieter/Prenzel, Manfred et al. (2014): Psychische Belastungen und Burnout beim Bildungspersonal. Empfehlungen zur Kompetenz- und Organisationsentwicklung. Münster.

Britton, Willoughby B. (2019): Can mindfulness be too much of a good thing? The value of a middle way. In: Current opinion in psychology. (28), S. 159–165.

Ditto, Blaine/Eclache, Marie/Goldman, Natalie (2006): Short-term autonomic and cardiovascular effects of mindfulness body scan meditation. In: Annals of behavioral medicine. (32) 3, 227–234.

Drucker, Peter (1977): People and Performance: The Best of Peter Druckers on Management. New York.

Eriksson, Monica/Lindstrom, Bengt (2005): Validity of Antonovsky's sense of coherence scale: a systematic review. Journal of Epidemiology and Community Health. (59) 6.

Ernst, Gundula/Franke, Alexa und Franzkowiak, Peter (07.01.2022): Stress und Stressbewältigung. Bundeszentrale für gesundheitliche Aufklärung. doi:10.17623/BZGA:Q4-i118-2.0

Faltermaier, Toni (2017): Gesundheitspsychologie. Stuttgart.

Färber, Francesca/Rosendahl, Jenny (2018): Zusammenhang von Resilienz und psychischer Gesundheit bei körperlichen Erkrankungen. In: Deutsches Ärzteblatt International. (115) 38 (2018), S. 621–627. URL: https://www.aerzteblatt.de/int/article.asp?id=200707

Flook, Lisa/Goldberg, Simon B./Pinger, Laura/Bonus, Katherine/Davidson, Richard J. (2013): Mindfulness for teachers: A pilot study to assess effects on stress, burnout, and teaching efficacy. In: Mind, Brain, and Education. (7) 3. doi:10.1111/mbe.12026

FORSA, Gesellschaft für Sozialforschung und Statistische Analysen (2021): Die Schule aus Sicht der Schulleiterinnen und Schulleiter. Berlin. URL: https://www.vbe.de/fileadmin/user_upload/VBE/Service/Meinungsumfragen/2022-01-31_Charts-Bund_Gesundheit.pdf

Fuchs, Tatjana/Trischler, Falko (2009): Arbeitsqualität aus Sicht von Lehrerinnen und Lehrern. Ergebnisse aus der Erhebung zum DGB-Index gute Arbeit. Stadtbergen.

Goldin, Philippe R./Gross, James J (2010): Effects of mindfulness-based stress reduction (MBSR) on emotion regulation in social anxiety disorder.. Emotion. (10) 1, 83. American Psychological Association.

Gotink, Rinske A./Chu, Paula/Busschbach, Jan J. V./Benson, Herbert/Fricchione, Gregory L./Hunink, Myriam (2015): Standardised mindfulness-based interventions in healthcare: an overview of systematic reviews and meta-analyses of RCTs. In: PloS one. (10) 4, doi:10.1371/journal.pone.0215608.

Haas, Oliver/Huemer, Brigitte/Preissegger, Ingrid (2022): Resilienz in Organisationen. Stuttgart. doi:10.34156/9783791053974

Hansen, Julia/Klusmann, Uta/Hanewinkel, Reiner (2020): Stimmungsbild: Lehrergesundheit in der Corona-Pandemie. Befragung zur Lehrergesundheit. Kiel: Institut für Therapie- und Gesundheitsforschung (IFT-Nord). URL: https://www.dak.de/dak/download/ergebnisbericht-2389012.pdf

Harazd, Bea/Gieske, Mario/Rolff, Hans-Günter (2009): Gesundheitsmanagement in der Schule. Köln.

Harris, Alexis R./Jennings, Patricia A./Katz, Deirdre A./Abenavoli, Rachel M./Greenberg, Mark T. (2016): Promoting stress management and wellbeing in educators: Feasibility and efficacy of a school-based yoga and mindfulness intervention. In: Mindfulness. (7) 1, S. 143–154.

Hattie, John (2015): Lernen sichtbar machen. Baltmannsweiler.

Hofmann, Stefan G./Sawyer, Alice T./Witt, Ashley A./Oh, Diana (2010): The effect of mindfulness-based therapy on anxiety and depression: A meta-analytic review. In: Journal of consulting and clinical psychology. (78) 2, 169. American Psychological Association.

Huber, Machtheld/Van Vliet, Marja/Giezenberg, Michele/Winkens, Bjorn/Heerkens, Yvonne/ Dagnelie, Pieter u. a. (2016): Towards a „patient-centred" operationalisation of the new dynamic concept of health: A mixed methods study. In: BMJ Open. (6) 1. doi:10.1136/ bmjopen-2015-010091

Jha, Amishi P./Krompinger, Jason/Baime, Michael J (2007): Mindfulness training modifies subsystems of attention. In: Cognitive, Affective, & Behavioral Neuroscience. (7) 2, S. 109–119.

Kabat-Zinn, John (1990): Full catastrophe living: Using the wisdom of your mind and body to face stress, pain, and illness. New York.

Kaluza, Gert (2015): Stressbewältigung: Trainingsmanual zur psychologischen Gesundheitsförderung. Berlin, Heidelberg.

Kaluza, Gert/Chevalier, Anja (2017): Stressbewältigungstrainings für Erwachsene. In: Fuchs, R./Gerber, M. (Hrsg.) (2017): Handbuch Stressregulation und Sport. (S. 1-26). Berlin, Heidelberg:. doi:10.1007/978-3-662-49411-0_17-1

Khoury, Bassam/Sharma, Manoj/Rush, Sarah E./Fournier, Claude (2015): Mindfulness-based stress reduction for healthy individuals: A meta-analysis. In: Journal of psychosomatic research. (78) 6, S. 519–528.

Krause, Christina/Mayer, Claude-Hélène (2012): Gesundheitsressourcen erkennen und fördern. Training für pädagogische Fachkräfte. (Band 1). Göttingen.

Langford, Rebecca/Campbell, Rona/Magnus, Daniel/Bonell, Chris P./Murphy, Simon M./Waters, Elizabeth u. a. (2011): The WHO Health Promoting School framework for improving the health and well-being of students and staff. In: Cochrane Database of Systematic Reviews. doi:10.1002/14651858.cd008958

Lehr, Dirk (2014): Belastung und Beanspruchung im Lehrerberuf. Gesundheitliche Situation und Evidenz für Risikofaktoren. In: Terhart, E./Bennewitz H./Rothland M. (Hrsg.) (2014): Handbuch der Forschung zum Lehrberuf. (S. 947–967). Münster.

Lehr, Dirk/Koch, Stefan/Hillert, Andreas (2013): Stress-Bewältigungs-Trainings. Das Präventionsprogramm AGIL „Arbeit und Gesundheit im Lehrerberuf " als Beispiel eines Stress-Bewältigungs-Trainings für Lehrerinnen und Lehrer. In M. Rothland (Hrsg.), Belastung und Beanspruchung im Lehrerberuf. (S. 251–271). Wiesbaden.

Mach-Würth, Julia (2021): Gesund bleiben im Lehrerberuf. Eine empirische Studie zu subjektiven Gesundheitstheorien von Lehrkräften. Wiesbaden.

Matzat, Jürgen/Jäniche, Helga/Hausteiner-Wiehle, Constanze (2018): Funktionelle Körperbeschwerden verstehen und bewältigen. Eine Leitlinie für Betroffene und ihre Angehörigen. In: AWMF Reg. Nr. 051-001. URL: https://register.awmf.org/assets/guidelines/051-001p1_S3_ Funktionelle_Koerperbeschwerden_2020-01.pdf

Opp, Günther/Michael Fingerle/Bender, Doris (2007): Was Kinder stärkt: Erziehung zwischen Risiko und Resilienz. München, Basel.

Paulus, Peter/Dadaczynski, Kevin (2020): Gesundheitsförderung und Schule. Bundeszentrale für gesundheitliche Aufklärung. URL: https://leitbegriffe.bzga.de/alphabetisches-verzeichnis/ gesundheitsfoerderung-und-schule/

Reivich, Karen/Shatte, Andrew (2003): The Resilience Factor: 7 Keys to Finding Your Inner Strength and Overcoming Life's Hurdles. (S. 1–365). New York.

Roenneberg, Casper/Sattel, Heribert/Schaefert, Rainer/Henningsen, Peter/Hausteiner-Wiehle, Constanze (2019): Funktionelle Körperbeschwerden. Deutsches Ärzteblatt International. (116) 33–34 (2019), S. 553–560. URL: https://www.aerzteblatt.de/int/article.asp?id=209277

Rothland, Martin/Klusmann, Uta (2016): Belastung und Beanspruchung im Lehrerberuf. In: Rothland, M. (Hrsg.) (2016): Beruf Lehrer/Lehrerin. S. 351–370. Münster.

Rupprecht, Silke/Thomas, Hella (2011): Lehrergesundheit. Was hält Lehrkräfte gesund? Lüneburg.

Schaarschmidt, Uwe (2004): Halbtagsjobber? Psychische Gesundheit im Lehrerberuf–Analyse eines veränderungsbedürftigen Zustandes. Weinheim, Basel.

Scheuch, Klaus/Haufe, Eva/Seibt, Reingard (2015): Lehrergesundheit. In Deutsches Ärzteblatt International. (112) 20, 347–356. URL: https://www.aerzteblatt.de/int/article.asp?id=170601

Schmich, Juliane/Itzlinger-Bruneforth, Ursula (2019): Rahmenbedingungen des schulischen Lehrens und Lernens aus Sicht von Lehrkräften und Schulleitungen im internationalen Vergleich. doi:10.17888/talis2018-2

Schönwälder, Hans-Georg/Berndt, Jörg/Ströver, Frauke/Tiesler, Gerhart (2003): Belastung und Beanspruchung von Lehrerinnen und Lehrern. Bremerhaven.

Schumacher, Jörg/Wilz, Gabriele/Gunzelmann, Thomas /Brähler, Elmar (2000): Die Sense of Coherence Scale von Antonovsky. In: Psychotherapie· Psychosomatik· Medizinische Psychologie. (50) 12, 472–482.

Schumacher, Lutz/Nieskens, Birgit/Sieland, Bernhard (2012): DAK-Gesundheit u. Unfallkasse NRW (Hg.): Handbuch Lehrergesundheit–Impulse für die Entwicklung guter gesunder Schulen. Köln.

Schussler, Deborah L./Jennings, Patricia A./Sharp, Jennifer E./Frank, Jennifer L (2016): Improving teacher awareness and well-being through CARE: A qualitative analysis of the underlying mechanisms. In: Mindfulness. (7) 1, 130–142.

Schwarzer, Ralf/Jerusalem, Matthias (1999): Skalen zur Erfassung von Lehrer- und Schülermerkmalen. Dokumentation der psychometrischen Verfahren im Rahmen der wissenschaftlichen Begleitung des Modellversuchs Selbstwirksame Schulen. Berlin. URL: https://www.psyc.de/skalendoku.pdf

Schwarzer, Ralf/Jerusalem, Matthias (2002): Das Konzept der Selbstwirksamkeit. In: Zeitschrift für Pädagogik Beiheft. (44), 28–53.

Shapiro, Shauna/Rechtschaffen, Daniel/Sousa, Sarah de (2016): Mindfulness training for teachers. In Schonert-Reichl, K. A./Roeser R. W. (Hrsg.), Handbook of mindfulness in education. (S. 83–97). New York.

Sonnenmoser, Marion (2018): Resilienz: Ein Konzept im Wandel. Deutsches Ärzteblatt International. (17) 11, [504]-. Verfügbar unter: https://www.aerzteblatt.de/int/article.asp?id=202470

Steffens, Ulrich/ Höfer, Dieter (2016): Lernen nach Hattie: Wie gelingt guter Unterricht? Weinheim, Basel.

Thun-Hohenstein, Leonhard/Lampert, Kerstin/Altendorfer-Kling, Ulrike (2020): Resilienz – Geschichte, Modelle und Anwendung. In: Zeitschrift für Psychodrama und Soziometrie. (19) 1. doi:10.1007/s11620-020-00524-6

Valtl, Karlheinz (2021): Achtsamkeits- und mitgefühlsbasierte Methoden zur Förderung von LehrerInnengesundheit. In: Fraundorfer A. (Hrsg.) (2021): Gesundsein und Gesund-bleiben im Schulalltag, S. 175–194. Linz.

Vogel, Heiner/Worringen, Ulrike/Wagner, Rudolph Friedrich/Schäfer, Heike (2000): Stress und Stressbewältigung. Aktiv Gesundheit fördern. Stuttgart: Deutsche Rentenversicherung.

World Health Organization (2020): Constitution of the world health organization, Forty-ninth edition. Geneva: WHO. URL: https://apps.who.int/gb/bd/pdf_files/BD_49th-en.pdf

Wustmann, Corinna (2005): Die Blickrichtung der neuen Resilienzforschung. In: Zeitschrift für Pädagogik. (51) 2, S. 192–206.

Zander, Margherita (2009): Armes Kind — starkes Kind? Wiesbaden. doi:10.1007/978-3-531-91833-4

2 Bewegung – als eine Säule der Stärkung von Resilienz

Christian Andrä und Germaine Berthold

„Einfach mehr bewegen!" gehört zu den Patentrezepten für Lehrkräfte, wenn sie nach Hilfen suchen, wie sie sich stärken, entlasten und die Belastungen ihres Berufs besser bewältigen können. „Bewegen" wird dabei durchweg mit Sport, aktiver Betätigung, Anstrengung, Aufenthalt im Freien assoziiert – als ein Instrument oder Produkt, um den Beschränkungen und Einengungen des Berufsalltags entgegenzuwirken oder sie auszugleichen.

Als Säule zur Stärkung von Resilienz bedeutet „Bewegung" für Lehrkräfte jedoch weit mehr, als bloß Sport zu treiben oder „irgendwie" aktiv zu sein. Vor allem geht es um zwei Bereiche:

- Bewegung als bewusstes Element der Selbstfürsorge (explorierende, soziale und personale Bedeutung), bei dem sie durch Bewegung
  - etwas über sich als Person und ihre Körperlichkeit erfahren können,
  - Beziehungen zu anderen Menschen aufbauen und eigene Fähigkeiten entwickeln können,
  - Bewältigungsstrategien, generalisierte Kontrollüberzeugungen und ein positives Selbstkonzept aufbauen können, um situatives Wohlbefinden zu verbessern, Stress abzubauen und Leistungsanforderungen sowie Belastungen zu bewältigen.
- Bewegung als „Werkzeug" im Unterrichtsalltag, z. B. zur Förderung der kognitiven und sozialen Entwicklung der Schüler:innen, Klassenführung, Gesprächsführung (instrumentelle sowie produktive Bedeutung, sozial-kommunikative Bedeutung).

2.1 Selbstfürsorge als Ausgangspunkt

Im Berufsalltag sind Lehrer:innen als *Person* ständig präsent: Sie zeigen ihr berufliches Selbst, welches sich aus Persönlichkeitsmerkmalen, Ergebnissen der Selbstwahrnehmung und Selbstreflexion, pädagogischen Lernerfahrungen, Werthaltungen sowie berufsbezogenen Zielen zusammensetzt.

Dabei muss jede Person selbst auf die jeweiligen Anforderungen und Belastungen reagieren, abhängig von inneren Faktoren (eigene Einstellung, allgemeiner Gesundheitszustand und verfügbare Ressourcen), aber auch von äußeren Faktoren (Stress, Druck) sowie den zur Verfügung stehenden Bewältigungsstrategien, dem Konfliktpotenzial und den Kommunikationsmöglichkeiten.

Dass Lehrkräfte angesichts dieser Anforderungen ihre eigenen Ressourcen und Bewältigungsstrategien im Rahmen von Selbstfürsorge – bei der Bewegung eine wichtige Rolle spielt – einsetzen müssen, ist oft zu wenig bewusst. Die Selbstfürsorge von Lehrkräften ist eine unverzichtbare Grundlage für eine achtsame Grundhaltung zum eigenen Beruf. Sie trägt wesentlich dazu bei, auf sich als Person zu achten, sich selbst und die eigene Arbeit zu reflektieren sowie positiv mit der eigenen körperlichen und seelischen Gesundheit im Beruf (und im Privatleben) umzugehen.

Bei allen fünf Elementen der Selbstfürsorge kann Bewegung eine positive und unterstützende Rolle spielen:

Durch Bewegung die Selbstfürsorge unterstützen

Fünf Elemente der Selbstfürsorge	*Beispiele für Unterstützung durch Bewegung*
1. körperliche Selbstfürsorge	körperliche Signale wahr- und ernst nehmen: wie regelmäßige (Ausgleichs-) Bewegungen, z. B.: Muskelkräftigung, Dehnübungen, gezielter Sport; (aber auch: ausreichend Schlaf- und Ruhephasen, ausgewogene Ernährung)
2. emotionale Selbstfürsorge	bei Bewegung auf Emotionen und Gefühle achten und darauf eingehen: Ausleben von Anstrengung, Selbsteinschätzung, Freude, Wut etc.; Zeit für eigene körperliche Aktivität und zur Entspannung nehmen
3. kognitive Selbstfürsorge	Bewegung nutzen als Gelegenheit für Reflexion und zum Ordnen von Gedanken; Lernen, mit Anstrengung und Begrenzung umzugehen
4. soziale Selbstfürsorge	gemeinsam Bewegung planen, durchführen; gemeinsame Sportarten praktizieren
5. spirituelle Selbstfürsorge	positive Erfahrungen bei Bewegung in Umwelt und mit Mitmenschen aufmerksam wahrnehmen (z. B. Naturparcours)

Tab. 2.1: Elemente der Selbstfürsorge und Bewegung (vgl. Brechbühl/Pfeifer-Burri 2021, S. 8/10)

Eine selbstfürsorgliche Haltung muss aktiv von der eigenen Person initiiert werden – ohne die eigene Bereitschaft dazu kann sie nicht erreicht werden. Jeder Mensch (Lehrende wie Lernende) bringt unterschiedliche Voraussetzungen für Selbstfürsorge mit, die sich entweder förderlich oder hemmend auf selbstfürsorgliches Handeln – mit dem Fokus auf psychische Widerstandsfähigkeit auswirken können. Diese Voraussetzungen können als Kompetenzen erworben, ausgebaut und entwickelt werden: Etwa 50 Prozent

> „[...] können wir selbst trainieren und ausbauen, indem wir unser Denken, Verhalten und unsere Haltung ändern" (Reichhart 2021, S. 22).

Selbstfürsorge ist jedoch auf Dauer nicht ohne die Hilfe und Unterstützung anderer möglich und hat gleichzeitig immer Auswirkungen auf andere: Sie wirkt sich positiv auf die Arbeitsmotivation sowie das Arbeitsklima aus und öffnet den Raum für einen selbstfürsorglichen Umgang untereinander. In Fort- und Weiterbildungen wird der Umgang mit eigenen Belastungen (und darüber hinaus mit Bewegungsangeboten) eher selten thematisiert. Schulleitungen reagieren auf das Thema „Gesundheit im Kollegium" meist reaktiv und selten mit Blick auf die Förderung der individuellen Selbstfürsorge sowie des professionellen Selbst der Lehrkräfte (Klusmann/Waschke 2018, S. 64–66).

Mit Bewegung lernen, auf sich selbst (besser) zu achten

Mit Bewegung als Selbstfürsorge soll sich der Mensch „[...] der Verantwortung für die eigene Gesundheit bewusstwerden und selbst einen Beitrag zum eigenen Wohlergehen [...] leisten" (Dahl 2019, S. 71). Im Zentrum steht dabei:

- auf die Wahrnehmung des subjektiven aktuellen Befindens zu achten,
- auf die eigenen Bedürfnisse einzugehen und
- entsprechend darauf zu reagieren (Dahl 2018, S. 133).

Sowohl innere als auch äußere Belastungen und Beanspruchungen können durch Bewegung als Selbstfürsorgestrategie beeinflusst werden. Dies ist für Lehrer:innen hilfreich, da sie in ihrem Berufsalltag häufig an ihre eigenen Überlastungsgrenzen stoßen sowie diese Situationen dann oft als Einzelkämpfer:innen bewältigen und sogar als Multitalente agieren müssen (Holzrichter 2019). Voraussetzung für Selbstfürsorge durch Bewegung sind:

- der eigene positive und wertschätzende Umgang mit sich,
- das Achten eigener Bedürfnisse sowie der eigenen Gesundheit,
- die aktive sowie positive Einwirkung auf das eigene Wohlbefinden (Dahl 2019, S. 70) sowie
- die Entwicklung einer selbstkompetenzorientierten Grundhaltung (Aufmerksamkeit, Konzentration, Selbstmotivation), bezogen auf sich selbst und die Klasse (Kuhl u. a. 2017, S. 14).

2.2 Bewegung als Element der Selbstfürsorge im Lehrerberuf

Die positiven Auswirkungen von körperlicher Aktivität auf den Gesundheitszustand sind empirisch gut belegt (s. Tab. 2.2). Körperliche Aktivität (Bewegung in jeder Form) wirkt sich positiv auf die kardiovaskuläre, metabolische und neurokognitive Gesundheit aus. Besonders hilfreich für eine gesundheitsfördernde Selbstfürsorge sind ausdauerorientierte, knochenstärkende, koordinationsfördernde und muskelkräftigende Bewegungen sowie Übungen zur Verbesserung der allgemeinen Beweglichkeit (Miko u. a. 2020). Außerdem wirkt Bewegung auch bei Beschwerden des Bewegungsapparates.

Erkrankung Risikofaktor	Wirkung von regelmäßiger körperlicher Aktivität
Koronare Herzkrankheit	iii
Hypertonie	ii
Diabetes Mellitus, Typ 2	ii(i)
Osteoporose	i
Depressionen/Angststörungen	ii
Apoplexie	i
Brust- und Darmkrebs	ii
Adipositas	ii
Fettstoffwechselstörung	ii
funktionelle Leistungsfähigkeit	i

Tab. 2.2: Forschungsergebnisse zur Wirkung körperlicher Aktivität.
iii starke Abnahme, ii moderate Abnahme, i geringe Abnahme
(Grieben/Froböse 2016, S. 43, Zusammenfassung von Samitz/Baron 2002; Bassuk/Manson 2005; Rütten 2005; Hänsel 2007)

Bewegung bewusst und als nützlich wahrnehmen

Eine achtsame Selbstwahrnehmung ermöglicht es, die Notwendigkeit und den Nutzen von Bewegung und Aktivität zu erkennen sowie dabei Erfolg und Zufriedenheit zu erleben. Sich Bewegung nur zu „verordnen“ oder sie aus reiner Routine zu betreiben, verhindert, ihren Wert als Element der Selbstfürsorge zu erkennen sowie ihr Potenzial auch für die Entwicklung und Pflege des beruflichen Selbst zu nutzen. Das Wissen um den Nutzen und die Wirkung von Bewegung erhöht deren Wirksamkeit. Selbstbeobachtung und Selbsteinschätzung sind daher wichtige Werkzeuge, um Bewegung positiv verwenden zu können. Die folgenden Anregungen können dazu beitragen.

Selbstreflexion: Körperliche Aktivität M10

Im DL-Material finden Sie einen Selbstreflexionsbogen zu Ihren körperlichen Aktivitäten in den letzten vier Wochen.

Ein zweiter Bogen zeigt Möglichkeiten auf, wie Sie auf körperliche Aktivitäten im Alltag achten bzw. diese integrieren können.

Die Selbsteinschätzung der eigenen körperlichen Aktivität führt oft zu unbefriedigenden Ergebnissen: Eigentlich (!), so hat man sich als Lehrkraft vorgenommen, möchte man viel aktiver sein, mehr Bewegung auch in den Schulalltag einbauen, aber dann gelingt dies aus vielerlei Gründen nicht. Zu den wichtigsten Hinderungsgründen für Bewegung gehören im Praxisalltag erfahrungsgemäß oft:

- *ein falsches Selbstbild* („Ich bin unsportlich, ich kann das nicht"),
- eine *pessimistische und defizitorientierte Einschätzung der schulischen Realisierungs- sowie Veränderungsmöglichkeiten* im Hinblick auf Bewegungsaktivitäten. So wird häufig angeführt, für Bewegungsaktivitäten brauche es einen eigenen Raum, Geräte, Stundenplanorganisation. Das trifft im Optimalfall zu: Dort sind Bewegungsaktivitäten im Rahmen von Schulentwicklung in den Schulalltag eingebaut und die entsprechende Ausstattung – auch für Lehrpersonen – ist vorhanden. Das heißt aber nicht, dass Bewegung im Schulalltag nur in solchen Optimalfällen praktiziert werden könnte. Im Gegenteil: Es gibt zahlreiche Möglichkeiten, sich im Schulalltag immer wieder (auch individuell) einen Bewegungsspielraum zu schaffen.
- eine *Vermeidungshaltung durch Stresssituationen*: Gerade, weil Stresssituationen als belastend und anstrengend empfunden werden, wird versucht, diese zu meiden: Man verzichtet auf weitere Belastungen, vermeidet, kompensiert und nutzt das Potenzial richtig gesteuerter Bewegungsaktivitäten nicht zum Ausgleich, zur Gewinnung von Balance oder von Distanz. Besonders schwierig ist es, aus dauerhaften Erregungs- und Stresszuständen herauszukommen (Preis 2022). Gerade hier können Bewegungsaktivitäten kompensieren oder ablenken.

Die eigene Bewegungsbiografie ist ein bedeutsamer Faktor, der die innere Einstellung zur Bewegung maßgeblich beeinflussen kann. Eine Anregung zur Auseinandersetzung mit der eigenen Bewegungsbiografie können die beiden folgenden Übungen geben:

Übung: Der eigenen Bewegungsbiografie auf die Spur kommen M11

1. Spiel- und Bewegungs-Lebenslinie

Legen Sie ein Seil vor sich auf den Boden. Es markiert den eigenen Lebensweg von der Kindheit bis zum gegenwärtigen Zeitpunkt.
Positionieren Sie am Seil Gegenstände (oder Bilder), die Sie mit Bewegung und Spiel in der jeweiligen Lebensphase verbinden (Ball, Baum, Staffelstab ...). Blicken Sie auf Ihre Lebenslinie von Spiel und Bewegung:

- Was hat gegenwärtig davon noch Bedeutung?
- Wo waren Veränderungen, Wendepunkte?
- Wo können Sie Aktivitäten (wieder) aufnehmen? (vgl. Krus 2018, S. 149)

2. Bewegungs- und Spielräume
Diese Übung (vgl. Krus 2018, S. 149–150) eignet sich auch gut für Gruppen: Auf jeweils einem Arbeitsblatt notieren die Teilnehmenden ihre „Bewegungs- und Spielräume" für bestimmte Altersstufen (etwa alle vier Jahre). Nach einer individuellen Auswertung (Wie hat sich meine Bewegungsbiografie entwickelt? Was hat sich verändert? Was war reizvoll an diesen Bewegungen? Was haben sie bewirkt, an welchen habe ich Spaß gehabt?) können die Eindrücke in der Gruppe ausgetauscht werden (Welche Bewegungs- und Spielformen haben sich verändert, welche waren attraktiv, prägend, belastend? Wie haben die Bewegungserfahrungen sich ins Erwachsenenleben übertragen?).

4. Lebensjahr	**8. Lebensjahr**	**12. Lebensjahr**	**16. Lebensjahr**
Wo habe ich mich hauptsächlich bewegt/ gespielt? Was war daran (nicht) reizvoll? Welche Bedeutung hatten Ort und Mitspielende?	Wo habe ich mich hauptsächlich bewegt/ gespielt? Was war daran (nicht) reizvoll? Welche Bedeutung hatten Ort und Mitspielende?	Wo habe ich mich hauptsächlich bewegt/ gespielt? Was war daran (nicht) reizvoll? Welche Bedeutung hatten Ort und Mitspielende?	Wo habe ich mich hauptsächlich bewegt/ gespielt? Was war daran (nicht) reizvoll? Welche Bedeutung hatten Ort und Mitspielende?

(vgl. Arbeitsblätter „Bewegungs- und Spielräume", Krus 2018, S. 149)

2.3 Bewegung in den Alltag einbauen und planen

In der Schule und im Berufsalltag erfolgreich sowie nachhaltig in Bewegung zu kommen, fällt leichter, wenn man Bewegungsaktivitäten gezielt auswählt und plant – und dann auch weiß, was man von ihnen erwarten kann. Dabei lassen sich Bewegungsaktivitäten unterscheiden, bewusst auswählen sowie gestalten im Hinblick auf:

- *ihre Intensität/den Anstrengungsgrad,* z. B. mittel (schnelleres Gehen, Radfahren, Gartenarbeit, Schwimmen, Tanzen) oder höher (z. B. Laufen, Bergwandern, schnelles Schwimmen),
- *Umfang bzw. Dauer* (konkrete Zeit) und
- *Belastungsdichte* (Verhältnis von Belastung und Erholung).

Abb. 2.1: Intensitäts- und Belastungssteuerung: Bewegungsempfehlungen für Erwachsene (© Fonds Gesundes Österreich/GÖG)

Zu einer guten Planung von Bewegungsaktivitäten gehört die Steuerung dieser drei Elemente. Als grobe Orientierung für gesunde Erwachsene gilt, dass wöchentlich 150 Minuten mittlere oder 75 Minuten höhere Anstrengungen bei Bewegungsaktivitäten geleistet werden sollten, plus muskelkräftigende Übungen an zwei Tagen (Empfehlungen des Fonds Gesundes Österreich 2020, S. 8).

Aus dem Spektrum der möglichen Bewegungsformen sollten dann diejenigen ausgesucht werden, die zur eigenen Person mit ihren Fähigkeiten sowie Vorlieben passen und die sich in den eigenen Schulalltag integrieren lassen.

Schon „Microbewegungen“ und kleine andere Maßnahmen können helfen, Dynamik in den Alltag (insbesondere beim zu langen Sitzen) zu bringen (Rupp/Dold 2020), während (hoch-)intensive Bewegungsprogramme positiv auf das Herz-Kreislauf- und Stoffwechselsystem wirken (Edwards u. a. 2023) (s. Abb. 2.1). Auch wenn der Berufsalltag von Lehrkräften durch Unterrichtsraster bzw. Aufgabenpools/-sets oder auch Schulaufgaben durchstrukturiert ist, lassen sich immer einfache Möglichkeiten und kleine Nischen für Bewegungsformen finden, wie z. B. mithilfe der folgenden Übung.

Übung: Einfache Bewegungsanreize und -nischen im Arbeitsalltag umsetzen M12

- Körperhaltung wechseln/verändern, z. B. Steh-Arbeitsplatz (höhenverstellbarer Schreibtisch), Umhergehen
- dynamisches Sitzverhalten praktizieren bzw. generell unterschiedliche Sitzpositionen einnehmen z. B. Kutschersitz, Reitsitz, Schneidersitz, Hürdensitz

- Arbeitsplatz bewegungsaktivierend einrichten: nicht alles sofort griffbereit haben, sondern Papierkorb, Materialien etc. etwas weiter weg platzieren,
- Gespräche im Stehen führen (Stehtische im Lehrerzimmer ...), Aufstehen beim Telefonieren
- Verspannungen vorbeugen und bewusste Körperpositionen einnehmen, die auch andere Muskelgruppen beanspruchen (z. B. Hocken beim Lesen, auf die Zehenspitzen stellen beim Zuhören)
- kurze Pausen für Bewegung nutzen (dabei keine ablenkenden Aufgaben erledigen), damit die Gedanken mal schweifen können
- öfter aktiven Transport betreiben (z. B. mit dem Fahrrad oder zu Fuß zur Schule)

Microaktivitäten sowie umfangreiche und geplante Bewegungsaktivitäten können besser wirken, wenn sie auch auf Kernziele des Gesundheitssports (vgl. Tiemann 2021) ausgerichtet werden. Dies gibt Lehrkräften eine gute Orientierung, welche spezifische Ressource gefördert werden kann (Prävention, psychosoziale Ressourcen, Beschwerdenminderung), um den Berufsalltag besser zu bewältigen. Die Tabelle 2.3 (s. u.) zeigt, wie Bewegung auf Gesundheitsziele ausgerichtet werden kann.

Bewegung auf Kernziele des Gesundheitssports ausrichten		
Ziele von Gesundheitssport	*wichtige (Teil)-Aspekte*	*Elemente von Bewegung*
Stärkung physischer Ressourcen	Ausdauer, Kraft, Beweglichkeit/ Dehnfähigkeit, Koordinationsfähigkeit und Entspannungsfähigkeit	allgemeine, wiederkehrende Elemente von Training und Übung (bewegte Rituale)
Prävention von Risikofaktoren	im Bereich des Muskel-, Skelett-, Herz-Kreislauf- und Stoffwechsel-Systems	bewegte Pausen (s. o.), Vermeidung langer Sitzzeiten
Stärkung psychosozialer Ressourcen	Handlungs- und Effektwissen, Selbstwirksamkeit, Körperkonzept, soziale Kompetenz und soziale Einbindung	Übungen zur (Gegen-)Wahrnehmung, Stärkung von Gemeinschaftserlebnissen, Erfolgserlebnissen durch Bewegung
Bewältigung von Beschwerden und Missbefinden	Insbesondere bei Muskel-, Skelett-, Herz-Kreislauf- und Stoffwechsel-System sowie im psychosomatischen Bereich	Ausgleichsgymnastik, Bewegung als fokusveränderndes Element, Bewegung und Ernährung
Aufbau von Bindung an körperlich-sportliche Aktivität	Verringerung von Teilnahmebarrieren, Förderung von Motivation und Volition	Teilnahme an regelmäßigen Sportaktivitäten, bewegten Ritualen, regelmäßiger Mitarbeiter-Sport
Verbesserung der Bedingungen für Bewegung	adäquate Räumlichkeiten, Qualitätsmanagement, Kooperation/Vernetzung des Sport- und Gesundheitssystems	Gestaltung von bewegten Räumen, Angebot von Sportaktivitäten

Tab. 2.3: Bewegung auf Kernziele von Gesundheitssport ausrichten (vgl. Tiemann 2021, S. 531)

Die Wirksamkeit von Bewegung lässt sich steigern, wenn sie in Ruhe für sich durchgeführt werden kann, in einem kleinen Rückzugsraum, in dem man weder beobachtet noch mit Gesprächen oder lauten Geräuschen abgelenkt wird. Bestenfalls stellt die Schule eigene Bewegungs- bzw. Rückzugsräume für das Personal zur Verfügung. Falls dies (noch) nicht etabliert ist, dann wäre eine vorhandene Bibliothek als Option denkbar.

Sofern die Bewegungsmöglichkeiten in der Schule (immer noch) zu gering sind, hilft nur ein gezielter Ortswechsel (vorausgesetzt die Orte werden positiv empfunden) in die Natur bzw. ins Freie.

Regelmäßige Bewegung im Freien, am besten bei Tageslicht, ist eine natürliche Kraftquelle. Dabei geht es auch darum, den Kopf „durchzulüften" und die Gedanken zu ordnen. Bei einem Spaziergang fällt es oft leichter, Gespräche zu führen – insbesondere über belastende oder schambesetzte Themen (Frick 2021). Bewegung wird so nicht zum „Energieverbraucher", sondern zur Energiequelle.

Für manche Lehrkräfte- oder Personalvertretung kann es zudem eine interessante Aufgabe sein, für das Personal gute Konditionen für die Nutzung eines Fitnessstudios in unmittelbarer Schulnähe auszuhandeln oder sogar Expertinnen und Experten mit einem regelmäßigen Angebot an die Schule zu holen und so dem Kollegium den Zugang zu Sport- und Bewegungsangeboten zu erleichtern.

2.4 Bewegung als ‚Werkzeug' im Unterrichtsalltag

Zu den wichtigsten Werkzeugen für aktive Bewegung im Schulalltag gehören sogenannte Microaktivitäten und ganz einfache Bewegungsformen (s. Abb. 2.1, S. 46), die Lehrkräfte gezielt für sich selbst zur Entspannung oder auch zur Aktivierung und Anspannung nutzen können. Neben diesen spezifischen Bewegungsaktivitäten lassen sich aber auch viele andere Arbeits- und Inszenierungsformen im Unterrichtsalltag nutzen, um als Lehrperson selbst in Bewegung zu kommen oder die Gruppe bzw. Klasse so in Bewegung zu bringen, dass sich dies förderlich auf den Unterrichtsverlauf und die Belastung (sowohl von Lehrkräften als auch Schüler:innen) auswirkt.

Sich als Lehrkraft im Unterrichtsalltag bewegen

Eine wichtige Ursache für den Bewegungsmangel von Lehrkräften im Unterricht sind die selbst gewählten Arbeits- und Inszenierungsformen: Viel zu selten wird bedacht, dass die Aufgaben, welche Lehrkräfte ihren Schüler:innen stellen, auch den eigenen Aktionsradius bestimmen und nicht selten einschränken:

- Lehrkräfte, die „Lernbegleitung" als möglichst nichtteilnehmende Beobachtung von sich selbst regulierenden Lernprozessen in der Klasse verstehen, machen sich auch körperlich unbeweglich: Wenn sie in einer Klassenecke sitzen und darauf warten, dass die Kinder oder Jugendlichen auf sie zukommen, werden sie eher unbeweglicher, Bewegungen beschränken sich auf Korrektur- oder Schreibbewegungen. Lernbegleitung ist auch eine Tätigkeit, die körperlich wahrgenommen werden muss: Wer begleitet, muss aufmerksam und gespannt sein, mitgehen, sich öffnen. Eine Person, die nur still auf ihrem Stuhl sitzt, kann dies nicht signalisieren. Das muss aber nicht gleichzeitig bedeuten, dass man ständig aktiv durch die Klasse geht – denn das würde wiederum eine gewisse Unruhe erzeugen.
  Gedankenexperiment: Stellen Sie sich vor, Sie sitzen am Schreibtisch und korrigieren Klassenarbeiten – und hinter Ihnen steht die Schulleitung, die Sie die ganze Zeit genau beobachtet …
  In diesem Zusammenhang ist zu beachten, dass Kinder im Allgemeinen auch ein Feedback brauchen. Dies bekommen sie natürlich auch gut durch den Blick der Lehrperson auf deren Arbeit. Da manche es brauchen und wollen, andere wiederum davon abgelenkt werden, kann man den Praxistipp geben, dass die Kinder, die sich gern eine Rückmeldung während der Bearbeitung wünschen, ein Signal geben. Damit das einerseits als Ritual und andererseits nicht als Störung geschieht, könnte man einführen, dass es Gegenstände gibt (z. B. kleine Aufsteller, die Lieblingsfigur usw.), die die Lernenden sichtbar an ihrem Platz aufstellen und der Lehrkraft das entsprechende Signal geben.
- Lehrer:innen, die während des Unterrichts ihre räumliche Position nicht verändern – auch wenn sie während des Unterrichts lange auf ihrem Stuhl sitzen – verengen den Wahrnehmungsbereich der Schüler:innen durch die einseitige Ausrichtung der Blickrichtung. Das führt oft zu Verspannungen aufgrund der einseitigen Belastung, vor allem dann, wenn sich der eigene Sitzplatz vergleichsweise seitlich befindet. Es ist aber auch klar, dass Lehrkräfte, die während des Unterrichts nie eine ruhige Position einnehmen eher für Unruhe sorgen. Eine bewusste Steuerung der eigenen Aktivität im Unterricht und eine überlegte bewegungsbezogene Raum-Regie im Klassenraum sind daher gefragt.
  Gedankenexperiment: Stellen Sie sich vor, Sie wollen mit einem Bankangestellten über einen Kredit verhandeln, während dieser ständig aufgeregt im Raum herumläuft … Aber stellen Sie sich auch vor, dass Sie mit jemandem ein gemeinsames Projekt zu Veränderungsprozessen anstoßen wollen, der über lange Zeit statisch auf dem Stuhl sitzt und eher inaktiv wirkt.

- Lehrpersonen, die ihren Unterricht auf ein Medium (Tafel, Board, Projektion) fixieren, bleiben oft an diesem Medium „kleben" und verlieren den Kontakt zur Klasse. Das schränkt ihren Bewegungsradius ein und schwächt den Einsatz von Gestik und Mimik. Präsentationen, Erläuterungen und Vorträge lebendig zu gestalten, ist immer auch eine Frage der Körperspannung und des Körpereinsatzes. Ob Informationen oder Aussagen wichtig sind, lesen Schüler:innen vor allem an Körpersprache und Bewegung ab.
  Experiment: Nehmen Sie sich vor, bei bestimmten Aktionen/Aufgaben im Unterricht immer eine bestimmte Körperhaltung/Geste einzunehmen oder führen Sie mit der Klasse eine kurze Bewegungs- oder Aufmerksamkeitsübung dazu durch.
- Lehrkräfte, die ihren Unterricht durchgetaktet planen, geraten schnell in eine typische Zeitmanagement-Falle, wirken durch ihre Bewegungen gehetzt, angespannt. Erstrebenswert ist es, schon bei der Planung des Unterrichts bzw. der Unterrichtsroutinen zu überlegen, wo man sich selbst Raum für Bewegung geben und kleine Bewegungspausen einlegen kann. So ergibt es Sinn, eine Präsentation oder ein Tafelbild mit Abstand und aus verschiedenen Perspektiven zu betrachten, einen Moment wirklich still zu stehen und zu warten. Außerdem ist es empfehlenswert, dass man verschiedene Präsentationsflächen und Standpositionen nutzt. Insofern ist es sinnvoll, dass man beispielsweise ab und an vom hinteren Ende des Raumes spricht. So bekommen vor allem die Lernenden auch mal einen anderen Blickwinkel bzw. eine veränderte Distanz.
  Experiment: Nehmen Sie sich vor, während des Unterrichts mindestens einmal in jeder Ecke des Klassenzimmers gewesen zu sein. Gehen Sie, wenn Sie die Schülerinnen und Schüler an ihren Plätzen beraten, wenigstens kurz in die Hocke, begeben Sie sich auf Augenhöhe …

Sich als Lehrkraft Zeit für Ruhe und Bewegung schaffen

Lehrer:innen stehen oft unter enormem Zeitdruck. Die erste Strategie gegen den Zeitdruck ist oft eine Makroplanung des Zeitbudgets, also Tages- oder Wochenpläne. Dabei werden Tätigkeiten nach Aufwand priorisiert und eingeplant, gezielte Ich-Zeiten für Bewegung sowie sportliche Aktivitäten oder auch Ruhe und Schlaf sollten geblockt werden. Eine solche Planung hilft vor allem, Regenerations- und Bewegungsanlässe außerhalb der Schule zu schaffen und zu nutzen. Sie fördern das gesundheitliche Wohlbefinden und helfen, eine Balance zwischen Berufs- und Arbeitswelt zu finden.

Lehrkräfte sollten Regenerationsphasen (passive Erholung, Auftanken) bewusst einplanen und lernen, eigene Grenzen zu setzen. Dazu gehört auch, wenn möglich, gewohnte Aufgaben oder Tätigkeiten abzugeben und darauf zu vertrauen, dass andere die Aufgaben ebenso gut erledigen oder übernehmen.

Zeit für Ruhe und Bewegung schaffen heißt auch, auf Pausenzeiten zu achten. Dabei geht es nicht nur um die Festlegung der Zeiträume (in der Schule wie im Home-Office), sondern auch darum, die eigene Arbeit so zu gestalten und zu organisieren, dass Pausen überhaupt möglich sind. Fünf Minuten vor Stundenende noch schnell einen neuen inhaltlichen Aspekt in den Unterricht einzubringen, bedeutet zumindest für die Lehrkraft eine Verkürzung der Pause durch erneute Erhöhung des Zeit-, Vermittlungs- und Kontrolldrucks. Den Unterricht zu überfrachten oder hektisch zu inszenieren (alle Energie und Spannung am Ende der Stunde) führt dazu, Anspannung mit in die Pause zu nehmen und nicht zur Ruhe kommen zu können.

Aus diesem Grund ist es meist die bessere Idee, sich für eine bewegte Methode, ein passendes Bewegungsspiel oder auch nur eine Auflockerungsübung zu entscheiden. So geht man selbst weniger gestresst in die Pause und schafft auch für die Schülerinnen und Schüler eine Entspannung, bei welcher sie sich wieder auffrischen können. Dies stellt eine gute Voraussetzung für die Erhöhung der Aufmerksamkeitsleistung und der (Lern-)Motivation des nachfolgenden Unterrichts dar. Sicherlich ist es ein Fehlglaube anzunehmen, dass die üblichen Pausenzeiten als entsprechende Regenerationsphase an sich immer ausreichen. Dafür passiert regelmäßig zu viel Aufregendes in der Lebenswelt unserer Kinder und Jugendlichen – gerade auch in den Pausen.

Pausen einplanen heißt deshalb also auch, Unterricht sinnvoll zu gliedern, Atempausen zu schaffen, Ruhe zu bewahren, Gelegenheit zu geben, sich zu erholen, mit Abstand auf die Arbeit blicken zu können und einfach nur die angespannte Muskulatur zu entlasten oder gern auch gezielt zu lockern.

Experiment: Schreiben Sie für einen bestimmten Zeitraum – zwei bis vier Wochen – auf, wann Sie in der Schule Pausen eingelegt haben, wie lange Sie nachts geschlafen haben, wie lange Sie Zeit an der frischen Luft verbracht haben ... Werten Sie dann aus, wie Sie die Erholungszeit verbracht haben, ob Sie (un-)abgelenkt waren, ob sich Erholungseffekte eingestellt haben und wie sich das auf Ihre Arbeit im Unterricht ausgewirkt hat.

Das Einlegen von Pausen sowie das Abschalten im Berufs- und Privatleben sind wichtige Teile selbstfürsorglichen Handelns. Deshalb sollten Lehrkräfte so unterrichten bzw. ihre Arbeit dahingehend organisieren, dass sie zumindest für kurze Zeit ihre Routinen sowie Beschränkungen aussetzen und zur Ruhe kommen können. Rituale im Alltag (beispielsweise die Festlegung einer „medienfreien Zeit" ohne Handys, eine feste Zeit für kurze Spaziergänge, störungsfreie Ich-Zeiträume, Nutzung der Arbeitswege für Bewegungsaktivität) können helfen, solche Auszeiten zu schaffen oder wahrzunehmen.

Schüler:innen im Unterrichtsalltag in Bewegung und auch in Ruhe bringen

Körperliche Bewegung ist ein Grundbedürfnis von Menschen, das erheblich zu Wohlbefinden, Lernbereitschaft und Motivation beitragen kann und das oft immer noch im Unterricht als „Störquelle" für Unruhe bzw. Ablenkung gesehen wird. Disziplinarische Versuche, diese Störquellen zu beseitigen oder einzuschränken, führen meist zum Gegenteil des Erwünschten – zu noch mehr Störung.

Da, wie beschrieben, Bewegung bzw. körperliche Aktivität ein wichtiges Element der Selbstfürsorge von Lehrpersonen ist, gilt dies mindestens in ähnlicher Weise auch für die Schüler:innen, die sie unterrichten. Statt pauschal, regulierend oder disziplinierend den Fokus auf Ruhe und Bewegungsvermeidung zu richten, ist es für Lehrpersonen günstiger,

- das Bedürfnis der Lernenden nach Bewegungsaktivität, Ruhe sowie Entspannung differenziert wahrzunehmen und darauf überlegt einzugehen,
- den Unterricht so anzulegen, dass Bewegung und die „Choreographie" des Unterrichtsgeschehens, genau das (z. B. Ruhe, Konzentration, Vertrauen) fördert, was gerade aufgebaut werden soll,
- Schüler:innen im Unterrichtsalltag gezielt (!) und gerichtet Gelegenheit zur Bewegung zu geben.

In den folgenden Abschnitten werden zu diesen drei Aspekten einige exemplarische Handlungsmöglichkeiten für Lehrkräfte beleuchtet.

Verlangen nach Bewegungsaktivität, Ruhe und Entspannung von Lernenden differenziert wahrnehmen

Bewegungsaktivitäten von Lernenden im Unterricht werden von Lehrkräften häufig als Unruhe, Störung, Ausdruck von Unwohlsein oder Widerstand konnotiert. Dabei ist oft gar nicht geklärt, ob sich dieses Verhalten der jungen Menschen überhaupt auf das Handeln der Lehrperson bzw. den Unterricht bezieht oder ob es vielleicht eine Reaktion auf außerunterrichtliche Geschehnisse oder Situationen ist. Die Konnotation von Bewegung und Unruhe als Störung zeigt sich dann bei Lehrkräften häufig schon in der Körperhaltung als Irritation, gesteigerte Empfindlichkeit (z. B. für Geräusche), Aufmerksamkeit und dem Reaktionsimpuls, sich für die störende Situation verantwortlich zu fühlen und darauf reagieren zu müssen. Sobald Lehrkräfte dann in „Symmetrie" mit der Unruhe und Bewegung der Schüler:innen gehen, hektisch werden und disziplinieren, kann es leicht zu einem Prozess des Aufschaukelns kommen. Produktiver für den Umgang mit den Schüler:innenreaktionen ist für Lehrkräfte hier meist ein kurzes Innehalten und ein Moment der Selbstfürsorge: *Stehe ich ruhig und sichtbar in der Klasse?*

Können die Schüler:innen meine Reaktionen deutlich wahrnehmen – bzw. kann ich sie wahrnehmen? Was sehe ich bei ihnen genau an Gefühlen, Reaktionen? Wie kann ich signalisieren, dass ich die Reaktionen der Klasse gesehen habe und darauf überlegt reagieren?

Vorrangig an Bewegung und Haltung liest die Klasse die Reaktion der Lehrkräfte ab und deutet sie. Verbale Äußerungen wirken hier schwächer oder bleiben nachrangig. Deshalb sollten Lehrkräfte nonverbales Verhalten auf Gefühle und Reaktionen von Lernenden gezielt einsetzen und auch üben, z. B.:

Übung: Nonverbales Verhalten trainieren M13

Stellen Sie sich entspannt vor einen Spiegel, achten Sie auf einen stabilen Stand, drücken Sie die Knie nicht durch. Achten Sie auf Ihren Puls, Ihren Gesichtsausdruck. Frieren Sie diese Haltung für zehn Sekunden ein und beobachten Sie sich sehr genau. Stellen Sie sich dann vor, Sie würden vor der Klasse stehen und eine Schüler:innenreaktion wahrnehmen, die Sie nicht richtig einordnen können oder die Ihnen unangenehm ist (z. B. Schüler:innen tuscheln, Gegenstände fallen zu Boden ...). Nehmen Sie die Haltung ein, die Sie in solchen Situationen meist einnehmen:

- Wie fühlen Sie sich in dieser Situation?
- Welche körperlichen Reaktionen löst sie aus (Puls, Gesichtsausdruck, Muskelspannung)?

Frieren Sie diese Haltung für zwanzig Sekunden ein und beobachten Sie sich sehr genau. Lösen Sie sich dann aus der Haltung und versuchen Sie, die erste Position wieder einzunehmen. Zeigen Sie durch Gestik, Haltung, Mimik nonverbal jeweils einen der beiden folgenden Sätze: „Ich habe das mitbekommen und werde jetzt mit dem Thema fortfahren." – „Ich habe das mitbekommen und sehe, dass es euch wichtig ist. Was ist los?"

Eine Variation dieser Übung ist *der „Gang" durch die Klasse*: Stellen Sie sich wieder vor, Sie würden eine unerklärliche oder störende Reaktion in der Klasse wahrnehmen. Bewegen Sie sich nun mindestens fünf Meter durch den Raum – ohne dabei zu sprechen – und versuchen Sie, durch Ihren Gang auszudrücken, wie Sie mit der Reaktion umgehen wollen: Gehen Sie zuerst ruhig und gelassen, gehen Sie daraufhin konzentriert, reaktionsbereit und bestimmt durch den Raum. – Lassen Sie, wenn möglich, jemanden diese Übung beobachten und eine Rückmeldung auf Ihre Bewegung und Haltung geben: Was wollten Sie mit Ihrer Bewegung mitteilen, was ist angekommen?

Sich die Situation vorzustellen und sie in Bewegung umzusetzen, erleichtert es, selbstfürsorglich mit sich umzugehen, Routinereaktionen zu verändern und die eigenen körperlichen Empfindungen zu kontrollieren.

Bewegung im Classroom-Management und bei Gesprächen

Galt lange *Klassenführung* als *die* Strategie, in der jeweiligen Klasse für (passive) Ruhe und Aufmerksamkeit zu sorgen, rücken mit „Classroom-Management" zunehmend Techniken in den Fokus, mit denen Lehrkräfte den Unterricht so strukturieren, leiten und organisieren, dass Lehr- und Lernprozesse Selbst-Regulation bestärken, die Klassengemeinschaft unterstützen, die Handlungskompetenz in der Lerngruppe fördern und Selbstwirksamkeitsüberzeugungen fördern. Bei zentralen Faktoren spielt auch Bewegung eine wichtige Rolle, allein schon passiv in der Wahrnehmung von Lernenden, denn im Bewegungsverhalten von Lehrkräften spiegeln sich immer auch Lehrstrategie und -stil, Sicherheit und Strukturiertheit des Lehrens wider:

Anregung: Bewegung und zentrale Faktoren von Classroom-Management

zentraler Faktor	*Aspekt der Bewegung*
physische Präsenz und Allgegenwärtigkeit	fester Stand, Wechsel der Position im Klassenzimmer, ruhiger Bewegungswechsel, Aufmerksamkeit der Sinne
Unterrichtsfluss, Zügigkeit, Reibungslosigkeit	Wechsel von Sozialformen, Integration von Bewegungselementen, Dynamik von Ruhe – Anstrengung, Setzen von Pausen und Anstrengung
Gruppenaktivierung und -überprüfung	einladende/steuernde Gestik, Einbeziehung aller Lernenden durch Ansprache, öffnende Körperhaltung, einbeziehende Bewegung/Gestik, Ermöglichen und Koordination von Bewegung
Vermeidung von Überdruss	inhaltliche und methodische Abwechslung, Aufgreifen von Bewegungsdrang, Entdecken und Aufgreifen von „Scheinaufmerksamkeit"
produktive Regeln des Arbeitens und Umgangs	aktivierende und unterstützende positive Regeln des Zusammenlebens – und der Möglichkeiten der Bewegung in Klasse und Schule

Abb. 2.4: Bewegung und ihre Bedeutung für zentrale Faktoren des Classroom-Managements (vgl. Klusmann/Waschke 2018, S. 79; Kiel/Frey/Weiß 2013, S. 27; Evertson/Weinstein 2006; Kounin 2006)

Physische Präsenz und Bewegungsschemata im Unterricht können die Techniken des Classroom-Managements nachhaltig unterstützen sowie regulieren (Weise o. J.) – zentrale Prinzipien sind hier „Nähe" und „Mobilität": Klassenzimmer sind häufig so eingerichtet, dass die Mobilität von Lehrenden und Lernenden stark eingeschränkt wird. Um Bewegung und damit auch Begegnung im Klassenzimmer zu fördern, sollten bei der Einrichtung des Klassenraums vier Aspekte besonders berücksichtigt werden (vgl. Jones 2019):

- Schüler:innen so weit und so breit wie möglich dorthin platzieren, wo die Lehrperson überwiegend die Lehr- und Lernprozesse anleitet. Bei überwiegendem Frontalunterricht bedeutet das, die Raumbreite vor der Tafel auszunutzen und den Zwischenraum zwischen Tafel/Board und Lernenden nicht durch Spiel- oder Gruppenteppiche zu vergrößern. Hilfreich für eine bewegungsfreundliche Klasseneinrichtung ist „bewegtes Mobiliar".
- Breite Gänge und Wege in der Klasse schaffen – und vermeiden, dass sie mit Rucksäcken, Material etc. vollgestellt sind. Wer sich im Unterricht bewegen soll oder will (Lehrende wie Lernende), sollte das schnell und gezielt tun können. Schülerinnen und Schüler, die vor der Klasse etwas zeigen möchten und dazu erst einen Hindernislauf bewältigen müssen, können sich nur schlecht in den Unterricht einbringen.
- Tische/Arbeitsplätze so positionieren, dass für Lehrende schleifenförmige Rundgänge (interior loops) im Zentrum des Klassenzimmers möglich werden, bestenfalls mit einer kurzen Strecke von der Mitte des Raumes zu den einzelnen Arbeitsplätzen der Lernenden. Lehrende müssen das gesamte Klassenzimmer nutzen (können). Übersichtliche und direkte Wege für Lehrkräfte im Unterricht schaffen Struktur und sichtbare Wege für Interaktionen im Unterricht.
- Klassenzimmer und Lernräume brauchen klar erkennbare Strukturen für Bewegung von Lehrenden und Lernenden – dies erleichtert auch Beteiligung und Aktivierung. Wichtig ist aber auch, dass diese Strukturen regelmäßig neu konfiguriert werden, um eingefahrene Bewegungsmuster wieder aufzubrechen und festgefahrene Positionen in der Klasse zu lockern. Vierteljährlich eine veränderte Konfiguration der Sitzordnung bedeutet immer auch, Entwicklung neuer Bewegungsmuster und -möglichkeiten. Und an dieser Stelle soll betont werden, dass man die Lernenden aktiv in die Planung und Gestaltung einbeziehen kann.

Störungspräventive Bewegungsmuster im Unterricht sind für gelingendes Classroom-Management deshalb von erheblicher Bedeutung. Indem Lehrkräfte sich bemühen, solche Muster zu praktizieren, lässt sie dies ihre eigenen Bewegungsmuster aufmerksamer wahrnehmen und unproduktive sowie störungserzeugende Muster verändern (Pendelbewegungen, Kreisbewegungen, Wippen).

Schüler:innen im Unterrichtsalltag gezielt (!) und gerichtet Gelegenheit zur Bewegung geben

Schließlich gilt es, den Unterrichtsalltag immer wieder und so gut wie möglich dafür zu nutzen, sowohl Lehrenden als auch Lernenden Gelegenheit zu geben, sich zu bewegen. Dazu bieten sich z. B. an:

- Wechsel der Arbeits- und Sozialformen (von Einzelarbeit bis hin zu Gruppenaktivitäten)
- Methoden, die ein Lernen in Bewegung ermöglichen. Dies beinhaltet eine große Bandbreite von beispielweise klassischen bewegungsaktivierenden Methoden (z. B. 4-Ecken-Methode, Stimmungsbarometer, Kugellager) über Platzwechsel und verschiedene Arbeitshaltungen bis zu einfachen Prinzipien der Meinungsäußerung (Stehen bei Zustimmung, Hocken bei Ablehnung).
- Nutzung bewegter Arbeits- und Präsentationsmethoden wie Galerierundgängen, Varianten von Domino, Speed-Dating oder Bingo.
- Spezielle Aufgaben, die sich durch die Bewegung (besser) lernen lassen. Hier geht es beispielsweise um direktes Erleben von Gegensätzlichkeiten, Zusammenhängen, Gesetzmäßigkeiten und Wirkungsprinzipien, z. B. einen Teil des Koordinatensystems darstellen, die ganze Parabelform gleich selbst oder die Kugel auf dem Galton-Brett, anstatt diese Phänomene (z. B. der Analysis und Binomialverteilung) abstrakt zu vermitteln. Weiterhin können z. B. Rechtschreibentscheidungen mit dem ganzen Körper in unterschiedlicher Form und Intensität und über Körperveränderungen (sich Klein- und Großmachen) dargestellt werden.
- Der Einbezug des Körpers ermöglicht lernverstärkende, kinästhetische Empfindungen. Insbesondere sollen dabei auch Gestik und Mimik (z. B. lebende Bilder, Ausdruckstheater) zum Einsatz kommen.

Generell sollte man sich die Frage stellen: Muss dieses Lernen im Sitzen stattfinden oder kann es auch in Bewegung passieren? Vor dem Hintergrund der enormen Sitzzeiten von Lernenden, sollte diese Frage immer wieder handlungsleitend sein, damit man kontinuierlich die Vorteile des bewegten Lernens nutzt. Hervorzuheben ist, dass dies weit über verbesserte Lernleistungen und ein angenehmeres Lernklima hinausgeht, denn es betrifft z. B. auch ergonomische, physiologische und lebensweltliche Vorteile (Andrä 2023).

Die Zielstellung sollte sein, dass Bewegung immer einen festen Bestandteil in der Planung des Unterrichts bekommt. Man wird überrascht sein, wie viel Lerninhalte tatsächlich in Bewegung vermittelt werden können. Jede Lehrkraft sollte dies in ihren Alltag einbauen. Eine Planungshilfe gibt dabei die Beachtung von sieben wesentlichen Punkten: Inhaltsauswahl, Setting, Einbindung der Schülerschaft, Bewegungszugänge, Funktion des Materials, didaktische Überlegungen (Andrä/Hild/Ahnfeld 2020).

Über das Lernen hinaus sollten auch weitere Formen des bewegten Unterrichts mitgedacht werden. Das betrifft dynamisches Sitzen, Auflockerungsminuten, Entspannungsphasen, bewegungsorientierte Projekte und individuelle Bewegungszeiten (Müller/Petzold 2020).

Literatur

Andrä, Christian (2023): Bewegtes Lernen. Pädagogik, 2/2023, S. 48–52.

Andrä, Christian/Hild, Ronald/Ahnfeld, Thomas. (2020): Wie entwickle ich mein eigenes Beispiel zum bewegten Lernen? In: C. Andrä/M. Macedonia (Hrsg): Bewegtes Lernen – Handbuch für Forschung und Praxis. Berlin, S. 339–346.

Bassuk, Shari S./Manson, Joann E. (2005): Epidemiological evidence for the role of physical activity in reducing risk of type 2 diabetes and cardiovascular disease. Journal of Applied Physiology, 99(3), S. 1193–1204.

Berthold, Germaine (2023). Selbstfürsorge im LehrerInnenberuf als Basis für die eigene Gesundheit. Staatsexamensarbeit. Universität Leipzig

Brechbühl, Gandhera/Pfeifer-Burri, Silvia (2012): Warum Selbstfürsorge so wichtig ist und uns dennoch oft schwerfällt. IBP Institut Magazin, 3 (1), S. 8–10. https://www.ibp-institut.ch/files/client_data/Dokumente/IBP/Publikationen%20Shop%20Downloads/IBP%20Artikel/Artikel_Warum%20Selbstfürsorge%20so%20wichtig%20ist%20und%20uns%20dennoch%20oft%20schwer%20fällt_Magazin%203_SP_120915.pdf.

Dahl, Christina (2018): Ein Plädoyer für mehr Selbstfürsorge. Prävention und Gesundheitsforderung, 13 (2), S. 131–137. DOI: https://doi.org/10.1007/sll553-017-0626-x.

Dahl, Christina (2019): Warum es sich lohnt, gut für sich zu sorgen. Über den langfristigen Nutzen der Selbstfürsorge – Ergebnisse zweier empirischer Studien. Prävention und Gesundheit, 14 (1), S. 69–78. DOI: https://doi.org/10.1007/sll553-018-0650-5.

Edwards, Jamie J./Griffiths, Megan/Deenmamode, Algis H. P. u. a. (2023): High-Intensity Interval Training and Cardiometabolic Health in the General Population: A Systematic Review and Meta-Analysis of Randomised Controlled Trials. Sports Med. https://doi.org/l0.1007/s40279-023- 01863-8

Evertson, Carolyn M./Weinstein, Carol S. (2006): Handbook of Classroom Management: Research, Practice and Contemporary issues. Mahwah.

Fonds Gesundes Österreich (2020): Bewegungsempfehlungen Erwachsene. Wien. URL: https://fgoe.org/sites/fgoe.org/files/2021-03/fgoe_bewegungsempfehlungen_erwachsene_bfrei.pdf

Frick, Jürg (2021): Resilienz und Salutogenese im Lehrberuf: Förderung und Aufrechterhaltung der Lehrer*innen-Gesundheit. In: Fröhlich-Gildhoff, Klaus/Rönnau, Maike: Menschen stärken: Resilienzförderung in verschiedenen Lebensbereichen. Wiesbaden, S. 109–155.

Grieben, Christopher/Froböse, Ingo. (2016): Was hält Lehrkräfte gesund? – Was bewirkt Bewegung? In: Forum Schulstiftung – Die gesunde Lehr-Kraft (64), S. 40–44 (URL: https://www.schulstiftung-freiburg.de/eip/media/forum/pdf_761.pdf

Hänsel, Frank (2007): Körperliche Aktivität und Gesundheit. In: Fuchs, Reinhard/Göhner, Wiebke/Seelig, Harald (Hrsg.): Aufbau eines körperlich-aktiven Lebensstils: Theorie, Empirie und Praxis (S. 23–44). Göttingen.

Holzrichter, Thurid (2019): Selbstfürsorge als Basis der Lehrergesundheit. Strategien, Tipps und Praxishilfen. 2. Auflage. Mühlheim.

Jones, Fred (2019): Room Arrangement – What About …? URL: https://www.fredjones.com/single-post/2019/02/11/room-arrangement-what-about

Kiel, Ewald/Frey, Anne/Weiß, Sabine (2013). Trainingsbuch Klassenführung. Bad Heilbrunn.

Klusmann, Uta/Waschke, Natalie (2018): Gesundheit und Wohlbefinden im Lehrerberuf. Göttingen.

Kounin, Jacob S. (1976/2006): Techniken der Klassenführung. Münster.

Krus, Astrid (2018): Qualifikationsprofil Bewegung für Lehrkräfte. Bewegung lehren und in Bewegung lernen. Wiesbaden.

Kuhl, Julius/Solzbacher, Claudia/Zimmer, Renate (Hrsg.) (2017): WERT: Wissen, Erleben, Reflexion, Transfer. Ein Konzept zur Stärkung der professionellen Haltung von pädagogischen Fachkräften. Hohengehren.

Miko, Hans-Christian/Zillmann, Nadine/Ring-Dimitriou, Susanne/Domer, Thomas Ernst/Titze, Sylvia/Bauer, Robert (2020): Auswirkungen von Bewegung auf die Gesundheit. Das Gesundheitswesen, H. 03, S. 184–195.

Müller, Christina/Petzold, Ralph (2020): Bewegtes Lernen als Teilgebiet des bewegten Unterrichts. In: Andrä, Christian/Macedonia, Manuela (Hrsg.): Bewegtes Lernen – Handbuch für Forschung und Praxis. Berlin, S. 100–113.

Reichhart, Tatjana (2021): Das Prinzip Selbstfürsorge: Wie wir Verantwortung für uns übernehmen und gelassen und frei leben. Roadmap für den Alltag. 3. Auflage. München.

Preis, Stefan (2022): Bewegung, die ungenutzte Ressource – Born to move. In: Springmann-Preis, Sigrid (Hrsg.): Notsignale aus dem Klassenzimmer: Hilfen und Lösungswege gemeinsam finden. Paderborn.

Rütten, Alfred (2005): Körperliche Aktivität. Gesundheitsberichterstattung des Bundes: H. 26. Berlin.

Rupp, Robert/Dold, Chiara (2020): Bewegtes Lernen an Hochschulen etablieren - Handlungsstrategien im Projekt „Kopf-Stehen". In: Andrä, Christian/Macedonia, Manuela (Hrsg.): Bewegtes Lernen – Handbuch für Forschung und Praxis. Berlin, S. 161–167.

Samitz, Günther/Baron, R. (2002): Epidemiologie der körperlichen Aktivität. in Samitz, Günther/Mensink, Gert (2002): Körperliche Aktivität in Prävention und Therapie: Evidenzbasierter Leitfaden für Klinik und Praxis. München, S. 11–31.

Tiemann, Michael (2021): Bewegung und körperlich-sportliche Aktivität – ein wichtiges Leid der Prävention und Gesundheitsförderung. In: Tiemann, Michael/Mohokum, Melvin (Hrsg.): Prävention und Gesundheitsförderung. Berlin, Heidelberg, https://doi.org/10.1007/978-3-662-62426-5 76.

Weise, Carolin (o. J.): Physische Präsenz und Bewegungsschemata im Unterricht. Bonn. Studienprojekt. URL: https://www.bzl.uni-bonn.de/praxiselemente/Praxissemester/Studienprojekte/studienprojekte/weise_physische-praesenz-und-bewegungsschemata-im-unterricht

3 Resilienter durch achtsame Atmung

Anna Paul und Nils Altner

Die Alltagssprache kennt viele Redewendungen, die zeigen, wie eng die Atmung mit dem seelischen Befinden verbunden ist: Man kann vor Aufregung außer Atem geraten oder tief durchatmen, um Kraft zu schöpfen. Wem die Kraft ausgeht, dem geht die Puste aus – und wer Durchhaltevermögen beweist, hat hingegen einen langen Atem. Langweilige Situationen können als langatmig erlebt, aufregende Erlebnisse als atemberaubend bezeichnet werden.

Die Atmung ist die Grundlage unserer Vitalität und Gesundheit und eine der fünf Säulen der Resilienz. Dennoch erscheint sie den meisten Menschen als so selbstverständlich, dass sie ihr im Alltag kaum Beachtung schenken. Doch wer sich bewusst mit dem Atmen verbindet und ihm Aufmerksamkeit schenkt, kann das eigene Wohlbefinden fördern und damit auch dazu beitragen, den Schulalltag bewusster, beziehungsreicher und gesünder zu gestalten. Die Beschäftigung mit der Atmung sowohl im beruflichen als auch im privaten Alltag kann Lehrkräften helfen, eine weitere Säule der Resilienz zu erforschen.

Die Tatsache, dass ‚Atmen' eine Leistung ist und auch beeinflusst werden kann, ist vielen Menschen nicht bewusst, sie glauben, dass Atmen „automatisch" geschieht: Ein Mensch atmet im Durchschnitt etwa 12- bis 20-mal pro Minute, das sind etwa 17.280 bis 28.800 Atemzüge pro Tag. Ein 80 Jahre alter Mensch hat also im Laufe seines Lebens schätzungsweise rund eine Milliarde Atemzüge ‚gemacht' – die Atmung spielt eine zentrale Rolle in unserem Leben, bei Anstrengung, in Ruhe, im Schlaf. Dabei spiegeln der Rhythmus und der Fluss der Atmung immer auch die Befindlichkeit und die Verfassung der Menschen wider. Denn die Atmung unterliegt nur teilweise unserer Kontrolle und ist immer auch ein Spiegel unseres Befindens.

> „Im Atemrhythmus zeigt sich die Seele [...] ebenso wie in der Körperhaltung, frei und gelöst, tatendurstig gespannt oder ängstlich verkrampft wartend."
>
> (Jean-Luc Nancy 2010, zit. nach Stenger und Thörner 2019, S. 23–24)

Die Atmung wird flacher, schneller oder bleibt auch stehen, wenn wir angespannt und verkrampft sind. Ein Seufzer oder ein tiefer Atemzug leitet dann eine Entspannungsphase ein: Die Anspannung lässt nach. Die Atmung hat also unwillkürliche und willkürliche Anteile. Deshalb wird die Atmung auch als Zugang zum Unbewussten und zu den autonom ablaufenden Prozessen des Körpers und des Bewusstseins gesehen, verändern sich doch Rhythmus und Fluss des Atems unwillkürlich, je nachdem, wie eine Person die aktuelle Situation erlebt und einschätzt. Da der Atem zugleich willentlich gestaltbar ist, kann bewusstes Atmen auch zum Abbau von Spannungen und Stress eingesetzt werden. Sinnvoll und wohlwollend gestaltet, kann Atemachtsamkeit so zu einem wichtigen Bestandteil pädagogischer Praxis werden.

Obwohl sie bewusste Entspannung und Konzentration ermöglicht, ist bewusstes, achtsam spielerisches Atmen in der Schule und der Erziehungswissenschaft ein bisher noch wenig beachtetes Thema. Wenn es gelingt, dem Einzelnen oder auch Gruppen (beispielsweise in der Klasse) durch den bewussten Umgang mit der Atmung der Regulation und Entspannung Raum zu geben, kann dies helfen, Krisen- und Stresssituationen zu bewältigen und sich für kommende schwierige Aufgaben zu wappnen. Bewusstes Atmen und ein rhythmischer Wechsel von Anspannungs- und Entspannungsphasen bilden dabei die Grundlage, um auf Schwierigkeiten und Anspannungsspitzen angemessen reagieren zu können. Wer konstruktiv, schwungvoll, kreativ, aber auch freundlich und humorvoll auf Herausforderungen reagieren will, dem hilft im Alltag ein Wechsel zwischen Phasen des aktiven Tuns und Handelns und Phasen des Innehaltens, des Atemholens und des achtsamen Wahrnehmens der Gegenwart. Bewusstes Atmen und Atemübungen können hier unterstützend wirken.

Vor allem die *Bauchatmung* ist dabei von Vorteil: Die bewusste, leise, fein fließende, d. h. weder zu flache noch zu tiefe Atmung, kann unter anderem den Blutdruck senken, den Herzschlag verlangsamen und sich positiv auf die Psyche auswirken (Philippot u. a. 2002; Zou u. a. 2017). Auf der anderen Seite können sich individuelle Atemmuster, die von den Betroffenen als normal oder selbstverständlich wahrgenommen werden, aber als dysfunktional erweisen – wenn beispielsweise die Atmung zu flach ist, die Schultern verkrampft und die tieferen Lungenabschnitte nicht ausreichend genutzt werden: Bei etwa zehn Prozent der Menschen ist dies der Fall, mit noch höheren Anteilen bei Vorerkrankten, wie beispielsweise Asthmatikern (Kiesel u. a. 2020; Vidotto u. a. 2019). Auch ein dauerhaft zu tiefes Atmen, auch „Überatmen" genannt, schafft Probleme im Stoffwechsel. Wie für alle natürlichen Vorgänge gilt auch für das Atmen, das rechte Maß zu halten.

Achtsames Atmen spielt also eine wichtige Rolle für die Gesundherhaltung und bei der Herstellung einer tieferen Verbindung zwischen Körper und Geist. Es ist ein lehr- und lernbarer Weg, um die Aufmerksamkeit bewusst zu lenken und sich von automatischen Verhaltensmustern zu distanzieren und ermöglicht die bewusste Wahrnehmung der inneren Resonanzen auf äußere Reize und innere Impulse. Dieser bewusste Prozess des Atmens kann beispielsweise helfen, sich von problematischen, suchterzeugenden oder einengenden Gewohnheiten zu lösen.

Übung: Den Atem spüren M14

Diese Achtsamkeitsübung hilft, sich auf den gegenwärtigen Moment zu konzentrieren und bewusst zu atmen. Die Wahrnehmung des eigenen Atems ist der Beginn einer Auseinandersetzung mit dem eigenen Atemmuster und kann helfen, den Zusammenhang zwischen Atmung und körperlichem Wohlbefinden besser wahrzunehmen. Die Übung kann jederzeit und überall durchgeführt werden, auch in kurzen Schulpausen.
Suchen Sie sich einen ruhigen und entspannten Ort, an dem Sie sich hinsetzen können. Die Übung benötigt etwa fünf Minuten.

- Schließen Sie die Augen und achten Sie auf Ihre Atmung. Atmen Sie sanft durch die Nase ein und langsam durch den Mund aus. Legen Sie dabei eine Hand auf den Bauch, um seine Bewegung besser spüren zu können, die andere Hand auf den Brustkorb.
- Spüren Sie, wie der Atem durch die Nase in die Lungen strömt und sich der Bauchraum weitet.
- Richten Sie Ihre Aufmerksamkeit darauf, wie sich der Atem in diesem Moment anfühlt. Spüren Sie, wie der Atem in Ihren Körper ein- und ausströmt und wie er Ihren Körper belebt.
- Wenn Ihre Gedanken abschweifen, bringen Sie Ihre Aufmerksamkeit sanft und freundlich zurück zur Atmung und konzentrieren Sie sich wieder darauf, wie sich Ihr Atem in diesem Moment anfühlt.

Eine mögliche Haltung für die bewusste Wahrnehmung der Atmung: Legen Sie eine Hand auf den Brustkorb, die andere auf den Bauch, um bei bewusst langsam durchgeführten Atemzügen ein Gefühl für die eigene Atmung zu bekommen.

3.1 Die Atmung: Zwischen Körper und Geist

Die Atmung ist eng mit unserem autonomen Nervensystem verbunden, das unseren Körper unbewusst reguliert und steuert. Bei übermäßigem Stress oder Angst wird das sympathische Nervensystem aktiviert, das den Körper in einen „Kampf-oder-Flucht"-Modus versetzt und die Atmung beschleunigt. Bei Entspannung und Ruhe hingegen wird das parasympathische Nervensystem aktiviert, das den Körper in einen Zustand der Ruhe und Regeneration versetzt und die Atmung verlangsamt.

Körperlich gesehen dient die Atmung in erster Linie der Aufnahme von Sauerstoff beim Einatmen und der Abgabe von Kohlendioxid beim Ausatmen. Sie ist die Grundlage des Lebens, denn der Mensch kann zwar wochenlang ohne Nahrung und tagelang ohne Flüssigkeit auskommen. Aber schon wenige Minuten ohne Sauerstoff führen zum Absterben von Gehirnzellen. Im Gegensatz zu Essen und Trinken kann Sauerstoff nicht auf Vorrat aufgenommen werden. Atmen findet also immer in der Gegenwart statt.

Die Atmung ist mit einer Vielzahl von Körperfunktionen verbunden, die im Alltag meist unbemerkt ablaufen, da sie vom autonomen Nervensystem gesteuert werden: unter anderem Durchblutung, Herzschlag, Blutdruck und Erregungsniveau. Sie können nicht willentlich beeinflusst werden und werden daher als *autonom* bezeichnet. Zwischen den autonomen Funktionen einerseits und den willkürlichen Funktionen andererseits ist die Atmung einzuordnen: Sie folgt sowohl den unbewussten Impulsen des Körpers, kann aber auch willentlich durch Anhalten, Senken, Vertiefen oder Beschleunigen der Atmung gestaltet werden. Wenn sie nur wahrgenommen und nicht beeinflusst wird, macht sie den aktuellen Zustand der unwillkürlichen Organsysteme sichtbar und hörbar.

Wir spüren dann, wie es uns geht: Wenn jemand angespannt und gestresst ist, atmet er flach und meist beschleunigt. Bei Angst wird der Atem angehalten. Manchmal sind wir kurzatmig, erschöpft und kraftlos. Bei Stress oder Unwohlsein atmen wir schwer und haben das Bedürfnis, tief Luft zu holen. Wenn wir uns dagegen entspannen, wird unsere Atmung ruhiger. Wer sich wohl fühlt, atmet frei und leicht. All dies geschieht meist unbewusst, ist aber wahrnehmbar und auch gestaltbar, wenn wir es wollen – und können, denn anders als Blutdruck oder Herzschlag lässt sich die Atmung willentlich beeinflussen. Und damit beeinflussen wir indirekt auch nicht direkt beeinflussbare Körperfunktionen und -rhythmen. So können wir z. B. Entschleunigung und Gelassenheit fördern, was in Stresssituationen sehr hilfreich ist. Die Achtsamkeit auf die Atmung ist auch ein wirksames Mittel zur Verbesserung der Selbstwahrnehmung. Und durch achtsames Atmen können auch muskuläre Blockaden gelöst werden.

Lernen, das Atmen zu gestalten

Die Art und Weise, wie wir atmen, lässt sich also beeinflussen – und damit kann Resilienz im Alltag und gerade auch im Lehrberuf gefördert werden. Die Übungen in diesem Kapitel geben Hinweise und Ideen, wie man auch in Schule und Unterricht auf die Atmung achten und damit das eigene Wohlbefinden verbessern kann. In erster Linie sind die folgenden Übungen natürlich für Lehrer:innen gedacht, aber es ist durchaus möglich, sie auch im Unterricht mit Schüler:innen durchzuführen, vorausgesetzt, man hat sie selbst ausprobiert und evaluiert. Generell gilt: Atemübungen sollten immer als Einladung formuliert werden, als freiwilliges, offenes Angebot, das auch abgelehnt werden kann, ohne das Gesicht zu verlieren oder Spannungen zu erzeugen. Der Grund, zu solchen Übungen einzuladen, liegt im Vertrauen auf die Selbstkompetenz der Menschen: Wer sich auf die bewusste Wahrnehmung des Atems oder auf Atemübungen nicht einlassen kann oder will, hat dafür einen guten Grund, den es zu respektieren gilt.

Übung: Hand aufs Herz M15

Atemübungen helfen, Belastungen durch unangenehme Gedanken und Gefühle abzubauen und innere Ruhe und Gelassenheit zu finden. Dadurch fällt es leichter, im Hier und Jetzt zu bleiben und sich auf das in der Situation Wesentliche zu konzentrieren. Die bewusste Wahrnehmung und Regulierung der Atmung ermöglicht, wie gesagt, einen Einblick in das eigene körperliche und emotionale Befinden und hilft, Körper und Gedanken besser und umfassender wahrzunehmen und zu verstehen.

Es geht zunächst um die achtsame und damit wertfreie und neutrale Wahrnehmung des eigenen Atemflusses. Danach kann die Atmung variiert werden. Wenn Sie Interesse haben, Ihre achtsame Selbstwahrnehmung mithilfe der Atemwahrnehmung zu stärken, probieren Sie die folgende Übung in Ihrem Alltag aus:

- Halten Sie einen Moment inne und legen Sie eine Hand auf Ihr Herz.
- Lassen Sie den Atem weiterfließen, so, wie er gerade fließt.
- Sie nehmen ihn nur wahr. Auch Impulse, ihn verändern zu wollen, nehmen Sie zunächst nur wahr und lassen sie sein.
- Nachdem Sie sich auf diese Weise einige Atemzüge lang einfach gespürt haben, erlauben Sie sich, die Veränderungen, nach denen Sie sich sehnen, in die Tat umzusetzen. So kommen Sie zu sich selbst und lernen sich besser kennen.
- Wie fühlt es sich an, flacher oder tiefer zu atmen? Was verändert sich im Körper, wenn man schneller oder langsamer atmet? Wie erleben Sie einen Seufzer?

Bewusst(er) atmen

Menschen atmen oft flach und hastig – sie atmen bereits wieder ein, bevor die Lunge vollständig entleert ist. Damit wird aber die lebenswichtige Ressource, die uns die Lunge bietet, nur zum Teil genutzt – als würde man eine Luftpumpe nur halb aufziehen und den Reifen nur halb aufpumpen. Durch die mangelnde Nutzung der Atmung entsteht leicht ein sich selbst verstärkender Problemkreis: flache Atmung – wenig Energie – schnell gestresst – noch flachere Atmung.

Eine flache und hastige Atmung kann auf Dauer zu körperlichen und psychischen Beschwerden führen. Die unvollständige Entleerung der Lunge hat eine Anreicherung von Kohlendioxid im Körper zur Folge, was zu einer Übersäuerung des Körpers führen kann. Diese wiederum kann zu Muskelverspannungen, Kopfschmerzen, Schwindel und anderen Beschwerden führen.

Eine **bewusste und sanfte Atmung** hingegen versorgt den Körper mit Sauerstoff und das Gehirn besser mit Energie. Auch das vegetative Nervensystem wird positiv beeinflusst: Durch bewusstes Ein- und Ausatmen kann der Parasympathikus aktiviert werden, der für Entspannung und Regeneration zuständig ist. Dadurch kommt der Körper zur Ruhe, der Stresspegel sinkt und die körperliche und seelische Gesundheit wird gestärkt.

Nasenatmung hat im Vergleich zur Mundatmung den Vorteil, dass die Luft gefiltert, befeuchtet und angereichert wird, bevor sie in die Lunge gelangt. Dies kann dazu beitragen, die die Luftqualität zu verbessern und das Infektionsrisiko zu verringern. Stickoxid, das in den Nasennebenhöhlen produziert wird, wirkt als natürliches Reinigungsmittel und hat zudem eine positive Wirkung auf das Immunsystem. Sanftes und bewusstes Atmen durch die Nase kann also nicht nur das körperliche Wohlbefinden fördern, sondern auch das Immunsystem stärken (Martel u. a. 2020).

Unausgewogener Lebensstil beeinflusst auch das Atemverhalten. Zu wenig Bewegung, ungesunde Ernährung und fehlende Ruhephasen im Alltag können zu einer flachen, oberflächlichen Atmung führen. Umgekehrt können regelmäßige **Bewegung, gesunde Ernährung** und ein bewusster Umgang mit Suchtmitteln wie auch virtuellen Medien helfen, gesunde Atemgewohnheiten zu stärken. Ruhe- und Entspannungsphasen im Alltag tragen dazu bei, den Atemrhythmus und die Atemtiefe zu regulieren.

Die **regelmäßige Übung bewusster Atmung** kann die sportliche Leistungsfähigkeit und Ausdauer steigern. Auch das Wohlbefinden und der Schlaf können sich verbessern – zusätzlich nehmen entzündliche Prozesse im Körper ab (Borges u. a. 2021).

Wichtig ist jedoch, dass jeder Mensch anders ist und es kein Patentrezept für eine gesunde Atmung gibt. Entscheidend ist, auf die Signale des Körpers zu achten und sich selbst zu beobachten.

Atmung und Rhythmus

Das menschliche Leben wird von rhythmischen Wiederholungen bestimmt. Wachen und Schlafen, Nahrungsaufnahme, Sprechen und Schweigen, Ein- und Ausatmen, Herzschlag und Puls gehören zu den wichtigsten Lebensrhythmen. Von besonderer Bedeutung für die Resilienz ist dabei die Kopplung von Atemrhythmus und Herzschlag: Verändert sich die Atmung, verändert sich auch der Herzschlag. Dieses Phänomen wird als respiratorische Sinusarrhythmie bezeichnet: Dieser medizinische Begriff bezeichnet eine physiologische Veränderung der Herzfrequenz, die im Zusammenhang mit der Atmung auftritt. Normalerweise schlägt das Herz eines Erwachsenen etwa 60- bis 100-mal pro Minute. Dabei schwankt die Herzfrequenz rhythmisch mit der Atmung. Beim Einatmen beschleunigt sich der Herzschlag ein wenig, beim Ausatmen verlangsamt er sich wieder. Bei langsamer und sanfter Atmung ist dieser Effekt besonders ausgeprägt. Diese Veränderungen sind ein natürlicher Effekt, der durch das Zusammenspiel von Atmung, Herz und Nervensystem reguliert wird.

Der Rhythmus kann durch verschiedene Faktoren gestört werden, z. B. durch anhaltenden Stress, Schlafmangel, Fehl- oder Mangelernährung, zu wenig oder zu viel Bewegung. Wenn der Rhythmus gestört ist, können verschiedene gesundheitliche Probleme wie Bluthochdruck, Herzrhythmusstörungen und Schlafstörungen auftreten. Um den Rhythmus zu regulieren, gibt es verschiedene Methoden wie Atemübungen, Meditation und Yoga. Ein ausgewogener Lebensstil mit ausreichend Schlaf und Bewegung, gesunder Ernährung, sozialer Unterstützung und einer guten Balance zwischen Herausforderung und Erholung trägt grundsätzlich zur besseren Regulierung bei.

Übung: Atem und Herzschlag M16

Der Zusammenhang zwischen Herzschlag und Atmung wird in dieser Übung deutlich: Die Sinusarrhythmie ist bei aufmerksamer Atmung spürbar und zeigt ihren Einfluss auf den Körper.

- Legen Sie eine Hand auf die Herzgegend.
- Schließen Sie die Augen und richten Sie Ihre Aufmerksamkeit auf Ihren Körper.
- Spüren Sie sich, warm, atmend und nehmen Sie wahr, wie das Herz schlägt.
- Wenn die Aufmerksamkeit beim Körper angelangt ist, fokussieren Sie Ihre Wahrnehmung auf den Herzschlag unter Ihrer Hand.
- Bis diese Wahrnehmung im Zentrum der Aufmerksamkeit deutlich spürbar wird, dauert es meist einige Atemzüge. Haben Sie Geduld und erlauben Sie sich die Suche. Wenn Sie spüren, dass die Wahrnehmung beim Herzschlag angekommen ist, verweilen Sie dort und lassen Sie den Atem frei.

- Gönnen Sie sich ein, zwei genussvolle tiefe Atemzüge, vielleicht auch ein mit einem Seufzer verbundenes Loslassen. Spüren Sie einen Unterschied im Abstand der Herzschläge beim Einatmen und beim Ausatmen?
- Bleiben Sie eine Weile bei diesem entspannten, konzentrierten Spüren und beenden Sie die Übung, wenn Ihnen danach ist. Wenn Sie möchten, bewegen und strecken Sie sich, gähnen Sie.

Wechselatmung – eine Yoga-Technik

Die meisten Menschen merken nicht, dass Sie mal mehr durch das linke und später durch das rechte Nasenloch atmen, während das jeweils andere eine Zeit lang enger ist und weniger Luft durchlässt. Die Nasenschleimhäute besitzen ein ähnliches Schwellgewebe wie die Brustwarzen und die Genitalien, sie schwellen physiologisch an und ab. Verursacht wird dies unter anderem durch Stickoxid, dessen Freisetzung übrigens von Nikotin stark eingeschränkt wird (Toda/Toda 2010). Im Verlauf von 24 Stunden schwellen die Nasenschleimhäute wechselseitig rhythmisch an und wieder ab (Kahana-Zweig u. a. 2016). Danach verengt und weitet sich jeweils ein Nasenloch im Durchschnitt etwa alle ca. zwei Stunden im Wachzustand und alle viereinhalb Stunden im Schlaf.

Studienergebnisse zeigen interessanterweise einen Zusammenhang mit dem Blutdruck: rechtsseitiges Atmen zeigt leicht blutdrucksteigernde Wirkung, während linksseitiges Atmen den Blutdruck senkt (Nivethitha/Mooventhan/Manjunath 2016).

Diese Befunde decken sich mit Aussagen von traditionellen indischen Texten zu Yoga-Atemübungen. Auch sie verbinden den Atemfluss durch das rechte Nasenloch ebenfalls mit wärmenden und aktivierenden Eigenschaften, während sie dem linksseitigen Atemfluss beruhigende und kühlende Qualitäten zuschreiben (vgl. Ott/Epe 2018, S. 128). Differenzierte Untersuchungen hierzu zeigen, dass dabei die Nasenseite entscheidend ist, durch die eingeatmet wird (Bhavanani u. a 2014).

Die Wechselatmung ist eine Atemtechnik, die seit Jahrhunderten in Indien praktiziert wird. Diese Technik beinhaltet eine bewusste und kontrollierte Atmung, bei der abwechselnd ein Nasenloch verschlossen und dann durch das andere Nasenloch ein- und ausgeatmet wird. Diese Art der Atmung soll das autonome Nervensystem ausbalancieren und eine tiefere körperliche und geistige Entspannung ermöglichen.

Wissenschaftliche Studien haben gezeigt, dass die Wechselatmung positive Auswirkungen auf die körperliche und seelische Gesundheit haben kann, denn sie bewirkt eine Steigerung der Aufmerksamkeit und eine Abnahme von

Ängstlichkeit (Telles u. a. 2017) (Sharma/Kala/Telles 2022). In diesem Zusammenhang kann es lohnend erscheinen, die folgende Übung zur Wechselatmung in den Alltag zu integrieren als Teil einer resilienzfördernden Haltung.

Übung: Wechselatmung M17

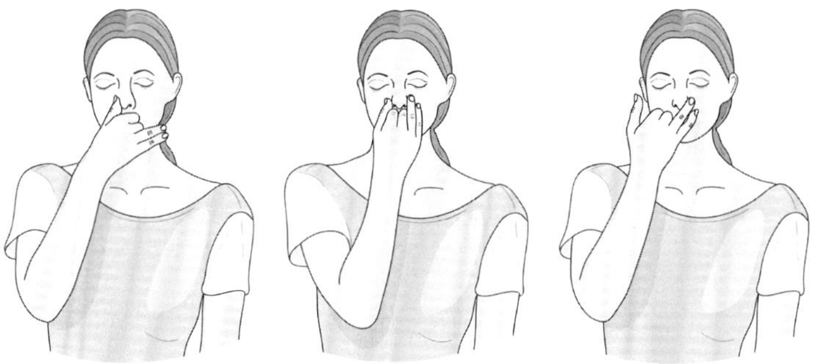

Bei der Wechselatmung wird abwechselnd durch das rechte und das linke Nasenloch geatmet: Dazu wird der Daumen der rechten Hand auf das rechte Nasenloch gelegt. Der Ringfinger liegt auf dem linken Nasenloch. Nun werden die Nasenlöcher abwechselnd verschlossen.

- Sitzen Sie bequem und mit geradem Rücken. Sie können im Schneidersitz oder auf einem Stuhl sitzen und die Füße flach auf den Boden stellen.
- Entspannen Sie Schultern und Nacken und schließen sie die Augen sanft.
- Legen sie die linke Handfläche auf den linken Oberschenkel und führen Sie die rechte Hand zum Gesicht.
- Legen Sie den rechten Daumen auf das rechte Nasenloch und den rechten Ringfinger auf das linke Nasenloch.
- Atmen Sie langsam durch das linke Nasenloch ein, bis die Lunge vollständig mit Luft gefüllt ist.
- Verschließen Sie das linke Nasenloch mit dem rechten Ringfinger und atmen Sie durch das rechte Nasenloch aus. Stellen Sie sicher, dass die Lunge vollständig entleert ist.
- Atmen Sie durch das rechte Nasenloch ein und füllen Sie die Lunge vollständig mit Luft.
- Verschließen Sie das rechte Nasenloch mit dem Daumen und atmen Sie durch das linke Nasenloch aus. Auch hier muss die Lunge vollständig geleert werden.

Dies ist eine komplette Runde der Wechselatmung. Nun wieder durch das linke Nasenloch einatmen und eine neue Runde beginnen.
Atmen Sie auf diese Weise 5 bis 10 Minuten weiter, konzentrieren Sie sich auf die Atembewegung und halten Sie sie langsam und kontrolliert.
Zum Schluss atmen Sie durch beide Nasenlöcher ein und aus und öffnen langsam die Augen.

3.2 Als Lehrperson auf die eigene Atmung achten

Atmung und Haltung

Um im beruflichen und privaten Alltag auf die eigene Atmung besser zu achten, ist ein Grundverständnis davon hilfreich, wie Atmung und Atmen überhaupt funktionieren, wie unser Körper auf die verschiedenen Phasen der Atmung reagiert, insbesondere welche Muskelgruppen beim Ein- und Ausatmen aktiviert werden.

Beim Einatmen öffnet sich der Brustraum und der gesamte Oberkörper richtet sich auf. Der Brustkorb weitet sich und das Zwerchfell sinkt in den Bauchraum. Durch diese Bewegungen wird Raum und Unterdruck in den Lungen geschaffen, so dass sich die Lungen mit der eingeatmeten Luft füllen können.

Beim Ausatmen dagegen entspannen sich die Muskeln, die den Brustkorb und das Zwerchfell bewegen. Die Lungen geben die Luft durch die Luftröhre nach draußen ab, während sich der Brustkorb und der Oberkörper wieder senken. Die Muskeln von Bauch und Rücken sowie Schultergürtel und Hals beeinflussen dabei die Atembewegungen als Atemhilfsmuskulatur.

Entsprechend der Aktivität können Atemmuster und die Atemtiefe variieren. Während eines Trainings oder anderer körperlicher Anstrengungen kann die Atmung tiefer und schneller werden, um mehr Sauerstoff aufzunehmen. In Ruhephasen kann die Atmung langsamer und flacher werden, um Energie zu sparen.

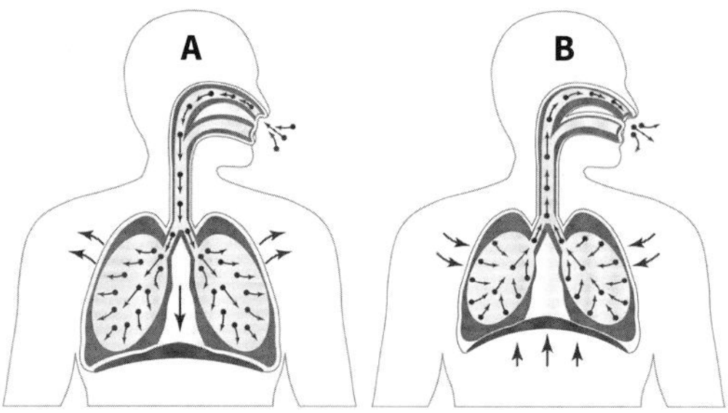

Abb. 3.1: Atmungsvorgang: Bei der Einatmung (A) dehnt sich der Brustkorb durch Muskelarbeit aus, bei der tiefen Bauchatmung bewegt sich das Zwerchfell in Richtung Bauch. Bei der Ausatmung (B) entspannen sich die Muskeln, die Luft kann entweichen.

Je nachdem, welcher Körperabschnitt beim Ein- und Ausatmen die stärkste Bewegung leistet, lassen sich vier Atemtypen bzw. -formen unterscheiden (Wirth 1995):

- **Bauch-Zwerchfell-Atmung** (kostoabdominale Atmung, Mischatmung) – seitliche Brustraumerweiterung durch Hebung der unteren Rippen: Die

Erweiterung des Brustkorbes und damit die Einatmung erfolgt in erster Linie durch Zusammenziehen und Tiefertreten des Zwerchfelles, in zweiter Linie durch aktives Heben der Rippen: Die Lungen werden gleichmäßig be- und entlüftet, was zu einer effektiven Aufnahme von Sauerstoff führt.

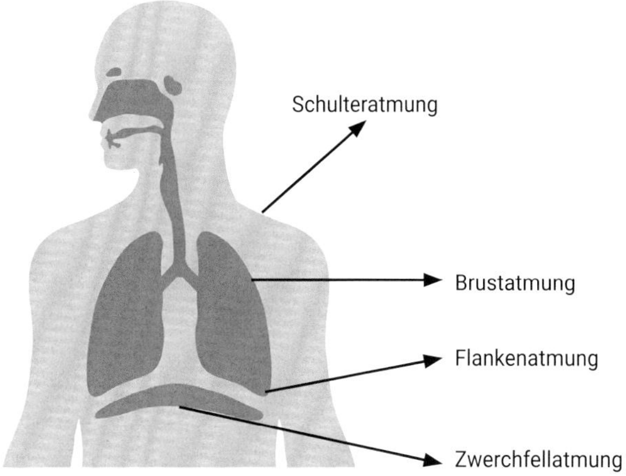

Abb. 3.2: Verschiedene Atemtypen im Überblick

- **Brust- oder Rippenatmung** (Thorakale oder Kostale Atmung): Das Heben und Senken der Rippen mithilfe der Zwischenrippenmuskulatur dominiert die Atmung. Brustatmung kann zu Verspannungen im Schulter- und Nackenbereich führen.
- **Bauchatmung** (abdominal, Zwerchfellatmung): Die Einatmung erfolgt vorrangig durch Zusammenziehen des Zwerchfells.
- **Schulter und Schlüsselbeinatmung** (Klavikulaturatmung, Hochatmung): Brustatmung in Verbindung mit Hebung des Schultergürtels mithilfe der Atemhilfsmuskeln.

Es gibt nicht grundsätzlich die „eine richtige" Haltung bzw. Form des Atmens – problematisch ist allerdings die Schulter- und Schlüsselbeinatmung, die zu Stimmbildungs- und Sprechproblemen sowie Verkrampfungen führen kann.

Bei den anderen drei Atemtypen, die oft in Kombinationen und Mischformen vorkommen, ist die Haltung beim Atmen entscheidend (vgl. Seidel/Wendler 1997, Bergauer/Janknecht 2011, Habermann 1986): sowohl die innere Haltung (Entspanntheit, Konzentration) als auch die äußere Haltung, vor allem die Aufrichtung (gerade gestreckte Haltung). Falls bei Ihnen die Aufrichtung gar nicht oder unvollständig erfolgt, experimentieren Sie (so weit wie möglich) mit bewussten und großen Streck-, Dehn-, Aufrichtungsbewegungen. Massagen, Alexandertechnik, Craniosakrale Therapie, Yoga, auch

Singen, Tönen und Stimmbildung können eine Verbeweglichung und Vitalisierung der Atemmuster anregen, indem sie die Beweglichkeit und Schwingungsfähigkeit stärken.

Übung: Die Haltung beim Atmen überprüfen M18

- Wenn Sie die Aufmerksamkeit auf die Atembewegungen Ihres Köpers lenken, nehmen Sie wahr, ob und wenn ja, wo die Atemmuskulatur deutlich mehr Arbeit verrichtet?
- Fühlen Sie sich wohler beim Sinken oder beim Steigen der Atembewegungen?
- Mögen Sie sich lieber der Schwerkraft der Erde überlassen, die das Ausatmen unterstützt, oder genießen Sie eher das Aufrichten, das den Einatemzug unterstützt? Oder fühlt sich beides gleich gut und natürlich an?

Eine gute Haltung, bei der man sich Luft machen kann, unterstützt es, die Sprechwerkzeuge ökonomisch einzusetzen – generell ist eine aufrechte Haltung dafür wichtig ohne schiefe Wirbelsäule: Die Füße sollten einen guten Bodenkontakt halten und gleichmäßig belastet sein. Die Knie sollten im Stehen nicht durchgedrückt sein, dies würde nicht nur die Gelenke belasten, sondern auch unbeweglich machen. Beim Sprechen sollte der Bauch nicht eingezogen, sondern lockergelassen werden, um die Bauchatmung zu ermöglichen (Gutzeit 2020, S. 30).

Übung: Den Hals aufrichten M18

Die Hände werden hinter dem Kopf verschränkt, als wollten Sie den Kopf hineinlegen. Drücken Sie dann mit dem Kopf gegen die Hände und ziehen mit den Armen nach vorne dagegen. Diese Haltung für acht Sekunden halten und wieder lockerlassen. Dreimal wiederholen (Achtung: dabei Hochziehen der Schultern vermeiden) (vgl. Gutzeit 2020, S. 52).

Übung: Stecke ich in einem Atemmuster fest? M18

- Nehmen Sie für einige Minuten Ihre Atembewegungen wahr. Wenn Sie zwei Spiegel haben, in denen Sie sich von der Seite betrachten können, sehen Sie, dass sich Ihr Kopf und Oberkörper mit den Ausatemzügen leicht nach vorn unten neigen?
- Wie ist das beim Einatmen? Richten sich Kopf, Hals, Brust, Wirbelsäule wieder auf?
- Finden Sie mit dem Einatmen in die Aufrichtung zurück? Oder bleiben Kopf, Hals, Oberkörper nach vorn gerollt, auch im Einatmen?

Atmung und Stimmbildung

Nicht Lehrpläne, Kreide oder Tafel sind im Alltag das wichtigste Werkzeug der Lehrkräfte, sondern ihre Stimme. Von ihrer Stimme hängt ab, wie Lehrkräfte die Schüler:innen ansprechen, anleiten, erklären, Fragen stellen oder beantworten. Jede Lehrkraft, die schon einmal heiser durch eine Unterrichtsstunde gegangen ist, weiß um die große Bedeutung der eigenen Stimme. Lehrerinnen und Lehrer sind ständig auf ihre Stimme angewiesen, oft auch in emotional angespannten Situationen. Angestrengtes Sprechen, Heiserkeit oder auch Müdigkeit und Erschöpfung können die Folgen dieser Anspannung sein.

Das Fundament für den bewussten Einsatz der Stimme bildet dabei die Atmung. Anders als bei der Ruheatmung (beispielsweise während des Schlafs) oder der Leistungsatmung (wie bei körperlicher Betätigung oder psychischer Belastung, bei der der Atem gesteuert wird) sind bei der Stimmatmung die Ein- und Ausatmung meist vertieft. Dieses vertiefte Atmen kann man durch Übungen ausbilden und unterstützen.

Hilfreich sind u. a. Übungen zur Ausbildung und Verbesserung der Atmung, der Artikulation und der Resonanzfähigkeit. Es geht darum, die Stimme bewusst und frei einzusetzen und eine gesunde und kraftvolle Stimmgebung zu erreichen: Ziel ist es, die Stimme im Schulalltag mühelos und resonanzreich einzusetzen und dabei die eigene Gesundheit zu erhalten.

Abb. 3.3: Die Stimme ist das wichtigste Werkzeug für Lehrkräfte.

Die Stimme ist eines der wichtigsten Werkzeuge für Lehrkräfte. Eine kraftvolle und gelassene Stimme kann durch den Unterricht tragen, während angestrengtes Sprechen zu einer insgesamt angespannten Unterrichtssituation führen kann.

So lange die Stimme *funktioniert*, wird sie von Lehrkräften kaum als wichtiges Werkzeug wahrgenommen. Wie wichtig es ist, sie systematisch zu pflegen und zu beachten, wird meistens erst dann bewusst, wenn Probleme oder Fehler auftreten. Ein wichtiges Mittel, um Stimmproblemen vorzubeugen und um die Stimme auch wirkungsvoll im Unterricht einzusetzen, besteht deshalb darin zu lernen, freundlich auf die eigene Stimme zu achten und die Fürsorge für die eigene Stimme zur täglichen Routine zu machen. Dazu eignet sich beispielsweise die folgende allmorgendliche Aufwärm-Übung für die Stimme – die Klang-Kopf-Massage:

Übung: Lernen, auf die Stimme zu achten – „Klang-Klopf-Massage" M19

Klopfen Sie mit der Faust das Brustbein und den oberen Brustkorb ab. Dabei sollte der Unterkiefer hängengelassen werden. Dies erleichtert das Fließen des Atems. Achten Sie darauf, dass die Handgelenke beim Klopfen locker sind. Setzen sie irgendwann während des Klopfens damit ein, auf „m" zu summen. Summen sie lang ausdauernd, allerdings nicht bis zur Atemnot, sondern nehmen sie vorher einen neuen Atemzug. Beenden Sie die Übung, wenn sich ihre Stimme frei und gelöst anfühlt.

Als Lehrkraft hat man täglich mit einer Vielzahl von auch komplexen Kommunikationssituationen zu tun. Um sie erfolgreich und gelingend zu bewältigen, braucht man eine gute und verständliche Aussprache (Intonation, Rhythmus, Verknüpfung und Betonung von Silben und Wörtern) und eine klare Artikulation (Erzeugung der Laute, Bewegung der Sprechorgane, damit Konsonanten und Vokale systematisch und deutlich erklingen). Monotoner Sprachrhythmus und Intonation können schnell langweilen und ermüden. Dynamische Aussprache und klar erkennbare Artikulation fördern dagegen die Wahrnehmung und Aufnahmefähigkeit des Gegenübers. Gut und deutlich zu artikulieren, erfordert Aufmerksamkeit und Übung: Wie komplex Artikulation ist und wie genau man auf sie achten kann (oder sollte), zeigt sich beispielsweise, wenn jemand unter Alkohol- oder Cannabiseinfluss sprechen soll, sich dabei das Sprechen verlangsamt und die Artikulation verwaschen wird: Einzelne Buchstaben und Laute werden nicht mehr klar voneinander getrennt präsentiert, was die Verständlichkeit erschwert. Auch nüchtern tendieren viele Menschen zu einem undeutlichen Sprechen. Durch Lockerung der Kiefermuskulatur und des Zungenrückens sowie durch bewusste Artikulation kann die Aussprache deutlich verbessert werden. Probieren Sie aus, wie sich eine deutlichere Aussprache auf Ihre Verständlichkeit auswirkt. Hat das Einfluss auf Ihre Beziehungen und darauf, wie Sie sich im Berufsalltag gehört und verstanden fühlen?

Übung: Bewusst Artikulieren M19

Bei dieser Übung steht das bewusste Sprechen von Lauten und Silben im Mittelpunkt, die in der Unterrichtssprache häufig vorkommen. Dazu sollte zuerst eine Liste mit etwa 10 Wörtern erstellt werden, die im Unterricht häufig vorkommen, z. B. „lernen", „erledigen", „schreiben", „Schule", „Schüler", „Unterricht", „Lehrer", „Hausaufgabe", „Übung", „Gruppenarbeit"...

- Atmen Sie tief ein und spüren Sie, wie sich Ihre Lungen ausdehnen. Dann atmen Sie aus und spüren, wie Ihr Bauch loslässt. Konzentrieren Sie sich nun auf Ihre Lippen und spüren Sie, wie sie sich beim Ausatmen entspannen. Erforschen Sie mit Ihrer Zunge die Mundhöhle, nehmen Sie aufmerksam wahr, was Sie dort spüren.
- Sprechen Sie die ausgewählten Wörter langsam und resonanzreich aus. Achten Sie dabei auf eine deutliche und verständliche Artikulation und spüren Sie, wie sich Lippen und Kiefer dabei bewegen. Konzentrieren Sie sich auf die Aussprache der einzelnen Laute und Silben.

Neben Atmung und Artikulation spielt für die Stimme auch der Resonanzraum eine wichtige Rolle. Dazu gehören Rachen, Mund, Nasenhöhle (Kopfresonanz) und Brustkorb (Brustresonanz). Wenn man diese Resonanzräume im Körper nutzen kann, hilft dies, eine klare, kräftige und effektive Stimme zu erzeugen, ohne angestrengt zu wirken. Die Resonanzfähigkeit kann durch gezielte Entspannungsübungen der Körperhaltung und der Stimmlippen verbessert werden.

Übung: Resonanzräume erzeugen durch Bienensummen M19

Unangestrengt lange sprechen können, ist eine wertvolle Ressource für Lehrkräfte. Das „Bienensummen" ist eine Übung, die helfen kann, das für Lehrpersonen wichtige Werkzeug der Stimme richtig einzusetzen, um so auch mehr Freude im Unterricht verspüren zu können.

- Beginnen Sie damit, Ihre Atmung zu spüren. Atmen Sie langsam und tief durch die Nase ein und atmen Sie langsam durch den Mund aus. Achten Sie darauf, dass die Atembewegung aus dem Bauch und nicht nur aus der Brust kommt.
- Konzentrieren Sie sich nun auf Ihre Stimme. Sprechen Sie einen kurzen Satz und achten Sie dabei auf die Vibrationen in Ihrem Körper, die durch Ihre Stimme verursacht werden. Versuchen Sie, Ihre Stimme so zu variieren, dass Sie das Mitschwingen in Ihrem Körper spüren können.
- Üben Sie nun das Summen. Beginnen Sie mit einem tiefen Summen, indem Sie die Lippen zusammenpressen und durch die Nase ausatmen. Das Summen kann an ein Bienensummen erinnern. Spüren Sie dabei die Vibrationen im Gesicht und im Kopf. Steigern Sie das Summen allmählich, bis Sie die Vibrationen im Brustkorb spüren.

- Wenn Sie mit dem Summen vertraut sind, können Sie eine weitere Resonanzübung versuchen. Sprechen Sie einen kurzen Satz und halten Sie dabei die Handflächen an den Brustkorb. Konzentrieren Sie sich auf die Vibrationen, die Ihre Stimme erzeugt, und versuchen Sie, diese Vibrationen in Ihrem Brustkorb zu verstärken. Wenn Sie diese Übung regelmäßig durchführen, kann das Ihre Resonanzfähigkeit verbessern und den Einsatz der Stimme im Unterricht erleichtern.

Übung: Korken-Sprechen M19

Diese Übung ist ein ‚Klassiker' in der Stimmbildung – sie schafft Aufmerksamkeit für die eigene deutliche Artikulation und hält dazu an, die Konsonanten deutlich auszusprechen und die Sprechmuskulatur zu trainieren:

- Lesen Sie einen kurzen Text (15–20 Zeilen).
- Für die weiteren 20 bis 30 Zeilen: Nehmen Sie einen Weinkorken (nicht aus Plastik) ca. 3 mm weit zwischen die Schneidezähne. Lesen Sie dann so deutlich wie möglich diesen Text. Der Korken muss dabei locker zwischen den Schneidezähnen gehalten werden, man darf nicht auf ihn beißen.
- Lesen eines weiteren Textes (15–20 Zeilen) ohne Korken: Wie liest sich der Text jetzt? Wie ist der Stimmklang, wie gespannt sind die Sprechmuskeln? Was war beim dritten Lesen (im Vergleich zum zweiten mit dem Korken) besser und einfacher?

Alle Übungen zur Atmung und Stimmbildung zielen darauf, die Stimme im täglichen Berufsleben zu schonen und zu unterstützen. Für die Behandlung von Stimmerkrankungen reichen diese Übungen allerdings nicht aus: Wer länger als fünf Tage heiser ist oder einen kompletten Stimmverlust erlitten hat, der länger als 24 Stunden andauert, sollte sich in ärztliche Behandlung begeben.

Atmung und erholsamer Schlaf

Während des Tages können wir bewusst auf unsere Atmung achten und uns daran erinnern, sie tief und sanft fließen zu lassen, um entspannt und konzentriert zu bleiben. Im Schlaf ist es jedoch nicht möglich, die eigene Atmung zu kontrollieren. Für einen erholsamen Schlaf ist aber – neben Aspekten der Psychohygiene (keine Reizüberflutung durch Fernsehen, Bildschirmlicht, negative Gedanken und Stress) – eine gute, natürliche Atmung von großer Bedeutung. Ein erholsamer Schlaf ist die Basis für ein funktionierendes Immunsystem, für psychische Ausgeglichenheit und ein verlässliches Gedächtnis.

Wer im Schlaf zum Schnarchen neigt und morgens mit trockenem Mund oder unangenehmem Geschmack im Mund aufwacht, hat wahrscheinlich überwiegend durch den Mund und nicht durch die Nase geatmet. Dies kann dazu führen, dass die Schleimhäute im Mund austrocknen und das Gaumensegel vibriert, wodurch ungefilterte und unbefeuchtete Raumluft eingeatmet wird. Diese Veränderungen beeinflussen die Bakterienbesiedlung in der Mundhöhle, den Geschmack im Mund und belasten die Lunge mit zu trockener Atemluft, die reich an Bakterien und Viren sein kann. Die Infektanfälligkeit steigt.

Wer mit offenem Mund schläft, umgeht die natürliche Filterfunktion der Nase. Die Nase filtert normalerweise Partikel, Staub und Keime aus der Atemluft, befeuchtet diese und bringt sie auf die optimale Temperatur. Die Mundatmung hingegen führt zu einer erhöhten Belastung durch Staub und Mikroorganismen. Darüber hinaus kann die Mundatmung mit Schnarchen die Schlafqualität beeinträchtigen, da der Schlafzyklus unterbrochen wird und es zu wiederholtem Aufwachen kommen kann. Dies kann zu Müdigkeit und verminderter Konzentrations- und Leistungsfähigkeit am Tag führen. Darüber hinaus kann Schnarchen nicht nur den eigenen Schlaf, sondern auch den des Partners oder der Partnerin stören.

Wenn das Problem der Mundatmung im Schlaf andauert und mit anderen Symptomen wie Schnarchen, Tagesmüdigkeit oder Atemaussetzern im Schlaf einhergeht, sollte ein Arzt aufgesucht werden. Ob das sogenannte „Mouth Taping", das Verschließen des Mundes mit einem 2,5 cm breiten Klebeband (vgl. auch Lee u. a. 2022), gegen solche Beschwerden helfen kann, ist wissenschaftlich umstritten. Es ist zwar allgemein anerkannt, dass Nasenatmung generell positiv und Mundatmung eher negativ ist. Da die **nächtliche** Mundatmung aber zuweilen physiologische Ursachen wie Polypen oder Nasenscheidewandverkrümmung hat, ist es fraglich, ob es dann immer sinnvoll ist, den Mund abzukleben, um eine Nasenatmung zu erreichen. Da das Mouth-Taping offensichtlich nicht schaden kann (Konermann 2003), können Sie bei Interesse selbst ausprobieren, ob es bei Ihnen einen positiven Effekt hat. Folgende Übungen sind immer sinnvoll zur Verbesserung der Schlafqualität:

Übung: Dankbar einschlafen M20

- Vor dem Einschlafen können Sie sich einige Minuten Zeit nehmen, um bewusst und tief zu atmen und dabei Ihre Atemzüge zu zählen. Diese Atemübung lässt den Geist zur Ruhe zu kommen.
- Beginnen Sie mit dem Zählen der Atemzüge beim Ausatmen und versuchen Sie, bis zu zehn Atemzüge zu zählen, ohne sich dabei ablenken zu lassen. Mit etwas Übung können Sie dann Ihre Atemzüge auf viermal, achtmal oder sogar zwölfmal zehn Züge ausdehnen.

- Nehmen Sie sich danach einen Moment Zeit, um auf den vergangenen Tag zurückzublicken und sich an Erlebnisse zu erinnern, für die Sie dankbar sein können. Vielleicht hatten Sie eine angenehme Begegnung, eine kreative Idee oder einen schönen Sonnenuntergang. Indem Sie diese freudigen Momente des Tages sammeln und sich innerlich dafür bedanken, schaffen Sie ideale emotionale Voraussetzungen für einen erholsamen Schlaf.

Übung: Schultern kreisen lassen M20

- Einige Sekunden die Muskulatur von Schultern, Nacken und Rücken anspannen, dabei die Schulterblätter nach hinten und zusammenziehen und die Schultern nach oben zu den Ohren ziehen.
- Spannung halten, bis 10 zählen, dann die Anspannung lösen.
- Zehn tiefe Atemzüge nehmen, bei jedem Ausatmen die Entspannung intensiver werden lassen.

3.3 Atmung als Baustein einer gesunden Schule

Im vorherigen Abschnitt haben wir uns darauf konzentriert, was Lehrpersonen persönlich für ihre eigene Atmung tun können. Auf die eigene Atmung zu achten und sie zu verbessern, ist ein erster und ein wichtiger Schritt, aber er allein reicht noch nicht aus, um die Gesundheit, das Wohlbefinden und die Produktivität auch bei der Arbeit in der Schule zu verbessern. Um das zu erreichen, darf „Atmung" zum Thema in der Schule werden. Wie das gelingt, zeigen die folgenden Abschnitte dieses Kapitels.

Unterstützung und Anleiten bewussten Atmens

Wie man Schüler:innen (und oft auch das Kollegium) dazu bringen kann, Gesundheitsfürsorge stärker zu beachten und dabei auch auf Resilienz und Atmung einzugehen, ist durchaus umstritten: Auf der einen Seite wird vorgeschlagen, Gesundheitsfürsorge nicht zum Mega-Thema zu machen, sondern eher „schleichend" in den Unterricht einzubinden, immer wieder auf einzelne Aspekte zu verweisen und Unterstützungen anzubieten. Auf der anderen Seite wird propagiert, Gesundheitsfürsorge und -erziehung in den Fokus zu rücken, ausdrücklich anzusprechen und spezifische Aktivitäten anzubieten.

Aus Sicht von Schulentwicklung (z.B. Herzog u.a. 2021; Brägger u.a. 2008) spricht zwar einiges für den letzteren systematischen Weg, im Schulalltag bleibt oft jedoch nur ein pragmatisches Vorgehen. Auch dabei können Lehrkräfte achtsames Atmen nutzen und vermitteln, selbst wenn in der Schule und in der häuslichen Umgebung der Schüler:innen (bzw. auch des Kollegiums) die Möglichkeiten achtsamen Atmens noch nicht angesprochen oder vermittelt wurden. Folgende Elemente im Schulalltag bieten sich dafür an:

Durch achtsames Atmen die Aufmerksamkeit verbessern

Im Alltag entwickeln Schüler:innen, aber auch Lehrkräfte belastende und zuweilen suchtartige Gewohnheiten wie ständig aufs Handy schauen, ziellos im Internet surfen oder in Materialien blättern, die ihre Aufmerksamkeit negativ beeinflussen. Im Sinne einer Bildung selbstbestimmter Persönlichkeiten können hier Angebote hilfreich sein, die dabei unterstützen, solchen quasi-automatischen Handlungsimpulsen zu widerstehen. Eine bewusste Atempraxis kann hier dazu beitragen, sich von der automatischen Umsetzung solcher Handlungsimpulse zu lösen und stattdessen einen Moment der Achtsamkeit zu schaffen. Durch die Zuwendung zur bewussten Atmung z. B. durch einige Züge Wechselatmung wird die Aufmerksamkeit weg von der gewohnten Handlung und hin zu Ihrem Atem gelenkt.

Unterbrechen in Belastungssituationen

Klassenarbeiten und Tests lassen bei Schüler:innen das „Herz höherschlagen“, oft lösen sie Aufregung und Stress aus. Die Ursachen für solche Reaktionen liegen zum Teil auch außerhalb der Schule und lassen sich nicht immer durch Interventionen oder Unterstützungsangebote vermeiden oder verändern. Aber oft ist es möglich, durch „Atemunterbrechungen“ kleine Auszeiten zu geben, in denen Schülerinnen und Schüler lernen, ihre Erregung zu regulieren. Eine gemeinsame Bewegung und ein paar bewusste Atemzüge vorab oder auch kleine „Timeouts“ zwischen den Aufgaben mit der Einladung zu einer Atemübung, dem Augenschließen und auf Körpersignale lauschen können hier Wunder wirken.

Sorge für ein gesundes Arbeitsumfeld

Dass man in seinem eigenen Arbeitsumfeld für gute Luft und damit auch für gutes Atmen sorgen muss, ist vielen Lehrkräften im Schulalltag nicht bewusst. Dabei hängt die Qualität der Luft im Klassenraum zum einen von äußeren Faktoren (Lage an einer Straße, Luftverschmutzung etc.) ab, die sich meist kurzfristig nur schwer beeinflussen lassen. Sie hängt aber auch ab von internen Faktoren in der Schule selbst, auf die Lehrkräfte einwirken können. Die Lehreraufgabe, für „gute Luft“ zu sorgen, erfolgt nicht nur aus Eigennutz, sondern vor allem auch im Hinblick auf die Qualität von Unterrichtsprozessen und Lernergebnissen: Schlechte Atemluft in Klassenräumen erschwert die Konzentration, behindert Lernprozesse.

Übung: Wie gut ist die Luft im Klassenzimmer? M21

Vorab: Diese Frage wird meist gleich mit Luftkontrolle, Ventilation etc. assoziiert. Dies wäre (höchstens) der zweite Schritt.

Der erste Schritt besteht hier immer darin, wahrnehmen zu lernen, wie es um die Luftqualität im Klassenraum bestellt ist:

Atmen Sie im Klassenraum bewusst tief ein und aus und erlauben Sie Ihrem Körper, sich dabei zu bewegen. Atmen Sie bewusst ein und aus und nehmen Sie den Geschmack der Luft wahr. Reflektieren Sie dabei, ob Ihnen die Luft guttut.

Alternativ können Sie mitten in der Stunde ganz kurz draußen vor das Klassenzimmer gehen, dort einige tiefe Atemzüge machen, um dann wieder in die Klasse hineinzugehen und zu prüfen, wie es dort um die Luft steht, wie sich die Luft auf den Fluren von der im Klassenzimmer unterscheidet.

Die Luft im Klassenraum lässt sich schon durch kleine Maßnahmen deutlich verbessern. Korrektes Lüften kann so zum Wohlbefinden beitragen (Quelle Umweltbundesamt):

Stoßlüften:
Während des Unterrichts alle 20 Minuten mit weit geöffneten Fenstern lüften.

Wie lange wird gelüftet?
Im Winter drei bis fünf Minuten, im Sommer zehn bis zwanzig Minuten.

Dauer:
Nach jeder Unterrichtsstunde von 45 Minuten über die gesamte Pause lüften.

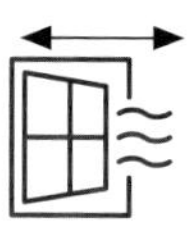

Querlüften:
Wenn möglich, gegenüberliegende Fenster gleichzeitig weit öffnen.

Beim Stoß- und Querlüften sinkt die Raumtemperatur nur um wenige Grad ab und steigt nach dem Schließen der Fenster schnell wieder an.

Kurzevaluation: Dicke Luft bei uns?

Eine einfache und effektive Maßnahme zur Verbesserung des Bewusstseins für Luftqualität in Unterrichtsräumen ist eine regelmäßige Kurzevaluation: Im Laufe (mindestens) eines Jahres tragen Lehrkräfte nach dem Ende jeder Lehrerkonferenz auf ein Wandplakat ein, wie sie die Luftqualität in ihren Unterrichtsräumen erlebt haben (7er-Skala von sehr gut bis sehr schlecht), ggf. können noch Hinweise auf besonders problematische Räume eingetragen werden. Auf der letzten Lehrerkonferenz wird die Erhebung ausgewertet und dann auch der Vertretung der Schüler:innen präsentiert und mit ihr differenziert oder modifiziert.

Nicht zuletzt in Folge der Corona-Epidemie ist die Sensibilität für die Bedeutung guter Luft in Klassenräumen gestiegen. Kommunen haben sogar Messgeräte in Klassenräumen installiert, mit denen der Gehalt von Kohlendioxid (CO_2) gemessen wird, und deren Ergebnisse zur Luftqualität auch für Eltern von außen einsehbar sind. In anderen Ländern (z. B. in Schweden) wird regelmäßig die Luftqualität in Klassenräumen als Teil des Arbeitsschutzes (auch für Lehrkräfte) gemessen. Werden Grenzwerte überschritten, müssen oft bauliche Veränderungen erfolgen.

Qualität messen

Erkundigen Sie sich bei der Schulverwaltung oder dem Schulträger, welche Maßnahmen zur Verbesserung der Luftqualität laufen, welche Werte und Ergebnisse von Messungen dazu vorliegen. Suchen Sie nach Möglichkeiten, die Luftqualität hier vor Ort zu verbessern und weltweit langfristig sauberer zu halten. Regen Sie z. B. die Installation von Luftgüteampeln an.

Eine Verbesserung der Luftqualität in Schulgebäuden wird auch erreicht, wenn die Luftfeuchtigkeit zwischen 40 bis 60 Prozent liegt und die Feinstaubbelastung niedrig gehalten wird: Feinstaub wird zu einem großen Teil freigesetzt durch Feinststaubpartikel von Kleidung und Haut – werden Klassenräume nicht oft genug gereinigt, erhöht dies häufig die Feinstaubbelastung.

Bedeutung von Atmen und Atmung als Gegenstand des Unterrichts

Für „gute Luft“ im eigenen Klassenzimmer zu sorgen, rückt die Frage der Luftqualität und der Bedeutung von guter Atmung in den Blickpunkt. Luftqualität wird nicht mehr als etwas Selbstverständliches erfahren, das automatisch kommt, sondern als etwas, für das man sich einsetzen muss und die man auch pflegen muss. „Luft zum Atmen“ in einer Klasse hat man aber auch nur, wenn man sich dort als Lehrperson oder junger Mensch frei bewegen kann, ohne Ausgrenzung, Angst oder Bloßstellung fürchten zu müssen. Wenn Menschen oder Interessengruppen Macht und Gewalt über andere ausüben, die diese Räume einengen, wirkt sich das auch direkt auf den Atem aus. Angst engt ein, macht das Atmen unfrei. Druck erhöht die Belastung, fördert die Entstehung psychosomatischer Störungen und Krankheit. Partizipatives und demokratisches Unterrichten und eine diversitätsfreundliche, demokratiefördernde Gestaltung der Schulkultur tragen dazu bei, dass alle Beteiligten sich angstfrei und frei atmend entwickeln und beteiligen können.

Zur Sensibilisierung für die Bedeutung und den Wert guter Luft und freien Atmens gehört auch die Auseinandersetzung mit der gesellschaftlichen Wirklichkeit und unserer Umwelt: Heutzutage sind wir mit einer Vielzahl von Luftverschmutzungen konfrontiert, die unsere Gesundheit und die Umwelt gefährden. Die übermäßige Verbrennung von fossilen Energieträgern wie Kohle, Öl und Gas und der damit verbundene Ausstoß von Schadstoffen in die Luft ist eine der Hauptursachen für die Luftverschmutzung und den Klimawandel. Auch die Freisetzung giftiger Gase aus Kleidung, Farben, Baustoffen und anderen Produkten beeinträchtigt die Luftqualität. Verkehr, Industrie und industrielle Landwirtschaft tragen ebenfalls erheblich zur Luftverschmutzung bei. Die Folgen der Luftverschmutzung können sich in Gesundheitsproblemen wie Asthma, Atemwegserkrankungen, Herz-Kreislauf-Erkrankungen und sogar Krebs niederschlagen. Weltweit leiden Millionen von Menschen unter den Folgen der Luftverschmutzung, allein 2,5 Milliarden Menschen leiden nach Angaben der WHO unter Feinstaubbelastung (Southerland u.a. 2022). Bei etwa 86 Prozent der in Großstädten lebenden Menschen weltweit werden die Grenzwerte für Luftverschmutzung überschritten. Gerade die Luftverschmutzung betrifft besonders Kinder: Jährlich treten bei ihnen weltweit 1,85 Millionen neue Fälle von Asthma auf, die auf Stickoxid-Belastung zurückzuführen sind. Neben der Luftverschmutzung machen auch extreme Wetterbedingungen wie Hitze und Trockenheit das Atmen schwer. Besonders für Menschen mit Atemwegserkrankungen wie Asthma kann dies zu schwerwiegenden Problemen führen. Und wie der Klimawandel sich auf die Lebensbedingungen auf der Erde auswirken wird, ist aktuell nicht abzusehen.

Das Bewusstsein für die Möglichkeit freien Atmens zu erweitern und zu schärfen, ist aber nicht nur Aufgabe der Schulentwicklung bzw. gesundheitsbezogenen Unterrichts (z.B. in Biologie, Sport, Politik), sondern kann auch von anderen Fächern unterstützt werden. So kann die Beschäftigung mit künstlerischen Auseinandersetzungen über „Atem" und „Atmen" hier Lernenden neue Zugänge schaffen, z.B. mit dem Katalog „Atmen" (Kölle u.a. 2023) der Kunsthalle Hamburg, der Verwendung von Atemgeräuschen in Filmen (z.B. TITANIC, Alien) oder die Beschäftigung mit dem Verständnis von

„Atem als Lebenshauch“ in Religion oder Psychologie (Hilgers 2020, S. 184 ff., in: Lettenewitsch u. a.).

In den künstlerischen Auseinandersetzungen mit „Atmen“ wird dann auch immer eine politische Dimension erkennbar: was es bedeutet, in einer Gesellschaft frei atmen zu können – und wozu es führt, wenn Zustände herrschen, in denen Menschen der Atem „abgedrückt“ wird (vgl. ‚I can't breathe‘, Jenny Holzer) oder in denen Menschen nicht frei zu atmen wagen, weil sie Angst haben müssen, verfolgt zu werden. Wertschätzen zu können, dass man frei atmen kann, und kritisieren zu können, wo Atmen behindert wird – auch das schafft Bewusstheit dafür, auf das Atmen zu achten – das eigene und das von anderen.

Anregungen zur Vertiefung

Die Auseinandersetzung mit dem eigenen Atmen und der Stimme ist eine Investition in die eigene Gesundheit. Sie hilft, die Stimme zu pflegen, gibt Hinweise für Entspannung, Ausgeruhtheit und bewusste Beziehungsgestaltung. Vertiefende Darstellungen und systematische Übungen zur Atmung können die Auseinandersetzung unterstützen, z. B. mithilfe des Übungsbuchs „Bewusst atmen, besser leben“ von Paul/Kerckhoff (2020). Eine Sammlung von auch kindertauglichen atemachtsamen Übungen für die Schule und andere Bildungskontexte finden sich im Praxisbuch „Wege zu mehr Achtsamkeit und Mitgefühl in der Schule“ (Altner 2021).

Literatur

Altner, Nils (2021): Wege zu mehr Achtsamkeit und Mitgefühl in der Schule. Eine Schatzkiste voller Spielideen und Übungen, Hannover.

Bhavanani, Ananda/Ramanathan, Meena, R./Balaji, Pushpa D. (2014): Differential Effects of Uninostril and Alternate Nostril Pranayamas on Cardiovascular Parameters and Reaction Time. In: International Journal of Yoga 7(1):60–65. doi: 10.4103/0973-6131.123489.

Borges, Uirassu/Lobinger Babett/Javelle, Florian/Watson, Matthew/Mosley, Emma/Laborde, Sylvain (2021): Using Slow-Paced Breathing to Foster Endurance, Well-Being, and Sleep Quality in Athletes During the COVID-19 Pandemic. In: Frontiers in Psychology 12. doi: 10.3389/fpsyg.2021.624655.

Brägger, Gerold/Posse, Norbert/Israel, Georg (2008): Bildung und Gesundheit. Argumente für eine gute und gesunde Schule. Herausgegeben von OPUS NRW, Programm bildung + gesundheit Netzwerk Schweiz und Schule + Gesundheit Hessen, Bern.

Brügge, Walburga/Mohs, Katharina (2001): Therapie funktioneller Stimmstörungen – Übungssammlung zu Körper, Atem, Stimme. 4. Auflage. München.

Gutzeit, Sabine (2008): Die Stimme wirkungsvoll einsetzten – Das Stimm-Potenzial erfolgreich nutzen. 3. aktualisierte Auflage. Weinheim/Basel.

Herzog, Silvio/Sandmeier, Anita/Affolter, Benita (2021): Gesunde Lehrkräfte in gesunden Schulen. Stuttgart.

Kiesel, K./Burklow, M./Garner, M. B./Hayden, J./Hermann, A./Kingshott, E./McCullough, G./Ricard, R./Stubblefield, G./Volz, J./Waskiewicz, D./Englert, A. (2020): Exercise Intervention for Individuals with dysfunctional Breathing. International Journal of Sports Physical Therapy, 15(1). https://doi.org/10.26603/ijspt20200114

Lettenewitsch, Natalie/Waack, Linda (2020): Ein- und Ausströmungen. Berlin.

Martel, J./Ko, Y. F./Young, J. D./Ojcius, D. M. (2020): Could nasal nitric oxide help to mitigate the severity of COVID-19? In Microbes and Infection (Vol. 22, Issues 4–5). https://doi.org/10.1016/j.micinf.2020.05.002

Philippot, P./Chapelle, G./Blairy, S. (2002): Respiratory feedback in the generation of emotion. In Cognition and Emotion (Vol. 16, Issue 5). https://doi.org/10.1080/02699930143000392

Southerland, V. A./Brauer, M./Mohegh, A./Hammer, M. S./van Donkelaar, A./Martin, R. V./Apte, J. S./Anenberg, S. C. (2022): Global urban temporal trends in fine particulate matter (PM2·5) and attributable health burdens: estimates from global datasets. The Lancet Planetary Health, 6(2). https://doi.org/10.1016/S2542-5196(21)00350-8

Vidotto, L. S./de Carvalho, C. R. F./Harvey, A./Jones, M. (2019): Dysfunctional breathing: What do we know? In Jornal Brasileiro de Pneumologia (Vol. 45, Issue 1). https://doi.org/10.1590/1806-3713/e20170347

Zou, Y./Zhao, X./Hou, Y. Y./Liu, T./Wu, Q./Huang, Y. H./Wang, X. H. (2017): Meta-Analysis of Effects of Voluntary Slow Breathing Exercises for Control of Heart Rate and Blood Pressure in Patients With Cardiovascular Diseases. American Journal of Cardiology, 120(1). https://doi.org/10.1016/j.amjcard.2017.03.247

Kahana-Zweig, Roni/Geva-Sagiv, Maya/Weissbrod, Aharon/Secundo, Lavi/Soroker, Nachum/Sobel, Noam (2016): Measuring and Characterizing the Human Nasal Cycle. In: PloS One 11(10):e0162918. doi: 10.1371/journal.pone.0162918.

Nivethitha, L./Mooventhan, A./Manjunath, N. K. (2016): Effects of Various Prāṇāyāma on Cardiovascular and Autonomic Variables. In:Ancient Science of Life 36(2):72–77. doi: 10.4103/asl.ASL_178_16.

Ott, Ulrich/Epe, Janik. (2018): Gesund durch Atmen: ein Neurowissenschaftler erklärt die Heilkraft der bewussten Yoga-Atmung. München.

Paul, Anna/Kerckhoff, Annette (2020): Bewusst atmen, besser leben. München

Kumar, Sharma Sachin/Kala, Niranjan/Telles, Shirley (2022): Volitional Yoga Breathing Influences Attention and Anxiety. In: Complementary Medicine Research 29(2):120–26. doi: 10.1159/000519715.

Stenger, Ursula/Thörner, Uta (2019): Verkörperungen: Leibliche Dimensionen von Kommunikationsbewegungen zwischen pädagogischen Fachkräften und Kindern in Kindertageseinrichtungen. In: Brinkmann, Malte (Hrsg.): Verkörperungen. Post-Phänomenologische Untersuchungen zwischen erziehungswissenschaftlicher Theorie und leiblichen Praxen in pädagogischen Feldern. Wiesbaden, S. 13–33.

Telles, Shirley/Verma, Sadhana/Sharma, Sachin Kumar/Gupta, Ram Kumar/Balkrishna, Acharya. (2017): Alternate-Nostril Yoga Breathing Reduced Blood Pressure While Increasing Performance in a Vigilance Test. In: Medical Science Monitor Basic Research 23, S. 392–98. doi: 10.12659/msmbr.906502.

Toda, Noboru/Toda, Hiroshi (2010): Nitric Oxide-Mediated Blood Flow Regulation as Affected by Smoking and Nicotine. In: European Journal of Pharmacology 649 (1–3), S. 1–13.

4 Regeneration

Vera Kaltwasser

Die zahlreichen Studien zur Lehrergesundheit, die allesamt zu dem Ergebnis kommen, wie kräftezehrend und physisch sowie psychisch anspruchsvoll der Lehrberuf ist, untermauern mit empirischem Zahlenmaterial, was Unterrichtende täglich am „eigenen Leib“ erfahren.

Beispielsweise zeigen die umfassenden Studien zur Lehrergesundheit, die Schaarschmidt mit dem Analyseverfahren AVEM mit 20.000 Probanden aus dem Lehrberuf und 8.000 Vergleichspersonen aus anderen Berufsgruppen im Hinblick auf ihre Belastungs- und Resilienzfaktoren durchführte, dass gerade die besonders engagierten Lehrkräfte das höchste Gesundheitsrisiko hatten, das in Selbstüberforderung und einem hohen Stresslevel und mangelnder Expertise in Stressbewältigung bestand (Schaarschmidt 2008).

Diese besonders engagierten Kolleginnen und Kollegen, die bei der Diagnose *Burn-out* Hilfe suchten, sind aber auch diejenigen, die seit einiger Zeit das Potenzial der Achtsamkeit für ihre Gesunderhaltung entdeckt haben, denn in vielen Kliniken werden die neurowissenschaftlichen Erkenntnisse aus der Mind-Body-Forschung konkret besonders oft mit Achtsamkeitsprogrammen umgesetzt, weil deren Wirksamkeit inzwischen mit belastbaren Daten aus zahlreichen Studien belegt ist, allen voran das bekannte MBSR-Programm von Jon Kabat-Zinn.

Viele Lehrpersonen greifen inzwischen, bevor sie „ausbrennen“, zu Möglichkeiten, Stressbewältigung und Resilienz mit achtsamkeitsbasierten Angeboten zu lernen. In diesem Beitrag möchte ich einen Einblick in mögliche Umsetzungswege geben.

Was hat es mit dem Potenzial der Achtsamkeit auf sich und weshalb ist dieser Weg der körperorientierten Bewusstseinsschulung für die (Lehrkräfte-)gesundheit, aber auch insgesamt für die Entfaltung von Persönlichkeit und Präsenz so bedeutsam?

Die Art und Weise, wie eine Lehrperson mit dem Wirrwarr täglicher Anforderungen und Beziehungsanfragen umgeht, entscheidet über die Zufriedenheit im Beruf. Wie lebendig und unmittelbar die Präsenz vor der Klasse ist, entscheidet über den Erfolg des Unterrichts bei den Lernenden, aber auch darüber, mit wie viel Freude und Zufriedenheit der Beruf ausgeübt wird, was wiederum die beste Burn-out-Prophylaxe ist. Diese Fähigkeit zur Präsenz kann entwickelt werden, wenn die Veränderungspraxis in eine konkrete Übungspraxis mündet.

Die Schulung der Achtsamkeit als eine Fähigkeit, sich mit allen Sinnen dem gegenwärtigen Augenblick zu widmen, stammt aus den uralten östlichen Traditionen der Selbstkultivierung, die Körper und Geist als Einheit betrachten: Über körperliche Übungen wird eine Beruhigung des Geistes angestrebt und damit ein Bewusstseinszustand der Selbstreflexion ermöglicht, der die Beobachtung der Gedanken, aber auch aller Körperwahrnehmungen impliziert.

Für die Mind-Body-Forschung im Bereich der Stressbewältigung oder der emotionalen Selbstregulation weckte dieser Übungsweg vor Jahrzehnten das Interesse von Neurowissenschaftlern. Besonders zu nennen sind: Richard Davidson (USA), Mark Williams (UK) und Tania Singer (Berlin).

Durch die technologische Möglichkeit des MRT war es möglich geworden, die Reaktivität auf Reize genau zu untersuchen und die Einflussmöglichkeiten des Individuums auf unwillkürliche Körperprozesse besonders gut zu erforschen. Der Vergleich zwischen Langzeitmeditierenden und Neulingen, die noch keine Expertise mit Achtsamkeitsübungen hatten, zeigte deutlich, welch zielsichere Einflussmöglichkeiten die Meditationsexperten auf ihre unwillkürlichen Körperprozesse hatten. Bei einem lauten Knall zuckten sie im Scanner liegend kaum zusammen, konnten also die unwillkürlichen Prozesse bewusst regulieren. Sie fühlten sich sicher und konnten sich selbst die Anweisung geben, ruhig zu bleiben, während die ungeübten Testpersonen heftig zusammenzuckten und dem Stressgeschehen ausgeliefert waren, obwohl sie ja wussten, dass dieser laute Knall Teil des Testes war.

Für die neurowissenschaftliche Erforschung der Zusammenhänge zwischen Reiz/Reaktion und gewählter Reaktion war und ist die Meditationsforschung ein wichtiges Feld.

Der Molekularbiologe Jon Kabat-Zinn war einer der ersten, der in den 1970er-Jahren jenseits von weltanschaulichen Aspekten die heilsame Wirkung der Achtsamkeit bei der Behandlung von Schmerz-Patienten eingesetzt und das inzwischen weltweit anerkannte und vielfältig beforschte Programm „Mindfulness-Based-Stress-Reduction (MBSR)“ entwickelt hat, dessen Wirksamkeit bei der Behandlung von stressbedingten und chronischen Krankheiten, aber auch in der Prävention in vielen Studien nachgewiesen ist.

Die Teilnehmenden von MBSR lernen formale Achtsamkeitsübungen (Meditation, Beobachtung des Atems, Yoga) mit dem Ziel, ihren Körper differenzierter wahrzunehmen, selbsttätig Spannung zu lösen, ihr inneres Selbstgespräch zu beobachten sowie innere und äußere Stressoren zu erkennen und zu entschärfen.

4.1 Definition von Achtsamkeit

Wenn der Psychologe und Neurowissenschaftler Thomas Heidenreich (2004) betont, dass Achtsamkeit ein stetiges „im Kontakt sein mit dem Körper“ bewirke, dann lenkt diese Teildefinition den Blick darauf, dass hier eine Art Paradigmenwechsel benannt wird: Die zentrale Bedeutung des Körpers für die Persönlichkeitsentfaltung ist inzwischen unzweifelhaft, aber noch wenig in philosophische oder pädagogische Debatten integriert.

Das Ziel der Selbsterkenntnis ist uns seit der Antike vertraut. Seit der Aufklärung sind wir Kants Auftrag verpflichtet „Habe Mut, dich deines eigenen Verstandes zu bedienen!“ Aber schon Schiller bemerkte verzweifelt, das Wissen für eine positive Veränderung sei zwar vorhanden, aber „Wie kommt es, dass wir immer noch Barbaren sind?“. Diese Frage ist leider immer noch hochaktuell, verweist sie doch auf die Macht der unwillkürlichen Prozesse, die im menschlichen Organismus oft vernünftiges Verhalten aushebeln.

Kabat-Zinn definiert Achtsamkeit folgendermaßen:

> „Im Grunde genommen ist Achtsamkeit ein ziemlich einfaches Konzept. Seine Kraft liegt in der praktischen Umsetzung und Anwendung. Achtsamkeit beinhaltet auf eine bestimmte Art und Weise aufmerksam zu sein: bewusst im gegenwärtigen Augenblick und ohne zu beurteilen.“ (Kabat-Zinn 1995/2007, S. 18)

Bewusst im gegenwärtigen Augenblick – das soll zunächst bedeuten, dass man sich aller Sinneswahrnehmungen bewusst wird und gleichzeitig auch der Gedanken, die im gegenwärtigen Augenblick durch den Kopf schwirren. Und hier kommt noch der Nachsatz „ohne zu bewerten“ ins Spiel. Diese Anweisung klingt so harmlos einfach, aber sie hat es in sich. Aus der Hirnforschung wissen wir, dass wir eigentlich kontinuierlich bewerten, weil diese Fähigkeit uns das Leben sichert und sozusagen zu der biologischen Grundausstattung gehört, nämlich zu etwas hingezogen zu werden – Lust zu empfinden – oder etwas zu meiden, weil es Angst macht oder bedrohlich ist. Die meisten dieser Bewertungen sind uns nicht bewusst, können aber körperliche Anspannung oder diffuses Unbehagen auslösen.

Jede:r Einzelne hat ein ganz persönliches, tief in das Hirn eingeschriebenes „Bewertungssystem“ – ein Ergebnis biografischer und kultureller Auseinandersetzung mit der Umwelt. Diese Kategorisierungen und Zuschreibungen, die wir allem, was uns begegnet, überstülpen, sind aus der Haltung der Achtsamkeit heraus leichter zugänglich, d. h. eigentlich geht es darum, die Bewertungen wahrzunehmen, die unserem Bewusstsein zugänglich sind.

Wenn Kabat-Zinn davon spricht, dass die Kraft des Konzeptes der Achtsamkeit in seiner „praktischen Umsetzung und Anwendung" liegt, dann deutet er darauf hin, dass diese Haltung erlernbar ist und sich erst in der Übung völlig erschließt, denn nur wenn wir die Übungen durchführen, werden sie neuronal gespeichert: „What wires together, fires together."

Es gibt eine Fülle von Achtsamkeitsübungen, die sich darin unterscheiden, worauf der Fokus der Aufmerksamkeit gelegt wird – auf die Atmung, auf das Durchspüren des gesamten Körpers oder auf die Wahrnehmung des inneren Selbstgesprächs. „Fünf Minuten aufrecht sitzen und auf den Atem achten, wenn die Gedanken abschweifen, die Aufmerksamkeit wieder zum Atem zurückholen." Schwer zu glauben, dass so eine einfache Übung so weit reichende Wirkungen haben kann?

Wer regelmäßig solche formalen Übungen praktiziert, der wird feststellen, dass die Selbstwahrnehmung sich verfeinert und das Gespür für die individuellen Bewertungs- und Erlebnismuster sich so differenziert, dass man im Alltag sensibler wird für die individuellen äußeren sowie inneren Stressoren und sie zu entschärfen lernt.

4.2 Wege zu einer persönlichen Achtsamkeitspraxis

Es geht darum, die Achtsamkeitsreise ganz persönlich auf die besonderen Erfordernisse anzupassen. Mit Entdeckerfreude und neugierigem Staunen kann der Einstieg in den Ausstieg aus schädlichen Gewohnheitsmustern gelingen.

Wenn nicht jetzt, wann dann?

Am Anfang sollte der Vorsatz für kontinuierliches Üben verankert werden – ohne Druck, mit Freude und Neugier. Oft geistert die Vorstellung herum, dass für die tägliche Achtsamkeitspraxis eine „eiserne Disziplin" nötig sei. Schon diese Vorstellung setzt so unter Druck, dass das Vorhaben „erstmal" verschoben wird. Allerdings braucht es für das Essen von Schokolade oder Eis auch keine Disziplin. Wenn die Wirkung des Übens, die in einem Wohlgefühl und einer inneren Ruhe besteht, am eigenen Leib immer deutlicher erfahren wird, dann braucht es keine Disziplin, dann meldet sich der Körper zu Wort und „will" meditieren. Um diese Achtsamkeitsreise ernsthaft und mit Hingabe zu beginnen, bedarf es einer bewussten persönlichen Intention und auch einer kompetenten Anleitung. „Wo meditiere ich? Wie lange? Wie kann ich Bedingungen schaffen, die mich verlocken, mir die Zeit zum Innehalten zu nehmen?"

Setzen Sie eine Intention und gehen Sie den ersten Schritt auf dem Weg der Achtsamkeit. Mit diesem kurzen Videoclip (siehe QR-Code) möchte ich Sie dabei unterstützen. www.youtube.com/watch?v=fgUG0NXqQqg

Es gibt viele unterschiedliche Meditationsarten. Die sogenannte „einspitzige Meditation“ (onepointed mediation) – hier wird der Fokus der Aufmerksamkeit auf den Atem gelegt, auf eine bestimmte Körperregion, auf eine Kerze, auf ein Mantra – ist eine innerlich wiederholte oder auch ausgesprochene Silben- oder Wortfolge.

Die Atembeobachtung eignet sich als Einstieg in eine kontinuierliche Achtsamkeitspraxis deshalb so gut, weil das bewusste Wahrnehmen des Atems auf den Körper umgehend regulativ wirkt und den Parasympathikus stärkt.

Als Anfänger:in wird man schnell bemerken, dass nach kurzer Zeit die Aufmerksamkeit abdriftet und man sich in Gedanken verheddert, Tagträumen nachhängt, aber auch Sorgen und Befürchtungen gedanklich durchspielt. Das ist ganz normal, dieser Zustand wird das „Default network“ genannt. Zu bemerken, wie die Aufmerksamkeit abschweift, das ist der Anfang des Übungsweges. Immer wenn wir die Gedanken bewusst zum Atem zurückholen, werden die entsprechenden neuronalen Aufmerksamkeitsnetzwerke gestärkt. Es handelt sich um den sogenannten „Rückholeffekt“.

Und genau hier setzt die Übung der Selbstregulation an. Je geübter wir durch diese Steuerungsprozesse die exekutive Kontrolle festigen, desto besser können wir auch in Stress-Situationen willkürlich auf den Atem Rekurs nehmen und aus der unwillkürlichen Stress-Spirale aussteigen. Auf diese Weise wird auch die Distanzierungsfähigkeit zu negativen Gedankenschleifen trainiert. Wir merken immer deutlicher, wie wir uns selbst beispielsweise mit Abwertungen in Stress versetzen.

Zur Veranschaulichung finden Sie einen Videoclip unter dem QR-Code rechts: https://www.youtube.com/watch?v=Kj-iaKQOlM0

Die Haltung des beobachtenden Gewahrseins erkunden und trainieren

Diese Haltung ist der Kern der Achtsamkeit und sie kann u. a. mit der Atembeobachtung trainiert werden. Sie ist die Voraussetzung dafür, dass wir merken, was in uns vorgeht, was Stress in uns auslöst, was Wohlgefühl, was Sorgen, was Aufregung etc., und zwar im Körper und in den Gedanken. WIE können wir uns in die Lage versetzen, diesen inneren Raum der Selbstwahrnehmung zu schaffen? Das wird oft nicht genau verstanden: Es reicht nicht, uns vorzunehmen, in Stress-Situationen ruhig zu bleiben, denn unsere Reaktivität, d. h. die impulsive Körperantwort auf Stressoren, verhindert geradezu, dass wir in Stress-Situationen ruhig und überlegt bleiben. Unser Körper will ja, dass wir *sofort* etwas tun, uns *sofort* aus der vermeintlichen Gefahr befreien. Durch das Üben des „Rückholvorgangs" ist Ihr Körper schon daran gewöhnt, auf Sie zu hören.

Wenn Sie gelernt haben, den Atem ins Boot zu holen und sich vielleicht kognitiv zu vergegenwärtigen, dass ja gar keine Gefahr besteht, dann können Sie aus der Stress-Spirale aussteigen. Sie können entscheiden, wie Sie sich verhalten. So wird durch das tägliche Training der Raum geschaffen, automatisierte „Sorgenschleifen" zu bemerken und sich ihnen nicht auszuliefern.

In diesem Video-Clip (siehe QR-Code rechts)
erfahren Sie etwas
vom „Zauber des Stehens":
https://www.youtube.com/watch?v=8oZFIfLRpYo

Wenn wir bewusst etwas bemerken können, dann sind wir nicht Opfer, sondern haben die Chance, Einfluss zu nehmen (nicht in wirklich lebensbedrohlichen Situationen, da ist es gut, wenn der Körper die Oberhand behält!).

Wahrzunehmen, wie wir aufgrund habitualisierter Autopilotstrukturen uns oft – ohne es zu merken – in Stress versetzen, das ist also der erste Schritt einer positiven Veränderung. Selbstbeobachtungsaufgaben können hier helfen: Einmal eine Routinetätigkeit ganz bewusst wahrnehmen oder auf dem Weg zur Schule die Aufmerksamkeit auf den gegenwärtigen Moment zu richten und zu bemerken, wie die Gedanken vorauseilen und Befürchtungen generieren, was alles schief gehen könnte.

Dieser Videoclip (siehe QR-Code rechts) erläutert
das Potenzial des beobachtenden Gewahrseins.
https://www.youtube.com/watch?v=9XUGDI-OhjA

Am Steuer in Stress-Situationen

Es ist zielführend, das Stressgeschehen vor dem Hintergrund neurowissenschaftlicher und psychologischer Parameter zu erklären. Die Information, dass weit zurückliegende Erfahrungen unterhalb der Bewusstseinsschwelle unser Denken, Fühlen und Handeln beeinflussen, bleibt pures Buchwissen, wenn die/der Einzelne es nicht auf ihre/seine individuelle Situation bezieht. Unser Gehirn hat im Laufe der biografischen Entwicklung Situationen als bedrohlich abgespeichert, die aus der Erwachsenen-Perspektive gut zu bewältigen sind. Aber nur wenn wir das bemerken, können wir auch entsprechend damit umgehen.

So lässt sich beobachten, dass Lehrpersonen beim Unterrichten zuweilen mit einzelnen Schülern oder Schülerinnen in einen regelrechten Machtkampf geraten, ohne dass sie sich dessen bewusst waren. Ihre Stimme wurde lauter, sie verloren den Faden und drohten mit Sanktionen, vielleicht wie ihre eigenen Lehrkräfte, dabei wollten sie doch nicht „so" werden.

Der persönliche „Höllenschüler" (Palmer 1998) triggert eine Kaskade von früheren Erfahrungen mit „ähnlichen" Lernenden, die das Leben schwer machten. Zu verstehen, wie hier durch die unwillkürlichen, habitualisierten, unhinterfragten Zuschreibungen Machtkämpfe entstehen können, und zu erleben, wie eine körperorientierte Selbstberuhigung den Raum öffnet für eine echte Begegnung mit der/dem Lernenden, das kann trainiert werden. Beispiele gibt es im Lehralltag zuhauf.

4.3 Übungen zur Selbstwirksamkeit und zur Regeneration

Mit der körpereigenen Reaktivität umgehen – den Führerschein erwerben

Das evolutionäre Erbe unseres Organismus hat uns effiziente, impulsgesteuerte Antworten auf Stressoren beschert. Unsere Reaktivität auf Reize funktioniert in echten Gefahrensituationen zuverlässig, aber eben auch in Situationen, in denen diese Reaktivität hinderlich ist, weil sie nicht situationsangemessen ist.

So können wir Opfer unseres körpereigenen Frühwarnsystems sein, ohne es zu bemerken. Wir haben aber die Möglichkeit zur exekutiven Kontrolle – auch das ist ein Erbe immer feinerer Anpassungsmodi. Wir können top-down, die anflutenden Impulse regulieren und den Raum zwischen Reiz/Reaktion und gewählter Reaktion weiten.

Da es sich um ein körperliches Geschehen handelt, sollte die Einflussnahme zunächst auch über den Körper laufen und dazu müssen wir – mit beobachtendem Gewahrsein – entscheiden lernen, wann der Alarm angebracht ist und wir umgehend handeln sollten und wann es sich um einen Fehl-Alarm handelt. Diese Unterscheidungsfähigkeit wird duch die Achtsamkeitspraxis geschult.

Übung: Automatische Reaktionen erkennen M22

- Nehmen Sie sich doch einmal am Ende des Tages Zeit, einige Stressoren aufzuschreiben, Auslöser in bestimmten Situationen, die Sie emotional getriggert haben.
- Welche Gefühle wurden ausgelöst und was war Ihre gewohnte, automatisierte Reaktion?
- Schon das Aufschreiben wird Sie sensibilisieren, an den darauffolgenden Tagen genauer hinzuspüren, Ihre automatisierte Reaktion genauer zu betrachten und gegebenenfalls neue Reaktionen zu erproben.

Die Tücken des Belohnungssystems

Genauso effizient wie das Stress-System funktioniert das zweite Motivationssystem, das Belohnungssystem. Auch hier entstehen hartnäckige Gewohnheitsmuster, die Lust machen auf Süßes, später auf Nikotin, auf Alkohol, Smartphonenutzung etc. – alles per se nicht verwerflich. Dosis facit venenum: Die Dosis macht das Gift. Aus der Suchtforschung wissen wir, wie hartnäckig die eingefahrenen persönlichen Belohnungsmuster sind. Auch hier dient uns das beobachtende Gewahrsein dazu, überhaupt zu bemerken, wie wir am Haken der körpereigenen Lüste sind. Im zweiten Schritt kommt uns auch hier die Atemmeditation zu Hilfe, die uns jene Atempause verschafft, zusammen mit kognitiven Einflüssen auf das innere Selbstgespräch. „Heute mal nicht!" und jede Zurückweisung und Umkehrung der impulsiven Gewohnheitsmuster schafft neue Wege. Nach den vielfältigen Anforderungen eines Schultages locken die persönlichen „Instant-Belohnungen", die umgehend Unwohlsein, unangenehme Erinnerungen an den Tag oder Unlust, noch etwas zu arbeiten, in den Hintergrund schieben und – oft erprobt – Wohlgefühl erzeugen. Die wissenschaftlichen Studien zum Entstehen dieser Habit-Loops, dieses Cravings, zeigen, welche hartnäckigen Bindungen sich so ausbilden und unmerklich in die Sucht führen können (Brewer 2018). Die Lehrkräfte können einmal bewusst auf Spurensuche gehen – freundlich und neugierig. Entsprechende Selbstbeobachtungsübungen ermutigen dazu, sich selbst auf die Schliche zu kommen, ohne sich zu verurteilen.

Übung in einer Craving-Situation M23

Wenn Sie merken, dass es jetzt wieder unbedingt „DIES" sein muss, weil sie wissen, dass diese Substanz oder Tätigkeit zuverlässig Spannung löst, dann spielen Sie doch ein wenig mit sich:
Spüren Sie genau in die Situation hinein, halten Sie die Spannung ein wenig aus, spüren Sie Ihren Atem und entscheiden Sie dann neu: Muss es immer noch DIES sein oder ist DAS auch eine gute Alternative?

Freude als Ressource

Martin Seligman, einer der Begründer der positiven Psychologie, und u.a. Barbara Frederickson (2011) knüpfen an die Ideen der Humanistischen Psychologie und an die ressourcenorientierte Psychologie an. Es wird dort erforscht, was den Menschen stärkt. Hier ist auch ein Zusammenhang mit dem Salutogenese-Konzept Antonovskys zu sehen (Antonovsky 1997). Der Sinn von Angst als Überlebensvorteil im Prozess der Evolution ist unmittelbar ersichtlich. Die physiologischen Prozesse zwischen Reiz und Reaktion sind gut untersucht. Frederickson fragt nach den körperlichen Auswirkungen „guter Gefühle“. Sie spricht hier von der „Broaden-and-Build-Theorie“ der positiven Emotionen.

> „Während negative Emotionen den Blickwinkel der Betroffenen im Hinblick auf mögliche Handlungsalternativen einschränken, leisten positive Emotionen genau das Gegenteil: Sie erweitern (broaden) unseren Horizont und unser Bewusstsein und ermöglichen uns einen größeren Denk- und Handlungsspielraum." (Frederickson 2011, S. 35f.)

Die Erinnerung an Situationen, die Freude und Dankbarkeit ausgelöst haben, wirkt wohltuend, evoziert Gefühle von Geborgenheit und Sicherheit. Die Wahrnehmung wird weit gestellt und öffnet sich für konkrete, Freude auslösende Momente, was wiederum im Alltag die Aufmerksamkeit für Freude- und Kraftquellen schärft, die mit der so geschulten Aufmerksamkeit mehr auffallen und bewusst kultiviert werden können.

Während bei der klassischen „einspitzigen“ Vipassana-Meditation der Fokus auf der Atemwahrnehmung liegt („one-pointed attention“) kann in diesem Zusammenhang die weit gestellte Wahrnehmung geübt werden – die Aufmerksamkeit auf Momente der Freude und der Dankbarkeit mit den vielen konkreten, erlebbaren Facetten. Die Kraft der Kreativität kann sich für ein poetisches Gestalten der Erfahrungen entfalten.

Übung: Freude-Bilder M24

Setzen Sie sich an Ihren Meditations-Ort, schwingen Sie sich wie gewohnt in den Atemrhythmus ein und öffnen Sie Ihre Erinnerungstüren.

Gehen Sie doch einmal in Ihrer Erinnerung spazieren und suchen Sie nach Freude-Momenten, die Sie ganz konkret mit allen Facetten in der Vorstellung wieder beleben und so konkret im Hier und Jetzt erleben, sodass sich die Freude im Körper spüren lässt.

Suchen Sie sich jeweils eine bestimmte Situation aus, die Sie vielleicht auch in Ihrem Tagebuch ganz konkret mit vielen bunten Details mit Worten gestalten.

Übung: Persönliche Ressourcen M25

Wenden Sie sich einmal Ihren persönlichen Ressourcen zu. Schreiben Sie doch einmal zehn Minuten einfach drauf los:

Was sind Ihre „Kraftquellen"? Welche Bilder und Vorstellungen sprudeln da aus Ihnen heraus? Bewerten Sie sich nicht!

Werden Sie konkret, schreiben Sie Details auf, welche alle Sinne ansprechen.

Self-Compassion – Selbstmitgefühl

Wie die Studien zur Lehrergesundheit zeigen, leidet der am meisten gesundheitsgefährdete Typ der Schaarschmidtschen Typologie, der A-Typ, darunter, besonders selbstkritisch zu sein und sich in selbstabwertende Gedankenschleifen (Rumination) zu verstricken. Der Neurowissenschaftler und Psychologe Mark Williams hat umfassend dazu geforscht, wie Achtsamkeitspraktiken effiziente Bewältigungsstrategien bei Rumination bieten (Williams 2011). Er hat umfassende Studien zur Rückfallprophylaxe bei Depression durchgeführt und evidenzbasiert nachgewiesen, dass gerade Menschen, die zur Selbstabwertung und Selbstkritik neigen, sich durch ein kontinuierliches Training der Körper- und Gedankenwahrnehmung wieder ins Gleichgewicht bringen können.

Die Forschungen zu Self-Compassion betonen, wie hoch der Trainingseffekt von kontinuierlichem, freundlichem Selbstzuspruch ist („Self-Parenting" Brähler 2015, Germer 2009, Neff 2011). Strenge Selbstkritik aktiviert das sympathische Nervensystem und erhöht den Cortisol-Spiegel, während eine freundliche Haltung sich selbst gegenüber das Bindungssystem anspringen lässt. Dadurch wird die Ausschüttung bestimmter Hormone z. B. des Oxytocins ausgelöst, was zu Wohlgefühl führt und den Parasympathikus stärkt (Vlamynck 2015).

Übung: Der innere Kritiker M26

Schreiben Sie einmal auf, welche Sätze Ihr persönlicher innerer Kritiker oder die innere Richterin oft sagt. Formulieren Sie am besten in der zweiten Person: „Du bist immer so unordentlich!" Spüren Sie, wie es sich anfühlt, wenn Sie diesen Satz zu Papier bringen. Und dann machen Sie sich zunutze, dass Sie dieser Stimme Paroli bieten können: „Immer? Das stimmt ja gar nicht, neulich habe ich …" Oder aber auch: „Kann ja sein, ich nehme mir mal vor, …"

Durch solche kurzen Übungen – immer verbunden mit dem Erspüren der jeweiligen Körperwahrnehmung – können Sie eine gesunde Distanz zu den oft bohrenden, automatisierten Selbstbeschuldigungen schaffen.

Compassion/Mitgefühl und Beziehungsgestaltung

Die Beziehungsebene und die Resonanz mit der Außenwelt schwingen bei der Haltung der Achtsamkeit natürlich immer mit, denn unser Selbst bildet sich im Austausch mit Anderen und den biografischen, gesellschaftlichen und kulturellen Parametern. Gerade im Lehrberuf bedarf es eines differenzierten Gespürs für automatisierte, untauglich gewordene Beziehungsmuster. Immer wieder berichten Lehrpersonen, wie sie durch genaueres Wahrnehmen frühere persönliche Trigger bemerken und in der Lage sind, zwischen einem Reiz und der gewählten Reaktion einen Atem-Raum einzuschieben. Die Persönlichkeit der Lehrkraft ist maßgeblich für den Unterrichtserfolg. Wenn sie zu unverstellter Zuwendung im gegenwärtigen Augenblick fähig ist, ermutigt die Angstfreiheit und die mitfühlende Haltung die Schüler:innen. Noch ist die Spiegelneuronenforschung in den Kinderschuhen, aber hier gibt es zusätzliche Einsichten, die anknüpfen an Banduras (1994) „Lernen am Modell" oder an die „Resonanzpädagogik" (Endres/Rosa 2016; Siegel 2010, 2015).

Die Forschungen zur Pro-Sozialität bieten eine Fülle von Hinweisen darauf, wie förderlich für die eigene Gesundheit eine zugewandte, verständnisvolle Haltung ist. Wenn wir den anderen als potenziellen Gegner, als Konkurrenten, als „Nebenbuhler" sehen, dann springt unser Stress-System an und wir sehen am anderen das, was unser Vor-Urteil bestätigt (siehe Link am Ende des Beitrags).

Angesichts der deutlich positiven Forschungsergebnisse zur Wirkung dieses erfahrungs- und körperorientierten Übungsweges erscheint es erstaunlich, dass bislang weder in der Lehreraus- noch -weiterbildung zielführende Anwendungsmodule organisatorisch durchdacht und nachhaltig implementiert wurden.

Eine Möglichkeit der Unterstützung von Lehrkräften sei hier vorgestellt: Im Rahmen des Buches „Persönlichkeit und Präsenz" (Beltz 2010/2016) stellte ich erstmals das Format „Achtsame 8 Wochen" für Lehrpersonen vor, das inzwischen auch („dank" Corona) als Online-Seminar zur Verfügung steht. Das Lernmaterial umfasst kurze Videos zu den wissenschaftlichen Hintergründen der jeweiligen Themenschwerpunkte, Wochenaufgaben, Selbstbeobachtungsübungen, Audios mit Meditationsanleitung und Videos zum Achtsamen Bewegen (einfache Übungen aus dem Qigong zur Spannungsregulation und differenzierten Körperwahrnehmung). Sie finden einen entsprechenden Link am Ende des Beitrags.

Umsetzungswege, die Mut machen

Derzeit wird mit Unterstützung von „Schule und Gesundheit“ (Land Hessen) das Online-Format mit Blended Learning angeboten. So bekommen die Lehrpersonen das Lernmaterial, können für sich zu Hause üben und haben die Möglichkeit, gemeinsam selbstorganisiert in kollegialen Gruppen in Präsenz zu meditieren, sich auszutauschen und z. B. die Form des Achtsamen Dialogs zu erkunden. Die gemeinnützige Organisation AVE (www.ave-institut.de) stellt außerdem kostenlos Trainer:innen zur Verfügung, die an Schulen mit Kolleg:innen das Online-Programm mit Präsenzmodulen begleiten.

Das Frankfurter Staatliche Schulamt hat mit der Unterstützung der Polytechnischen Gesellschaft nun ein Projekt aufgesetzt, das konkret zum Ziel hat, das Potenzial der Achtsamkeit in die Schulkultur zu implementieren, und zwar zunächst mit dem Fokus auf der Lehrkräftegesundheit und dann mit dem Fokus der Vermittlung von Achtsamkeit an Schüler:innen zur Entfaltung von Resilienz, Selbstwirksamkeit und Beziehungsfähigkeit. Es werden Multiplikator:innen ausgebildet, die an den Schulen für interessierte Kollegen und Kolleginnen das Programm „Achtsame 8 Wochen“ anbieten. An etwa 15 Schulen wird dieses Projekt durchgeführt und unter der Leitung von Prof. Dr. Niko Kohls (Hochschule Coburg) wissenschaftlich untersucht. In einem zweiten Schritt wird die Vermittlung von Achtsamkeit an Schüler:innen in den Unterricht integriert. Basis für die Vermittlung ist hier das Rahmencurriculum AiSCHU, für das schon mehr als 500 Lehrkräfte ausgebildet wurden (siehe Link am Ende des Beitrags).

Die hier aufgeführten konkreten Umsetzungswege mögen Mut machen dafür, dass inzwischen die Erkenntnisse der Neurowissenschaften und der Psychologie zur Bedeutung körper- und erfahrungsorientierter Achtsamkeitsschulungen im pädagogischen Setting praktisch umgesetzt werden.

Subjektive Strategien, mit Stress und herausfordernden Situationen umzugehen und das Potenzial von Freude und wertschätzenden Beziehungen zu entfalten, könnten auf organisatorische Veränderungen treffen, damit die so oft beschworenen Bildungsziele von Selbstwirksamkeit, Selbststeuerung und Beziehungsfähigkeit in kontinuierlichen und konkreten Schritten verwirklicht werden können. Achtsamkeit zieht Kreise.

Literatur

Brähler, Christine (2018): Selbstmitgefühl entwickeln. Liebevoller werden mit sich selbst. München.

Brewer, Judson (2018): The Craving Mind. Yale.

Fredrickson, Barbare L. (2011): Die Macht der guten Gefühle. Wie eine positive Haltung Ihr Leben dauerhaft verändert. Frankfurt/M.

Heidenreich, Thomas/Michalak, Johannes (Hrsg.) (2004): Achtsamkeit und Akzeptanz in der Psychotherapie. Ein Handbuch. Tübingen.
Kabat-Zinn, Jon (2007), Im Alltag Ruhe finden, Frankfurt/M.
Kabat-Zinn, Jon (2006): Zur Besinnung kommen. Die Weisheit der Sinne und der Sinn der Achtsamkeit in einer aus den Fugen geratenen Welt. Freiamt.
Kaltwasser, Vera (2016): Praxisbuch Achtsamkeit in der Schule. Weinheim/Basel.
Kaltwasser, Vera (2015): Achtsamkeit in der Schule. Das Potential der Achtsamkeit für Bildung und Persönlichkeitsentfaltung. In: Hölzel, Britta/Brähler, Christine (Hrsg.): Achtsamkeit mitten im Leben. Anwendungsgebiete und wissenschaftliche Perspektiven. München, S. 209–242.
Kaltwasser, Vera/Sauer, Sebastian/Kohls, Nico (2014) (1): Mindfulness in German Schools. In: Schmidt, S./Walach, H. (Hrsg.): Meditation, Neuroscientific Approaches and Philosophical Implications. Heidelberg, S. 381–404.
Kaltwasser, Vera (2014) (2): Hilflos ausgeliefert? Wie man der elektronischen Aufrüstung gegensteuern kann. In: Schulverwaltung. Nordrhein-Westfalen, 25 (2014) 10, S. 260–261.
Kaltwasser, Vera (2013): Achtsamkeit in der Schule. Stille-Inseln im Unterricht: Entspannung und Konzentration. 2. Aufl. Weinheim/Basel.
Kaltwasser, Vera (2010): Persönlichkeit und Präsenz. Achtsamkeit im Lehrerberuf. Weinheim/Basel.
Kohls, Niko (2022): Mehr Lebensfreude durch Achtsamkeit und Resilienz. München.
Ott, Ulrich (2019): Meditation für Skeptiker. München.
Palmer, Parker J. (2009): The Courage to Teach. San Franciso.
Weber, A./Kretschmer, M./Uhlemayr, M. (2016): Achtsamkeit in der Schule (AISCHU): Ein Konzept zur Integration von Achtsamkeit in den Schulalltag. In: Dlugosch, G. E./Fluck, J./ Marquardt, C. (Hrsg.): Gesundheit und Bildung: Schülergesundheit (Empirische Pädagogik, 30 (2), Themenheft). Landau.
Williams, Mark (2011): Mindfulness. An Eight-Week Plan for Finding Peace in a Frantic World. London.

Interessante Links

https://greatergood.berkeley.edu/tag/prosocial+behavior (abgerufen am 30.07.2023)
https://lernen.ave-institut.de/courses/achtsame-8-wochen/
https://link.springer.com/article/10.1007/s11553-021-00870-9

5 Ernährung

Annika Grimm

5.1 Wege zu gesunder Ernährung

Was wissen wir überhaupt über Ernährung?

Essen ist elementarer Bestandteil unseres Alltags – zu Hause und in der Schule. Wurde es früher oft als selbstverständliche Routine gesehen, wird es heute zunehmend immer bewusster wahrgenommen: Kochbücher, Kochshows, Ratgeber, Diäten, Radiosendungen und Blogs belegen das enorme Interesse in der Gesellschaft an allem, was mit Ernährung und Essen zusammenhängt. Gleichzeitig hat sich auch die Ernährungsmedizin ausgeweitet, ist vielfältiger und umfassender geworden und in der Öffentlichkeit inzwischen so präsent, dass man kaum noch einen Überblick gewinnen kann. Trends lösen einander in rascher Folge ab: Low-Carb-Diät, Paleo-Diät, Vollwertkost, Superfoods ... Intensiv und kontrovers wird diskutiert, welche Kohlenhydrate man zu sich nehmen soll oder ob sie besser ganz weggelassen werden sollen, oder welches Vitamin mehr Konzentration verspricht. Das Thema ‚gesundes Essen' ist also im wahrsten Sinne in aller Munde – und inzwischen gibt es wohl schon mehr Fotos von Mahlzeiten als von den Menschen, die sie essen ...

Aber was wissen wir überhaupt über Ernährung und was davon ist wissenschaftlich gesichert? Schon zu vermeintlich einfachen Ernährungsfragen gibt es in der Wissenschaft oft kontroverse Antworten und Empfehlungen. Schon bei einfachen Fragen wie: „Ist es gesund, morgens zum Frühstück ein Ei zu essen?" sind sich Experten uneinig: Galten Eier früher noch als gesunde Vitamin- und Nährstoffpakete, so war der Verzehr von Eiern in den 1960er-Jahren plötzlich verpönt – da Eier schließlich Cholesterin enthalten, das das Herzinfarktrisiko erhöhen kann. Um die Jahrtausendwende herum gab es neue wissenschaftliche Erkenntnisse: Jetzt galt es als unerheblich, wie viel Cholesterin man in der Nahrung zu sich nimmt, da dies kaum einen Einfluss auf den Blutzuckerspiegel und somit auf die Herz-Kreislauf-Gesundheit habe. Etwa zwanzig Jahre später folgte wieder ein Richtungswechsel in der Ernährungswissenschaft: Der Verzehr von Eiern und dem in ihnen enthaltenen Cholesterin erhöhe die Mortalität bzw. das Risiko für Herz-Kreislauf-Erkrankungen (Zhong u. a. 2019).

Das Beispiel vom (un-)gesunden Frühstücksei zeigt: Scheinbar sichere Fakten über Ernährung sind gar nicht so leicht zu bekommen – und wenn man glaubt, sie zu haben, muss man sie dennoch genau hinterfragen: Selbst etwas so allgemein Anerkanntes wie die gesundheitsfördernde Wirkung der mediterranen Ernährung, die durchgehend zur Senkung des kardiovaskulären Risikos empfohlen wird, ist wissenschaftlich weniger solide belegt, als man meinen sollte. Zwar basieren Empfehlungen zur mediterranen Ernährung auf Ergebnissen von Beobachtungsstudien zur Morbidität und Mortalität in Ländern, in denen eine mediterrane Ernährung vorherrscht, wie z. B. in Italien. Dort umfasst die mediterrane Ernährung:

- einen hohen Anteil pflanzlicher Frischkost wie Gemüse, Obst, Nüssen,
- den regelmäßigen Verzehr von Fischen,
- einen hohen Anteil von Olivenöl bei den Speisefetten,
- einen niedrigen Teil Milchprodukte sowie Wurst- und Fleischwaren,
- wenig Reis, Brot oder Kartoffeln.

Aber in einer 30 Einzelstudien umfassenden Übersichtsarbeit über solche mediterrane Kost mit insgesamt 12.461 Teilnehmern:innen konnte kein eindeutiger Nutzen für die Mittelmeer-Ernährung belegt werden (Rees u. a. 2020).

Wie kann es sein, dass selbst der Nutzen überall empfohlener Ernährungsformen wie die Mittelmeer-Diät wissenschaftlich schwer zu belegen ist? Dafür gibt es drei Gründe:

- Oft weisen die Studien selbst nur niedrige bis sehr niedrige Qualität auf und bieten wenig Grundlagen für Schlussfolgerungen. Die könnte man erst bei wirklich belastbaren Studienergebnissen ziehen, bei denen die Versuchspersonen beispielsweise jahrelang zuverlässig eine mediterrane Diät einhalten. Solche Studien müssten auch doppel-blind angelegt sein, dass also weder Versuchsperson noch Versuchsleiter:in wissen, ob die Versuchsperson nun eine Mittelmeer-Diät befolgt, oder ob sie zur Kontrollgruppe (z. B. deutsche Hausmannskost) gehört. Die Versuchspersonen merken aber (hoffentlich), ob sie Spaghetti oder Spätzle vorgesetzt bekommen – eine Doppelblindstudie kann hier nicht erfolgreich durchgeführt werden.
- Zusätzlich können lange Zeiträume vergehen, bis der positive Effekt einer bestimmten Ernährungsform eintritt. Studien über so lange Zeiträume werden sehr selten durchgeführt, denn sie übersteigen die praktischen und finanziellen Möglichkeiten.
- Wenn es aber zuverlässige Studien gibt, dann sind die in ihnen beschriebenen Ernährungsratschläge in der Praxis meist nur schwer zu befolgen. So fand eine Studie heraus, dass das in Haferflocken enthaltene β-Glucan den Blutdruck und den Cholesterinspiegel senken kann: Um diesen Effekt zu erzielen, müsste man täglich aber drei Hafermahlzeiten einnehmen, (Whitehead u. a. 2014). Praktisch umsetzbar ist dieses Studienergebnis also weniger.

Da Fragen nach der richtigen Ernährung nur sehr selten in Form von zufallsverteilten und placebokontrollierten Studien zu beantworten sind, braucht man andere Formen von Evidenz, um zu Vorschlägen für gute Ernährung zu kommen. Hier werden vor allem epidemiologische Studien verwendet, die beobachten, welchen statistischen Zusammenhang es zwischen bestimmten Ernährungsformen und Gesundheitsmerkmalen gibt.

Plausibilität prüfen, nicht jedem neuen Trend folgen und aufs Machbare setzen

Es erscheint also nicht erfolgversprechend, auf die eine endgültige Studie über gesunde Ernährung zu warten und darauf zu setzen, damit den Schlüssel dazu gefunden zu haben, welche Nahrung und Zubereitung es benötigt, die eigene Resilienz zu unterstützen. Wenn man weiß, dass es solche Studien aus systematischen Gründen kaum geben kann, fällt es leichter, pragmatischer vorzugehen und sich an Konzepten und Erkenntnissen zu orientieren, die eine hinreichende Plausibilität aufweisen. Die ist gegeben, wenn Erkenntnisse nicht offensichtlich allen Erfahrungen und bisherigen Studien völlig widersprechen, wenn sich ihre Anlage und ihre Schlussfolgerungen nachvollziehen lassen und belegt sind und wenn dort mit Ursache-Wirkung-Behauptungen vorsichtig umgegangen wird.

Wenn Studien oder Empfehlungen unter dieser Perspektive betrachtet werden, muss nicht verbissen jedem neuen Ernährungstrend gefolgt werden. Und wer weiß, dass es einen Markt für Ernährungstrends gibt, der ständig (nicht zuletzt aus wirtschaftlichen Gründen) neu bedient werden muss, kann neuen Trends ruhig entgegensehen und muss neue Erkenntnisse nicht als stressauslösende Faktoren erleben. Einseitige strenge Regeln (wie „Du sollst kein Frühstücksei essen!") können demotivieren und letztlich die Freude und den Genuss am Essen mindern.

Ein reflektierter und entkrampfter Umgang mit Ernährung und Essen kann helfen, wieder in Ruhe essen und es genießen zu können. Wichtig ist dabei auch, nicht zu viele Ziele auf einmal zu verfolgen – und nicht die (zu) perfekte Umsetzung von Ernährungsregeln anzustreben. Hier hilft die Orientierung an der 80/20-Pareto-Taktik, die darauf zielt, die eigene Energie vorrangig für das zu verwenden, was den größten Erfolg verspricht: Häufig lassen sich 80 Prozent des Erfolges mit 20 Prozent des Aufwandes erzielen. Die Konzentration darauf erscheint sinnvoll. Für die restlichen 20 Prozent zum Erfolg wären 80 Prozent des Aufwandes nötig – und dieser Aufwand sollte nur geleistet werden, wenn er vertretbar ist. Eine Veränderung des Ernährungsverhaltens ist nur erwartbar, wenn sie im Alltag problemlos integrierbar ist: Wer sich die Woche über gesund ernährt, der muss am Sonntag nicht die letzte Energie darauf verwenden, ein Stück Schokoladentorte zu vermeiden.

Das Potenzial für Verbesserungen der Ernährungsqualität prüfen

Im Thema Ernährung steckt erhebliches Potenzial für die Gesundheit: Gesunde Ernährung bedeutet immer auch ein Stück Lebensqualität! Die Auseinandersetzung mit der eigenen Ernährung fördert die Resilienz und öffnet den Blickwinkel für eine aktive Selbstfürsorge. Wer sich auf den Weg macht, die eigene Ernährung (und damit auch die eigene Resilienz) zu verbessern, der braucht zu Beginn eine Bestandsaufnahme der eigenen Gewohnheiten und Routinen – nur wer kennt, was er isst, kann dies nachhaltig verändern. Die folgende Übung einer Bestandsaufnahme zielt zwar auf die Ernährung in der Schule, umfasst gleichzeitig aber auch die individuellen Einstellungen und Gewohnheiten:

Übung: Bestandsaufnahme zur Ernährung in Ihrer Schule M27

Diese Bestandsaufnahme soll helfen, das Thema Ernährung in der Schule zu vertiefen: Welchen Stellenwert hat gesunde Ernährung in Ihrer Schule? Gibt es Kolleginnen und Kollegen, die sich bereits mit dem Thema auseinandersetzen?

Überprüfen Sie (ggf. auch gemeinsam im Kollegium) anhand der folgenden Fragen, welche Bedeutung das Thema Ernährung bei Ihnen und in Ihrer Schule einnimmt:

- ☐ Wie sieht die ‚Ernährungspraxis' an Ihrer Schule genau aus: Ist Essen beispielsweise nur eine Sache für die Fünfminutenpausen? Wird Wert auf gesunde Ernährung gelegt – in der Organisation des Schullebens und auch im Angebot der Schule (Mensa, Kiosk, Cafeteria)?
- ☐ Wie wichtig ist Ihnen selbst das Thema ‚gesunde Ernährung'?
- ☐ Wie relevant ist an Ihrer Schule das Thema ‚gesundheitsbewusste Ernährung'?
- ☐ Was wird im Kollegium unter ‚gesunder Ernährung' verstanden? Was verstehen Sie darunter?
- ☐ Wie trägt Ihre Schule zu gesundem Essverhalten bei Schüler:innen und bei den Lehrkräften bei – wo sehen Sie hier noch konkrete Verbesserungsmöglichkeiten?
- ☐ Wie könnten/möchten Sie das Thema Ernährung in die Fachgruppe oder Schule einbringen?
- ☐ Welche Fortbildungen zum Thema Gesundheit bzw. gesunde Ernährung sind Ihnen bekannt? An welchen möchten/können Sie teilnehmen?

Meist gehen die Antworten zu den einzelnen Fragen weit auseinander und selbst im Kollegium sind die Wahrnehmungen hier sehr unterschiedlich: Gesundes Essen bedeutet nicht für jede:n das gleiche, hier gibt es unterschiedliche Bedürfnisse, Interessen und auch Überzeugungen. Bei der Betrachtung von gesunder Ernährung in der Schule wird oft übersehen, dass Essen immer auch ein emotionales Thema ist, das eine sehr persönliche Bedeutung hat.

Faktoren einer gesundheitsfördernden Ernährung

Was ist gesunde Ernährung in der Schule – und wie kann dafür gesorgt werden, dass in der Schule darauf Wert gelegt wird? Die Antworten auf diese Fragen sind angesichts der oben beschriebenen Probleme leider nicht so eindeutig, dennoch können die folgenden Hinweise zu einer gesundheitsfördernden Ernährung als hinreichend plausibel angesehen werden (Smolich 2022):

1. Gemüse bildet die Basis einer gesunden Ernährung: Essen Sie mindestens drei Portionen Gemüse (ca. 400 g am Tag) – sowohl roh als auch gegart. Die „Ampel-Regel" (in jeder Hauptmahlzeit ein grünes, gelbes und rotes Gemüse) hilft, möglichst bunt zu essen, denn in grünen, gelben oder roten Gemüsesorten stecken unterschiedliche Nährstoffe. Auch Hülsenfrüchte sollten zu den Mahlzeiten gehören – es ist empfehlenswert, diese häufiger in den Speiseplan zu integrieren (Köhler u. a. 2019).
2. Essen Sie zwei Portionen Obst statt raffiniertem Zucker und halten Sie Ihren Zuckerkonsum möglichst niedrig. Nehmen Sie Obstsorten mit hohem Fructosegehalt, wie Bananen, Birnen, Weintrauben, Äpfel, Mangos, nur in geringen Mengen zu sich. Der Genuss von Beerenfrüchten ist hierzu und zu Zucker eine gute Alternative.
3. Verzichten Sie auf Snacks zwischendurch – und achten Sie insbesondere darauf, keine Snacks zu sich zu nehmen, während Sie andere Tätigkeiten erledigen (z. B. beim Korrigieren ...). Insbesondere hochverarbeitete Lebensmittel wie Süßigkeiten oder Gebäck sind ungesunde Lebensmittel und sollten Ausnahmen bleiben.
4. Nüsse und Samen sollten zur Alltagsernährung gehören – etwa eine Handvoll am Tag. Snackhunger lässt sich gut mit Nüssen stillen.
5. Essen Sie möglichst wenig Fleisch, maximal 2-mal pro Woche (aus ökologischen Gründen ggf. besser sogar nur 1-mal pro Woche). Wenn Sie Fisch essen, dann am besten fetten Seefisch (fettreich sind Fische mit einem Gehalt von über 10 Prozent Fett, z. B. Hering, Lachs, Thunfisch. Dagegen gehören Kabeljau, Scholle und Seelachs mit zwei Prozent Fett zu den fettarmen Fischen).
6. Reduzieren Sie Ihren Salzverbrauch und achten Sie darauf, Jodsalz in der Küche einzusetzen. Würzen Sie lieber, statt zu salzen. Salz lässt sich beispielsweise durch Zwiebeln, Knoblauch, Kräuter oder Gewürze ersetzen.
7. Verwenden Sie in der Küche Olivenöl oder Rapsöl.

8. Probieren Sie fermentierte Lebensmittel wie Naturjoghurt, Sauerkraut oder Kimchi.
9. Vermeiden Sie Alkohol und zuckerhaltige Limonaden. Trinken Sie lieber Wasser, Tee oder auch in Maßen Filterkaffee.

Abb. 5.1: Grundregeln zur gesunden Ernährung, um das Essverhalten nachhaltig zu verändern und sich selbst Gutes zu tun.

Diese Tipps für eine gesunde Ernährung richten sich ausschließlich an gesunde, nicht vorerkrankte Menschen. Personen, die an Vorerkrankungen wie z. B. Diabetes leiden, benötigen eine persönliche Anleitung durch einen Arzt oder eine Ärztin!

Sich auch um das „Wie" der Ernährung kümmern

Diese im Alltag oft gut umsetzbaren Ernährungsempfehlungen sind den allermeisten Lehrkräften und auch Schüler:innen sicherlich weitgehend bekannt. Es besteht hier allerdings ein großer Unterschied zwischen dem Wissen um die Grundlagen einer gesunden Ernährung und deren Umsetzung. Viele Menschen, die sich ungesund ernähren, sind zumindest grundsätzlich über ungünstige Ernährungsweisen informiert, fühlen sich aber nicht in der Lage, die Ernährungsempfehlungen umzusetzen. Woran liegt es, dass Ernährungsregeln nur selten zuverlässig Einzug in den Alltag erhalten?

Natürlich stehen immer wieder auch Gewohnheiten oder Bequemlichkeit der praktischen Umsetzung im Wege. Auch der persönliche Geschmack entscheidet über die Einhaltung der Empfehlungen: Wer Sauerkraut nicht mag, wird es kaum regelmäßig in den Speiseplan integrieren können.

Aber es geht nicht nur darum, was wir essen. Fast noch wichtiger ist, wie wir essen. Jeder Mensch isst anders. Ob ein an sich gesundes Essen auch gesund ist, hängt davon ab, wie es zubereitet und vor allem, ob es aufmerksam, in Ruhe und mit Genuss verzehrt wird: Ein paar Nüsse, in der Fünf-

Minuten-Pause vor dem Kopierer schnell „verschlungen", haben einen anderen Stellenwert als bewusst und in positiver sozialer Umgebung genossenes Studentenfutter. Essen ist eine individuelle und soziale Angelegenheit mit unterschiedlichen Geschmäckern und Vorlieben – und zwar nicht nur im Hinblick auf die verwendeten Zutaten und Gerichte, sondern auch im Hinblick darauf, wie gegessen wird. Zu den ungesündesten Ess-Umgebungen gehört häufig die Schulmensa: zu eng, zu laut, zu schnell, zu hektisch. Wer sich mit gesunder Ernährung auseinandersetzen will, muss sich neben den zentralen Grundregeln des „Was" auch um das „Wie" kümmern und dafür sorgen, die individuelle Seite der Ernährung in den Blick zu nehmen und zu reflektieren.

Abschließend lässt sich zusammenfassen: Drei Punkte sind wichtig auf dem Weg zu gesunder Ernährung und für den Aufbau von Resilienz und Selbstfürsorge:

1. Belastbare wissenschaftliche Erkenntnisse über Ernährung sind vergleichsweise selten und dann auch oft nur schwer in die Praxis umzusetzen. Die Ernährungsmedizin kann nicht eindeutig definieren, was genau ‚gesunde Ernährung' ausmacht. Studienergebnisse an kleinen Versuchsgruppen (oder gar aus dem Labor oder mit Versuchstieren) sind kaum auf die individuelle Situation zu übertragen. Sich dies immer wieder bewusst zu machen, kann helfen, nicht jedem neuen Trend sofort zu folgen, sondern erst einmal selbst auszuprobieren, was einem guttut, und was nicht. Nahrung ist eben auch Geschmackssache – es ist wichtig, auf den eigenen Körper zu hören, die Gefühle von Hunger, Sättigung oder Lust am Essen nicht zu ignorieren.
2. Gesunde Ernährung ist individuell. In Studien wurde herausgefunden, dass Versuchspersonen äußerst unterschiedlich auf die gleiche Mahlzeit reagieren können: Einige reagierten mit einem steilen Anstieg des Blutzuckers nach einer Versuchsmahlzeit, bei anderen veränderte sich der Blutzuckerspiegel nach der gleichen Mahlzeit kaum. Die Forschenden schlussfolgerten daraus, dass nicht für jede Person die gleiche Ernährungsempfehlung gelten kann – schließlich reagieren wir alle unterschiedlich auf unsere Nahrung (Zeevi u.a. 2015). Es kommt hinzu: Der eigene individuelle Geschmack ist immer sehr unterschiedlich und kann sich verändern. Nur, weil Blaubeeren als gesunde Vitaminbomben gelten, müssen Sie sie nicht essen, wenn Sie gar keine Blaubeeren mögen.
3. Nicht nur das, *was* wir essen, ist von großer Bedeutung, sondern auch, *wie* wir essen. Essen ist nicht nur bloße Nahrung, sondern hat ein großes Gesundheitspotenzial: Wer achtsam isst, kann dieses Potenzial ausschöpfen. Essen ist Teil unserer Kultur, es verbindet mit anderen und nährt so das Bedürfnis nach Kultur, Emotion und sozialem Zusammenleben. Wer

sich selbst rigide Essensregeln aufzwingt, nicht auf die Kultur des Essens achtet und sich selbst mit unrealistischen Ernährungszielen unter Druck setzt, der untergräbt leicht die eigene Motivation.

Exkurs: Schulgarten – Ernährung begreifbar machen
Um den Lernenden zu ermöglichen, bewusst eigene Erfahrungen mit Essen und dem Anbau von Obst und Gemüse zu sammeln sowie darüber zu reflektieren, setzen Schulen auf die Einrichtung von Schulgärten. Die Arbeit im Schulgarten wirkt sich positiv auf die Ernährungsgewohnheiten der Schüler:innen aus und stärkt ihr Verständnis für Lebensmittel und die Umwelt.
Junge Menschen, die im Schulgarten Erfahrungen über den Anbau und die Verarbeitung von Lebensmitteln sammeln können, werden Ernährungszusammenhänge besser verstehen und lernen zeitgleich, gesunde Lebensmittel selbst anzubauen, zu ernten und wertzuschätzen (z. B. in Projekten wie ‚Pflanz dir ein Schulbrot'). Wissen über Geschmack und Ernährung wird so erfahrbar vermittelt und sorgt für ein gesteigertes Bewusstsein für die Bedeutung gesunder Ernährung und für die Wichtigkeit von lokalem und saisonalem Anbau.
Schulgärten bieten die Möglichkeit, Verantwortung für Wachstum und Entwicklung zu übernehmen. Der Garten erfordert Arbeit und Engagement, die Schüler:innen lernen Planung, Organisation und Teamarbeit und entwickeln auch ein Gefühl der Unabhängigkeit und Selbstständigkeit, das ihnen in anderen Lebensbereichen nützlich sein kann.
Schulgärten vermitteln den Lernenden darüber hinaus praktische Erfahrungen in der Umweltbildung. Indem sie lernen, Pflanzen anzubauen und Schädlinge auf natürliche Weise zu bekämpfen, werden sie für die Bedeutung des Umweltschutzes sensibilisiert. Dies kann ein wichtiger Schritt auf dem Weg zur Schaffung eines Bewusstseins für die Auswirkungen menschlichen Handelns auf die Umwelt sein.
Empfehlungen über die Einrichtung und die Arbeit mit Schulgärten gibt es beispielsweise bei Unfallkassen der Schulen, z. B. bei der Deutschen Gesetzlichen Unfallversicherung (https://www.dguv-lug.de/primarstufe/natur-umwelt-technik/der-schulgarten/) oder der Unfallversicherung Rheinland-Pfalz (https://mueef.rlp.de/fileadmin/mulewf/Publikationen/Schulgarten.Aber_sicher_Monitor.pdf).

5.2 Achtsamkeit und Intuition – mehr als nur Essen

Intuitive Ernährung für ein positives Körpergefühl

Essen kann ein gelernter oder in der Erziehung erworbener Mechanismus sein, mit Stress, Frust oder gar Langeweile umzugehen. Süßigkeiten oder Chips sind als *Belohnung* nach einem langen Arbeitstag schnell verspeist – ohne dass dem Essen dabei Aufmerksamkeit gewidmet wird. Das gedankenlose Essen steht im Gegensatz zur Einhaltung einer strengen Diät – wenn genaue Essenspläne verfolgt und Kalorien genauestens abgezählt werden, oft mit dem Ziel, abzunehmen. Bei beiden Varianten fällt auf: Hier wird im wahrsten Sinne des Wortes nicht auf das Bauchgefühl gehört, sondern Essen ist eine Form des Abreagierens. Stress und Hektik im Alltag machen Essen häufig zur emotionalen Bewältigungsstrategie. Auch das unachtsame Zwischendurch-Essen in kurzen Pausen ist problematisch, weil gar nicht genossen werden kann und sich Gewohnheiten einschleifen, die nicht mehr hinterfragt werden – Beispiele sind hier die allmorgendliche Tasse Kaffee, obwohl Kaffee einem auf den Magen schlägt, Essen über den Punkt der Sättigung hinaus, oder das unreflektierte Essen von fettreichen Mahlzeiten, nach denen das Essen schwer im Magen liegt.

Eine Möglichkeit, wieder mehr auf den eigenen Körper zu hören, die eigenen Körpersignale wieder besser wahrzunehmen und somit letztlich auch gesünder zu essen, ist die intuitive Ernährung. Sie fokussiert auf die individuelle Körperwahrnehmung und stellt keine strengen Diät-Regeln auf. Stattdessen geht es darum, dem eigenen Körper- und Sättigungsgefühl wieder mehr Aufmerksamkeit zu schenken und eigene Bedürfnisse besser wahrzunehmen. Diese Einstellung zur Ernährung erscheint im Alltag oft besser umsetzbar als allzu strenge Regeln, die zu Frust und Ablehnung führen können.

Intuitives Essen ist ein neues Konzept, das unsere Sichtweise auf Lebensmittel verändert und hilft, eine gesunde Beziehung dazu zu entwickeln. Im Rahmen von intuitiver Ernährung sollte nur dann gegessen werden, wenn wirklich Hunger vorliegt. Beim Einsetzen eines Sättigungsgefühls sollte die Mahlzeit auch wirklich beendet werden. Das hört sich nach einem einfach zu befolgenden Prinzip an. Aber durch die ungeregelte und hektische Nahrungsaufnahme geht eben dieses intuitive und auch individuelle Hunger- und Sättigungsgefühl verloren und Essen wird zur Routine- oder Gewohnheitssache. Ein Sättigungsgefühl kann sich jedoch nur dann einstellen, wenn langsam gegessen und ausreichend gekaut wird. Darüber hinaus haben verschiedene Lebensmittel einen unterschiedlichen Sättigungszeitpunkt.

Die intuitive Ernährung geht davon aus, dass unser Körper nach einem Normalgewicht strebt. Studien zeigen, dass das intuitive Essen zu einer Reduktion des Körpergewichts und zu einer Normalisierung des BMIs beitragen kann (Camilleri u. a. 2016) (zur Problematik des BMI s. Kasten S. 105).

Auch die psychische Gesundheit kann vom intuitiven Essen profitieren: Wer sich nicht dem Stress von strengen Diäten aussetzt, deren Anforderungen häufig sehr hoch angesetzt sind, kann leichter zu einem entspannteren Essverhalten finden, bei dem sich unter anderem ein gestärktes Selbstbewusstsein, ein positives Körpergefühl und eine insgesamt größere Zufriedenheit einstellen (van Dyke/Drinkwater 2014).

Exkurs: Welche Rolle spielt Gewicht? – Vorsicht beim Body-Mass-Index (BMI) als Mittel zur Einschätzung des Körpergewichts

Wer sich unsicher ist, ob das eigene Gewicht ‚stimmt' oder sich mit seinem Körper unwohl fühlt, wird zur Einschätzung gern auf den BMI verwiesen. Bei der Berechnung des BMI wird das Verhältnis von Gewicht zur Körpergröße ermittelt (Körpergewicht in Kilogramm geteilt durch Körpergröße in Metern zum Quadrat). Dies gibt bei Erwachsenen eine halbwegs akzeptable Orientierung.

Entscheidend ist jedoch: Der Wert des BMI gibt nur einen groben Anhaltspunkt, ob das Körpergewicht eher gering, normal oder hoch ist. Über die Ursachen von Unter- oder Übergewicht lässt sich mit dem BMI nichts sagen, auch nicht darüber, ob eine Essstörung vorliegt. Um das einzuschätzen, müssten das Essverhalten, die Körperwahrnehmung und die eigene Gefühls- und Entwicklungslage einbezogen werden.

Ob das Taille-Hüft-Verhältnis (Waist-to-Height-Ratio) geeigneter zur Einschätzung von Körpergewicht ist, hängt ebenfalls vom Einzelfall ab.

Intuitiv zu essen ist jedoch kein Prozess, den man einfach und schnell lernen kann. Es erfordert Übung, Achtsamkeit und Geduld. Dabei ist es wichtig, die eigenen Bedürfnisse und Emotionen zu beachten, statt „einfach nur so" zu essen. Hier kann beispielsweise helfen, bewusst langsam zu essen, das eigene Körperbewusstsein und das Bewusstsein für die eigenen Bedürfnisse zu verbessern. In einer von Schönheitsidealen und Diät-Trends geprägten Gesellschaft kann intuitives Essen auch ein Mittel sein, um sich von diesen Erwartungen zu befreien. Es geht darum, auf den eigenen Körper zu hören und ihm zu vertrauen, statt sich von äußeren Einflüssen steuern zu lassen.

Abb. 5.2: Prinzipien der intuitiven Ernährung helfen, wieder mehr auf den eigenen Körper zu hören, Sättigung und Zufriedenheit wieder wahrzunehmen und so zu einem gesünderen Essverhalten zu finden.

Die Prinzipien der intuitiven Ernährung lassen sich in zehn Ratschlägen zusammenfassen (Diers/Becker 2020, Tribole/Resch 2020):

1. Das intuitive Essen lässt sich am besten wieder entdecken durch Ablegen der ‚Diätmentalität': Strenge Diätpläne können Sie zur Seite legen bzw. wegwerfen.
2. Vermeiden Sie übermäßigen Hunger. Lernen Sie stattdessen, bereits die ersten Anzeichen von Hunger oder Durst wahrzunehmen und gehen Sie auf diese Signale ein. So können Sie lernen, Ihrem Hungergefühl wieder zu vertrauen.
3. Grundsätzlich sind alle Nahrungsmittel erlaubt – zu strenge Verbote fördern nur Essattacken, die in Frustration enden.
4. Setzen Sie sich mit eventuellen Schuldgefühlen auseinander, wenn Sie etwas ‚Ungesundes' essen: Die innere ‚Lebensmittel-Polizei' ist tief in der Psyche verankert und ruft Schuldgefühle hervor (Diers/Becker 2020). Es kann natürlich auch hilfreich sein, sich selbst positiv zu bestärken, wenn Sie etwas Gesundes gegessen haben.
5. Entdecken Sie Zufriedenheit und Genuss wieder: Das kann helfen, die richtige Menge Nahrung zu sich zu nehmen und auch wieder mehr Freude am Essen zu gewinnen.
6. Achten Sie beim Essen auf Ihre Wahrnehmung, um ein Hungergefühl zu spüren und legen Sie Pausen beim Essen ein.
7. Bewältigen Sie Emotionen nicht mit Essen: Essen kann nur eine kurzfristige Ersatzbefriedigung sein und hilft nicht auf Dauer bei Gefühlen wie Angst, Langeweile oder Einsamkeit.
8. Unrealistische Erwartungen an die eigene Körpergröße oder -form führen zu Unzufriedenheit. Verzichten Sie daher auf überzogene Selbstkritik und respektieren Sie stattdessen den eigenen Körper.
9. Wählen Sie Lebensmittel aus, die Ihre Gesundheit fördern und die von Ihnen als positiv erlebt werden.
10. Sie müssen nicht perfekt essen, um gesund zu essen. Stellen Sie stattdessen die Freude am Essen und am wiedergewonnenen Körpergefühl in den Vordergrund.

Der Versuch, intuitives Essen zu praktizieren, ist natürlich kein Selbstläufer. Schwierigkeiten können auftauchen, wenn es zu stark als Verzicht wahrgenommen wird, Gewichts-Stress verursacht, dass Hungergefühl nicht beachtet wird oder das Ideal des perfekten Körpers zu dominant ist.

Ist intuitives Essen gleich achtsames Essen?

Intuitives Essen hat einiges gemeinsam mit achtsamem Essen (auch als „Mindful Eating" bezeichnet), aber es gibt auch Unterschiede. Beim achtsamen Essen wird der Fokus oft auf bewusstes und langsames Essen gelegt. Weitere Bausteine sind die möglichst vollständige Vermeidung von Störungen und Unterbrechungen während des Essens, wie z. B. durch Fernsehen oder Multi-Tasking während des Essens (Outland 2010). Achtsames Essen und intuitives Essen sind sich sehr ähnlich, das achtsame Essen bezieht jedoch zusätzlich noch die nicht-wertende Wahrnehmung der physischen und emotionalen Vorgänge mit ein (Mathieu 2009).

Achtsames Essen beinhaltet, sich Zeit zu nehmen, um das Essen zu betrachten, es zu riechen, zu kauen und zu schmecken. Die Konzentration auf den gegenwärtigen Moment und die Erfahrung des Essens lassen sich so vollständig auskosten, anstatt schnell zu essen oder abgelenkt zu sein.

Durch achtsames Essen ist es möglich, bewusster mit körperlichen Signalen der Sättigung umzugehen. Dies kann dazu beitragen, ein „Überessen" und andere ungesunde Essgewohnheiten zu vermeiden. Zudem kann achtsames Essen dazu beitragen, eine tiefere Verbindung zum Umgang mit Lebensmitteln und deren Nährstoffen aufzubauen.

Insgesamt unterstützt achtsames Essen die Reduktion von Stress und Angst, die Konzentration auf das Essen und die Befreiung von Belastungen. Es kann ein wichtiger Bestandteil einer gesunden Ernährung und eines insgesamt gesunden Lebensstils sein.

Die folgende Schokoladen-Meditation ist ein Beispiel dafür, wie das intuitive Essen um die Komponente der Meditation erweitert werden kann. Diese Meditation trägt dazu bei, dem Essen und den eigenen Essgewohnheiten wieder achtsamer zu begegnen. Selbstverständlich lässt sie sich auch mit anderen Nahrungsmitteln als mit Schokolade durchführen – erlaubt ist, was schmeckt.

Übung: Während des Essens – Schokoladenmeditation M28

Sie brauchen für die Übung ein Stück Schokolade. Nehmen Sie sich etwa fünf Minuten Zeit und setzen Sie sich aufrecht, aber bequem, hin.

1. Schaffen Sie sich eine ruhige, ungestörte Atmosphäre. Stimmen Sie sich auf die Schokoladenmeditation ein und kommen zur Ruhe.
2. Bevor Sie das Stück Schokolade nehmen, fragen Sie sich: Wie groß ist meine Lust auf das Stück Schokolade? Bin ich gerade hungrig, esse ich aus Appetit?
3. Riechen Sie an der Schokolade. Was löst der Geruch bei Ihnen aus? Ist dies vielleicht Ihre Lieblingsschokoladensorte, und können Sie es kaum erwarten, den ersten Bissen zu schmecken? Riechen Sie bei jedem Bissen wieder an Ihrem Essen, bevor Sie es

in den Mund führen – dies kann helfen, nicht einfach unreflektiert etwas zu essen, auf das Sie eigentlich gar keine Lust haben.

4. Achten Sie auf das Mundgefühl: Merken Sie, wie die Schokolade im Mund schmilzt? Läuft Ihnen sprichwörtlich das Wasser im Mund zusammen? Was löst die Schokolade in Ihnen aus?
5. Achten Sie auf die unterschiedlichen Geschmacksnuancen: Welche nehmen Sie wahr? Ist Ihnen der Geschmack angenehm, oder ist die Schokolade zu süß oder zu bitter?
6. Fühlen Sie nach. Löst jeder Bissen Schokolade sofort den Wunsch nach einem weiteren Bissen aus? Können Sie jeden einzelnen Bissen genießen oder beginnen Sie, die Schokolade schnell zu essen?
7. Versuchen Sie gerne die Schokoladenmeditation mit unterschiedlichen Schokoladensorten und schärfen Sie Ihre Wahrnehmung weiter für den jeweiligen Geschmack, aber auch Ihre emotionale Reaktion auf unterschiedliche Geschmacksrichtungen. Die Schokoladenmeditation wird Ihnen mal leichter, mal schwerer gelingen, je nachdem, ob sie Ruhe finden, ungestört bleiben können, aber auch, ob sich zwischendurch Ungeduld bei Ihnen regt oder Sie doch der Heißhunger überfällt.

Übung: Nach dem Essen – eine Evaluation M29

Nehmen Sie sich nach dem Essen Zeit für eine kurze Evaluation – beispielsweise nach der Schokoladenmeditation, aber auch nach jedem anderen Essen. Üben Sie gerne erst einmal zu Hause und versuchen Sie es später im schulischen Kontext. Haben Sie beispielsweise gerade in der Schulmensa mit Kollegen oder Kolleginnen gegessen, können Sie sich kurz zurückziehen, um die folgende Übung auszuführen. Sie brauchen etwa zehn Minuten. Setzen Sie sich bequem hin, und finden Sie Ruhe (s. Atemübung S. 61).

1. Waren Sie zu Beginn des Essens eher ruhig und fokussiert, oder eher abgelenkt?
2. Wie groß war Ihre Lust auf Essen? Haben Sie aus Gewohnheit oder aus Hunger gegessen?
3. Haben Sie den Geruch des Essens bewusst wahrgenommen – hat der Geruch Sie angesprochen?
4. Hat Ihnen das Essen geschmeckt? Wenn ja, was macht für Sie den Wohlgeschmack aus?
5. Wie war das Essenstempo – konnten Sie von äußeren Gegebenheiten ungestört essen, haben Sie geschlungen oder konnten Sie sich Zeit nehmen? Oder war Ihr Essenstempo zu langsam?
6. Wie steht es um Ihr Sättigungsgefühl: Haben Sie zu viel gegessen oder zu wenig? War die Nahrungsmenge ausreichend, um ein angenehmes Sättigungsgefühl zu erreichen oder haben Sie das Gefühl, zu viel gegessen zu haben? Wie spüren Sie, ob Sie richtig gesättigt sind?
7. Fühlen Sie Unruhe, Völlegefühl, Sodbrennen oder ein Druckgefühl im Magen? Oder eher ein angenehm sattes Gefühl?
8. Wie fühlen Sie sich emotional, was macht Ihre Stimmung?
9. Denken Sie, es gibt einen Zusammenhang mit Ihrer jetzigen Stimmung und Ihrem Essenserlebnis? Welchen Einfluss haben die Menge und die Art des Essens auf Ihre Laune?

Mit solchen Übungen und der anschließenden Reflexion können Sie herausfinden, welches Essen Ihnen guttut. Diese Erkenntnis lässt sich in den Schulalltag integrieren und zu einem insgesamt besseren Erleben beitragen. Allein die Tatsache, sich Zeit für sich und ein bewusstes Essen zu nehmen hilft, resilienter zu werden und selbstfürsorglich tätig zu werden. Wiederholen Sie diese Übung, um auszuloten, wie Sie durch achtsames und bewusstes Essen zu Ihrem Wohlbefinden beitragen können.

Achtsames Essen: Nicht das *Was*, sondern das *Wie* ist entscheidend

Essen hat immer auch eine Genuss- und soziale Komponente. Das Sprichwort: „Zwischen Essen und Ernährung können Welten liegen" bringt es auf den Punkt und verweist dabei auf den Unterschied zwischen der bloßen Nahrungsaufnahme und dem sinnvollen Essen. Im Schulalltag gibt es einige Faktoren, die das ‚Wie' beim Essen negativ beeinflussen und die Sie unbedingt vermeiden sollten:

- Beim Essen wird das Smartphone bedient.
- Zeitdruck und Stress führen zu gehetztem Essverhalten oder es wird allgemein zu schnell gegessen.
- Es wird im Gehen oder Stehen gegessen.
- Unbewusst bestimmen Gefühle wie Einsamkeit, Frust oder Langeweile das Essverhalten.
- Hunger und Appetit werden miteinander verwechselt.
- Die Portionen sind zu groß.
- Häufig wird Fast-Food mit hoher Energiedichte verzehrt.
- Mahlzeiten werden nicht strukturiert geplant.
- Oft werden in kurzen Pausen (ungesunde) Snacks gegessen.
- Auch eine Mahlzeit, bei der es zu Streitigkeiten kommt, kann dafür sorgen, dass ein achtsames Essen nicht mehr möglich ist.

Wie lassen sich diese negativen Faktoren vermeiden?

Abb. 5.3: Achtsames Essen kann dazu beitragen, sich wohler zu fühlen, dem Essen wieder mehr Aufmerksamkeit zu schenken und es bewusst zu genießen.

Die folgende Übung will auf die Fallstricke im Alltag aufmerksam machen. Der erste Schritt ist die Benennung der Hindernisse und Hürden beim achtsamen Essen, um schließlich gezielt nach Lösungsmöglichkeiten suchen zu können.

Übung: Ernährungstagebuch M30

Schreiben Sie mindestens eine Woche ein Ernährungstagebuch – achten Sie hier auch besonders darauf, in welcher Situation Sie was gegessen haben.

Achten Sie auch darauf: Unterscheiden sich Ihre Essgewohnheiten am Wochenende stark von denen unter der Arbeitswoche? Essen Sie während der Arbeit oder eher mehr am Wochenende unreflektiert (ungesunde) Snacks? Wenn Sie Unterschiede bemerken, woran könnten diese liegen?

Frage	Mo	Di	Mi	Do	Fr	Sa	So
Was und wie viel habe ich gegessen?							
Was und wie viel habe ich getrunken?							
Wie lange habe ich gegessen?							
Warum habe ich gegessen?							
Wie habe ich mich dabei gefühlt?							
Mit wem habe ich gegessen, in welcher Situation?							
Gab es an dem Tag ein besonders (un)schönes Essenserlebnis? Warum?							

Beantworten Sie diese Fragen nach einer Woche:

- Zeichnen sich im Wochenrückblick für Sie Essgewohnheiten ab, die Sie stören, ggf. aus den oben genannten Fallstricken?
- Falls Ihnen störende Essgewohnheiten aufgefallen sind: Wie könnten Sie diese verändern?

Wie lang sollte eine Mittagspause sein – oder: Wie viel Zeit braucht achtsames Essen?

Die Frage nach der Länge der idealen Mittagspause beschäftigt nicht nur Lehrkräfte, sondern auch Schulverwaltungen.

Eine Studie des Bundesministeriums für Ernährung und Landwirtschaft (Arens-Azevedo/Hese 2016) hat gezeigt, dass eine Pause von mindestens 45 Minuten nur in 39 Prozent der Fälle eingehalten werden kann. In vielen Schulen kommt die Mittagspause jedoch zu kurz, was für viele Schüler:innen genauso wie für Lehrpersonen zu wenig Zeit zum Essen und Entspannen bedeutet.

In Deutschland gibt es bereits Schulen, die eine Mittagspause von 60 oder 90 Minuten anbieten (Arens-Azevedo/Hese 2016). Diese Schulen haben erkannt, dass eine ausreichende Mittagspause nicht nur die Gesundheit und das Wohlbefinden der Schüler:innen sowie der Lehrkräfte fördert, sondern auch zu einer verbesserten Konzentration beitragen kann.

Doch wie viel Zeit brauchen wir, um das Essen richtig aufzunehmen, zu genießen und zu verdauen – was muss passieren, damit wir mit dem Essen zufrieden sind und uns satt fühlen? Das beste Esstempo ist langsames Essen. Langsames Essen ist mit einem höheren Sättigungsgefühl verbunden als schnelles Essen – es werden auch weniger Kalorien benötigt, um sich satt zu fühlen (Shah u. a. 2014). Dies ist ein wichtiger Faktor bei der Gewichtskontrolle und kann dazu beitragen, das Risiko von Fettleibigkeit und damit verbundenen Krankheiten zu verringern.

Darüber hinaus wird langsames Essen mit einer verbesserten Verdauung und einem ausgeglicheneren – und damit gesünderen – Blutzuckerspiegel in Verbindung gebracht. Dies kann zu einer besseren Insulinsensitivität und einer geringeren Entzündungsreaktion im Körper beitragen.

Es gibt Hinweise darauf, dass langsames Essen das Bewusstsein für Lebensmittel verbessert und uns hilft, den Geschmack und die Textur von Speisen besser wahrzunehmen. Dies kann dazu führen, dass wir uns bewusster mit der Qualität unserer Nahrung und unseren Essgewohnheiten auseinandersetzen.

Die Deutsche Gesellschaft für Ernährung (DGE) empfiehlt eine Mittagspause in der Schule von mindestens 60 Minuten (Deutsche Gesellschaft für Ernährung 2022). In knapp einem Drittel der Schulen dauert die Mittagspause jedoch 30 Minuten oder weniger – eine deutlich zu kurze Zeitspanne, die zum hastigen Essen verleitet und einer bewussten Ernährung entgegensteht.

5.3 Ein Blick über den Tellerrand

„Lass deine Nahrung deine Medizin sein." Diese Empfehlung wird Hippokrates (ca. 460–370 v. Chr.) zugeschrieben. Sie belegt, dass Nahrung und Essen schon lange ein zentraler Punkt in der Medizin und im Leben der Menschen sind.

In verschiedenen Kulturen steht Ernährung seit jeher stärker im Mittelpunkt der Gesundheitspraxis als in Westeuropa. Wie genau die Ernährung zur Gesundheit beitragen kann, wird in den verschiedenen Medizinsystemen sehr unterschiedlich verstanden. So zeigt die Ernährungslehre der ayurvedischen Medizin unterschiedliche Wege auf, die Ernährung in den Alltag zu integrieren und auch die Wirkung der Nahrung auf den Körper zu definieren. Der Blick auf die unterschiedlichen Umgangsweisen mit Essen kann für eine neue Sichtweise sorgen und neugierig machen – eine Sichtweise, die helfen kann, die eigene Ernährungsweise zu reflektieren.

Der Blick über den Tellerrand kann Lust und Mut machen, eigene Gewohnheiten im Umgang mit Lebensmitteln zu verändern, wieder öfter zu kochen, sich intensiver mit Lebensmitteln zu beschäftigen und neue Genüsse zu entdecken. Ein spielerischer Blick trägt so dazu bei, den eigenen Ernährungsgewohnheiten aufmerksam und offen zu begegnen, Umstellungen achtsam vorzunehmen und ein gelasseneres Verhältnis zum Essen zu entwickeln. Die folgenden Hinweise sollen einen ersten Einblick in das Thema der ayurvedischen Ernährung geben. Diese Gesundheitspraxis kann zeigen, wie unterschiedlich (aber auch wie ähnlich) verschiedene Kulturen auf die Ernährung blicken und dass es vielfältige Betrachtungsweisen zum Thema gibt.

Ayurveda

Ayurveda, eine traditionelle indische Gesundheitspraxis, zielt darauf, Körper, Geist und Seele in Einklang zu bringen, um optimale Gesundheit und Wohlbefinden zu erreichen. Eine wichtige Komponente des Ayurveda ist die Ernährung. Sie basiert auf der Grundidee, dass Nahrungsmittel bestimmte Energie- und Heilungseigenschaften haben, die sich auf den Körper und das Wohlbefinden auswirken.

In der Ayurveda-Medizin und ihrer Ernährung stellen drei Konstitutionstypen, Doshas, die grundlegenden energetischen Kräfte dar, die den menschlichen Körper beeinflussen. Jedes Lebensmittel und jeder Mensch wird aufgrund seiner Eigenschaften in eine der drei Kategorien eingeteilt:

- Vata,
- Pitta oder
- Kapha.

Jeder Mensch hat eine individuelle Mischung der drei Doshas, die als Prakriti (Konstitution) bezeichnet wird. Die Ayurveda-Ernährung zielt darauf ab, das Gleichgewicht dieser Doshas im Körper zu erhalten beziehungsweise wiederherzustellen, um Gesundheit und Wohlbefinden zu stärken.

Die Ayurveda-Ernährung umfasst eine Vielzahl von Lebensmitteln einschließlich Obst, Gemüse, Vollkornprodukten, Hülsenfrüchten, Nüssen und Samen, Gewürzen und Kräutern. Die Ernährung betont ebenso wie die westliche Ernährungslehre die Bedeutung von frischen, saisonalen Lebensmitteln und einer angemessenen Vorbereitung und Zubereitung von Mahlzeiten.

Die Grundeigenschaften der einzelnen Doshas:

1. **Vata** ist verantwortlich für Bewegung, Aktivität und Veränderung im Körper. Es ist leicht, trocken, kalt, fein und beweglich. Wenn das Vata-Dosha aus dem Gleichgewicht geraten ist, kann es zu Verdauungsproblemen, Angstzuständen, Schlafstörungen, Müdigkeit und anderen Beschwerden kommen.
2. **Pitta** ist zuständig für Stoffwechsel und Umwandlung im Körper. Es ist heiß, würzig, leicht ölig, flüssig und sauer. Wenn das Pitta-Dosha aus dem Gleichgewicht gerät, kann dies zu Entzündungen, Verdauungsstörungen, Hautproblemen, Reizbarkeit und anderen Beschwerden führen.
3. **Kapha** ist verantwortlich für Stabilität, Struktur und Körpermasse im Körper. Es ist schwer, kalt, feucht, langsam und träge. Wenn das Kapha-Dosha im Ungleichgewicht ist, kann dies Übergewicht, Schleimansammlung, Stumpfheit, Depressionen und anderen Beschwerden hervorrufen.

Abb. 5.4: Die drei Konstitutionstypen, Doshas, der ayurvedischen Ernährungslehre: Vata, Pitta und Kapha

Im Ayurveda werden sechs Geschmacksrichtungen unterschieden – süß, sauer, salzig, scharf, bitter und herb – die jeweils eine andere Wirkung auf den Körper haben. Jede Geschmacksrichtung hat eine andere Wirkung auf die Doshas und sollte daher zur Förderung des Gleichgewichts der Doshas in der Ernährung berücksichtigt werden.

- *Süße Nahrungsmittel* wie Obst, Getreide und Milchprodukte wirken beruhigend und nährend im Körper. Sie tragen zur Beruhigung des Vata-Doshas bei und sind daher besonders von Bedeutung bei Menschen mit Neigung zu Nervosität, Unruhe und Schlaflosigkeit.
- *Sauer schmeckende Lebensmittel* wie Zitrusfrüchte, saure Beeren und Joghurt wirken körperreinigend und verdauungsfördernd. Sie helfen, das Pitta-Dosha auszugleichen und sind daher besonders geeignet für Menschen, die zu Entzündungen, Sodbrennen und Verdauungsproblemen neigen.
- *Salzige Lebensmittel* wie Meeresfrüchte, Sojasauce und Oliven haben eine feuchtigkeitsspendende Wirkung auf den Körper und können helfen, das Kapha-Dosha auszugleichen. Sie kommen besonders für Personen infrage, die dazu neigen, Schleim zu bilden, Wasser zu speichern und an Übergewicht zu leiden.
- *Scharfe Speisen* wie Ingwer, Knoblauch und Chili wirken anregend auf den Körper und können dazu beitragen, den Stoffwechsel anzuregen. Sie fördern den Ausgleich des Kapha-Doshas und sind besonders wichtig für Menschen mit einer Anfälligkeit für Trägheit, Schwerfälligkeit und Müdigkeit.
- *Bitterhaltige Nahrungsmittel* wie grünes Gemüse, Gewürzkräuter und Kurkuma sollen eine reinigende und entgiftende Wirkung auf den Körper haben. Sie helfen, das Pitta-Dosha auszugleichen und sind besonders bedeutsam für Menschen, die zu Entzündungen, Hautproblemen und Leberstörungen tendieren.
- *Bittere Lebensmittel* wie Kaffee, Tee und dunkle Schokolade haben eine belebende Wirkung auf den Körper und können das Immunsystem unterstützen. Sie haben einen ausgleichenden Effekt auf das Vata-Dosha und sind für diejenigen geeignet, die zu Nervosität, Angst und Erschöpfung neigen.

Für eine ausgewogene und gesunde Ernährung im Sinne des Ayurveda ist die Berücksichtigung aller sechs Geschmacksrichtungen in jeder Mahlzeit wichtig. Eine typische Mahlzeit könnte z. B. aus braunem Reis (süß), Gemüse (bitter), Hühnchen (scharf), Salat (sauer), einem Löffel Ghee (in der indischen Küche dem Butterschmalz ähnlich, bitter) und etwas Salz (salzig) bestehen.

Ayurveda legt großen Wert auf die Art und Weise, wie gegessen und verdaut wird. Es empfiehlt sich, in einer ruhigen Umgebung zu essen und sich Zeit für den Genuss des Essens zu nehmen. Es wird auch empfohlen, Nahrungsmittel zu wählen, die leicht verdaulich sind und die Verdauung fördern.

Übung: Ayurveda-Test M31
Die individuelle Konstitution wird in der Ayurveda-Ernährung anhand der drei Doshas eingeteilt. Dazu entsprechend werden Ernährungsempfehlungen gegeben, um ein Gleichgewicht zwischen ihnen zu erreichen.
Mischtypen der drei Doshas Vata, Kapha und Pitta sind durchaus möglich – bei vielen Menschen überwiegen nicht nur ein, sondern zwei Doshas.
Die Fragen nach der Konstitution lassen sich nach Körperbau und Verhalten unterteilen, die den Doshas zugeordnet werden können. Die Ernährung soll hier ausgleichend wirken.
Der Test kann natürlich nicht die genaue Diagnose und Beratung durch einen Arzt oder eine Ärztin ersetzen, aber er kann dazu anregen, über die eigene Konstitution nachzudenken.

	Vata	Pitta	Kapha
Körperbau	☐ schlank, feingliedrig	☐ mittelgroß, dynamisch	☐ kräftig, korpulent
Augen	☐ eher klein, feine Brauen	☐ mittelgroß, durchdringend	☐ groß, kräftige Brauen
Nägel	☐ schmal, rau, ggf. brüchig	☐ weich, rosig, oval	☐ breit, dick, fest
Haut	☐ trocken, rau	☐ warm, rosa	☐ ölig, blass, kalt
Reaktion	☐ spontan, unruhig	☐ rational, kritisch	☐ geduldig, gelassen
Geist	☐ künstlerisch, flexibel	☐ sportlich, kämpferisch	☐ friedvoll, ausgeglichen
Hungerempfinden	☐ unregelmäßig, eher wenig	☐ groß, benötigt regelmäßig Nahrung	☐ regelmäßig, dabei aber mäßig
Eigenarten	☐ wenig entscheidungsfreudig und leicht reizbar	☐ gute Beobachtungsgabe	☐ mag keine Veränderungen
Verhalten bei Stress	☐ ängstlich, schnell erschöpft	☐ schnell verärgert, impulsiv	☐ abwartend, besonnen
Schlafverhalten	☐ leichter, unterbrochener Schlaf	☐ kurzer, dafür tiefer Schlaf	☐ tiefer, langer Schlaf

5.4 Wege zur gesunden Ernährung in der Schule

Es ist im Alltag oft schwierig genug, im privaten Bereich auf gesunde Ernährung zu achten, wie kann das dann in der Schule gelingen? Bereits eingangs dieses Kapitels (Teil 1) wurde bei der Bestandsaufnahme deutlich, dass es bei gesunder Ernährung in der Schule nicht nur darum geht, welches Angebot die Schule eventuell bereitstellt, sondern vor allem darum, wie in der Schule überhaupt gegessen und welcher Wert der Ernährung im Schulleben und in der pädagogischen Arbeit gegeben wird. Während sich viele Debatten beim Schulessen ausschließlich auf die Qualität der Nahrung und das Nahrungsangebot fokussieren, halten wir es für wichtig, den Blick auch darauf zu richten, wie gegessen wird und wie Schule und alle Beteiligten mit der Nahrung umgehen.

Übung: Ess-Kultur in Ihrer Schule M32

In jeder Schule gibt es eine ganz eigene „Ess-Kultur". Wie Essen mehr oder weniger Aufmerksamkeit bekommt: Zum Teil gibt es liebevoll gestaltete Aufenthalts- und Pausenräume, die die Möglichkeit zum gemütlichen Essen geben, in anderen Schulen fehlen solche Rückzugsräume. Deutlich unterschiedlich ist auch die Offenheit von Schülern, Schülerinnen, Eltern und dem Kollegium gegenüber Themen wie die Nachhaltigkeit von Essen, aber auch Neugier gegenüber Rezepten aus verschiedenen Regionen der Welt oder noch eher unbekannten Ernährungslehren wie Ayurveda. Wie ist die Ess-Kultur an Ihrer Schule?

- ☐ Gibt es in Ihrer Schule einen Schulkiosk, ein Schulrestaurant oder Ähnliches?
- ☐ Werden hier immer wieder die gleichen Speisen angeboten oder gibt es Abwechslung? Gibt es ein Interesse unter den Schülern und Schülerinnen oder im Kollegium für ein buntes Angebot?
- ☐ Ist Essen etwas, für das jede:r selbst zuständig ist – oder gibt es gemeinsame Überlegungen zum Schulessen?
- ☐ Möchten Sie sich in der Schule stärker für eine größere Vielfalt an Essen einsetzen? Warum – oder warum nicht?

Kontroversen über Essen in der Schule

Es gibt viele weit verbreitete Mythen über Ernährung in der Schule. Ein Mythos ist, dass Snacks und Limonaden Energie geben: Oft wird zu süßen Snacks und Limonaden gegriffen, um die Energie aufrechtzuerhalten. So soll vermeintlich die Konzentration verbessert werden. Tatsächlich führt der Verzehr von zuckerhaltigen Lebensmitteln und Getränken zu einem kurzfristigen Energieschub. Danach sinkt der Blutzuckerspiegel schnell wieder ab. Zuckerhaltige Erfrischungsgetränke sind eine sehr einseitige Energiequelle, die Krankheiten wie Diabetes Typ II oder Übergewicht begünstigen (Vartanian u. a. 2007). In zuckerhaltigen Getränken ist oft überraschend viel Zucker versteckt: In Eistee stecken beispielsweise bis zu 7 Stückchen Würfelzucker in einem Glas – eine bessere Alternative stellt hier der selbst und frisch zubereitete Kräuter-Eistee mit frischer Zitrone dar.

Eine weitere Kontroverse gibt es zum Thema Frühstück in der Schule: Oft wird darauf verzichtet, um Zeit zu sparen oder weil einige Schüler:innen morgens noch keinen Appetit haben. Ist das gesundheitsfördernd? In der Tat ist das Frühstück eine wichtige Mahlzeit des Tages, da es den Körper mit Energie versorgt und die Konzentration und Aufmerksamkeit verbessert. Ein gesundes Frühstück wird auch mit einer besseren Kontrolle des Körpergewichts in Verbindung gebracht (López-Sobaler u. a. 2018, Pereira u. a. 2011).

Ein von Lernenden oft aufgegriffener Aspekt ist die Frage, ob Kaugummi die Konzentration im Unterricht fördert. Ausgelöst wird diese Frage durch die Publikation positiver Studien, in denen dem Kaugummikauen eine aufmerksamkeitsfördernde Wirkung sowie eine Unterstützung der Konzentrationsfähigkeit nachgesagt wird (Wilkinson u. a. 2002). Allerdings ließen sich diese Effekte, wenn überhaupt, oft nur in kleinen Studien mit wenigen Probanden und Probandinnen nachweisen, die positiven Effekte der Studien ließen sich in späteren Wiederholungen der Versuche oft nicht mehr nachweisen (Rost u.a. 2010). Die Berichterstattung über die Studien in Form von Materialien für Lernende und Lehrpersonen erschien dann oft zu einseitig und interessegeleitet, wie beispielsweise in der Schülerbroschüre „Kau dich schlau! Lernen rund um Kaugummi!" (Orth u. a. 2006), die von einem Kaugummiproduzenten herausgegeben wurde (Frankfurter Allgemeine Zeitung 5. Mai 2007).

Abb. 5.5: Trinken während des Unterrichts? Brauchen Schüler:innen in kürzeren Abständen als 45 Minuten Getränke?

Die ausreichende Versorgung mit Flüssigkeit dagegen ist wichtig für Konzentration und Wohlbefinden. Aber bedeutet das, dass es notwendig ist, auch während der Schulstunde zu trinken? Einerseits besteht die Notwendigkeit einer ausreichenden Flüssigkeitsversorgung, andererseits gibt es störende Effekte, wie das Zischen einer geöffneten Flasche Sprudel, die die Konzentration immer wieder unterbrechen kann. Richtig ist sicherlich, dass Schüler:innen prinzipiell in der Schule die Möglichkeit haben sollten, etwas zu trinken. Problematisch ist dagegen die Forderung, sie müssten *jederzeit* im Unterricht dazu die Möglichkeit haben. Es lässt sich jedoch nicht pauschal behaupten, dass dies zu einer Leistungssteigerung und Verbesserung des Wohlbefindens führen soll – entsprechende Forschungsergebnisse sind mit Vorsicht zu genießen, weil diese auf interessegeleiteten Studien beruhen, in denen beispielsweise Mineralwasser kostenlos zur Verfügung gestellt wurde (Brüser 2006, Simpson u. a. 2015).

Zutreffend ist sicherlich, dass eine unzureichende Flüssigkeitsaufnahme zu Dehydrierung und damit zu Symptomen wie Kopfschmerzen, Müdigkeit und Konzentrationsschwierigkeiten führen kann, während das Trinken von Wasser dazu beitragen kann, dass sowohl Erwachsene als auch Kinder wach und aufmerksam sind (Adan 2012, Edmonds 2017).

Gleichzeitig ist es jedoch wichtig zu betonen, dass die Schüler:innen ihr Trinkverhalten im Unterricht angemessen und respektvoll gestalten sollten, um Ablenkungen und Störungen zu vermeiden. In der Regel sollten sie vor Unterrichtsbeginn oder in den Pausen trinken und darauf achten, dass der Unterricht oder andere Schüler:innen durch das Trinken nicht gestört werden. Feste Trinkregeln können hier helfen, ständige Unterbrechungen durch Trinken oder Toilettengänge zu verhindern (Deutsche Gesellschaft für Ernährung 2021).

Es wäre wünschenswert, dass sowohl Schüler:innen als auch Lehrkräfte lernen, aufmerksam darauf zu achten, ob wirklich Durst besteht, um einen angemessenen Umgang mit dem Trinken zu erlernen. Denn der Griff zur mitgebrachten Trinkflasche dient manchmal auch dem Wunsch nach einer kleinen Auszeit oder Ablenkung. Hier wäre es besser, den Durst bewusst und damit genussvoller zu stillen und sich dafür im Rahmen einer kleinen Auszeit Zeit zu nehmen. Wichtig ist hierbei vor allem das bewusste Innehalten. Die folgende Übung kann zum achtsamen Trinken genutzt werden.

Achtsamkeitsübung: Bewusstes Trinken M33

Nehmen Sie sich ein paar Minuten Zeit. Werden Sie innerlich ruhig, um die folgende Übung bewusst und ohne Zeitnot durchführen zu können.

- Wählen Sie ein Getränk Ihrer Wahl, beispielsweise Wasser oder Tee.
- Nehmen Sie das Glas oder die Tasse in Ihre Hand. Spüren Sie das Gewicht und die Beschaffenheit des Gefäßes. Wie fühlt sich das Glas, die Tasse oder Trinkflasche in der Hand an? Nehmen Sie sich hierfür mindestens 30 Sekunden Zeit.
- Bringen Sie das Glas an die Nase und atmen Sie tief ein. Nehmen Sie den Geruch wahr: Riecht das Getränk-angenehm? Werden Sie sich Ihrer Emotionen bewusst.
- Nehmen Sie nun einen kleinen Schluck und halten Sie die Flüssigkeit im Mund. Wie fühlt sich die Temperatur, der Geschmack und die Textur der Flüssigkeit auf der Zunge im Mund an?

- Schlucken Sie die Flüssigkeit langsam hinunter und spüren Sie, wie sie den Rachen hinabfließt. Achten Sie darauf, wie sich Ihr Körper während des Schluckens anfühlt.
- Wiederholen Sie diesen Prozess mit jedem Schluck. Nehmen Sie jeden Schluck ganz bewusst wahr, ohne jedoch zu werten
- Reflektieren Sie, wie die Übung abgelaufen ist, wie Sie sich fühlen.

Wie gehen Schulen mit dem Schulessen um?

Wie lässt sich ein qualitativ hochwertiges Schulessen und ein bewusster Umgang der Nahrungsaufnahme erreichen, sodass Schüler:innen, aber auch Lehrkräfte die Ernährung wieder als wichtigen Bestandteil eines gesundheitsfördernden und somit Resilienz stärkenden Verhaltens wahrnehmen? Und wer ist dafür verantwortlich, was in der Schule „auf den Tisch kommt"?

Überwiegend ist bisher die Schulleitung alleiniger Ansprechpartner in Fragen der Schul-Verpflegung. Das Bundesministerium für Ernährung und Landwirtschaft empfiehlt aber die Einrichtung von Verpflegungsausschüssen: Hier sollen sich die Eltern, Schüler:innen, Lehrkräfte, die Küchenleitung und Schulleitung miteinander austauschen (Arens-Azevedo/Hese 2016). Dies kann helfen, das Ernährungsangebot zu verbessern und die Akzeptanz dafür zu erhöhen. Ermöglicht wird dadurch auch, sich als Lehrperson in der Mensa wohlzufühlen und sich selbstwirksam für die eigene Ernährung einzusetzen. Die Ernährung verstärkt als einen wichtigen Aspekt der Gesunderhaltung und Gesundheitsförderung in den Fokus zu rücken, kann die Resilienz stützen – die eigene und auch die von anderen. An einigen Schulen gibt es bereits solche Verpflegungsausschüsse, manchmal auch „Mensa-AG" oder Ähnliches genannt.

Das folgende Interview mit der Mittelstufenkoordinatorin der Deutschen Schule in Stockholm, Marie Holmström, beschreibt die Erfahrungen, die dort bereits seit 2010 mit einem Verpflegungsausschuss (schwedisch „Matråd") gemacht wurden.

Verpflegungsausschüsse in der Praxis – Wie man Essen zur gemeinsamen Sache macht

Wer sind die Mitglieder des Essensrates an Ihrer Schule, wer darf mitmachen?

In Vollbesetzung besteht der Essensrat aus 12 Personen. Er setzt sich zusammen aus Verwaltungsleiter:in, Verantwortlichen vom Essenslieferanten, der Küchenleitung, und jeweils Vertreter:innen aus der Elternschaft, aus dem Kollegium sowie Vertreter:innen der Schülerschaft. Dabei sind zwei der Schüler:innen aus der Grundschule und vier aus der Mittelstufe. Zu den Sitzungen (zwei- bis dreimal pro Halbjahr) selbst erscheinen meist 8 bis 10 Personen.

Wichtig zu wissen ist, dass die Kosten für die Schulmahlzeiten von der Schule übernommen werden und dass auch für Frühstück und Zwischenmahlzeit am Nachmittag gesorgt wird.

Was wird bei den Treffen des Essensrates entschieden?
Es werden unterschiedliche Ideen eingebracht und es wird darüber diskutiert, welche Gerichte beibehalten und welche ersetzt werden sollen. Manche Gerichte kommen besser, manche schlechter bei den Lernenden sowie bei den Mitarbeitenden an, und wir versuchen, den Speiseplan dementsprechend anzupassen. Darüber hinaus haben wir ‚Mottowochen' eingerichtet. So fanden an unserer Schule bereits eine Asiatische Woche und eine Italienische Woche statt. Auch der Zeitpunkt und die Ausgestaltung der vegetarischen Wochen wird hier besprochen.

Wie gehen Sie mit Beschwerden um?
Kritik am Essen und Probleme in den Abläufen in der Mensa werden von den jeweiligen Vertreter:innen angesprochen, gemeinsam wird überlegt, wie man Abhilfe schaffen kann. Die Schüler:innenvertreter sollen dann der Schüler:innenmitvertretung (SMV) und ihren jeweiligen Klassen zurückmelden, was der Essensrat beschlossen hat.

Wer kann Vorschläge fürs Essen machen?
Alle Mitglieder des Essensrates und über ihre Vertreter:innen, alle Mitglieder der Schulgemeinschaft. Diese Mitwirkungsmöglichkeit erhöht das Interesse der Schülerschaft am Schulessen.

Gibt es an Ihrer Schule einen festen Etat für das Schulessen?
Wie viel Geld für das Schulessen zur Verfügung steht, das steht für den Essensrat meist nicht bewusst im Vordergrund. Im Zentrum geht es hauptsächlich um unterschiedliche Ideen, wie man das Schulessen verbessern kann. Natürlich gibt es eine bestimmte Summe im Schulhaushalt, die dafür veranschlagt ist, und an die man sich letzten Endes halten muss.

Hat sich durch die Arbeit des Essensrates etwas in der Schule geändert?
Ich denke schon. Das Engagement der Schüler:innen schwankt etwas, aber wenn sie sich für etwas einsetzen, kann Vieles verändert werden. In den letzten Jahren sind z. B. ein vegetarischer Tag (Mittwoch) und die oben erwähnten Motto- und vegetarischen Wochen auf Initiative des Essensrates eingeführt worden. Hier hat es viele positive Rückmeldungen gegeben, die uns in unserer Arbeit weiter bestärken können.

Wie geht es Ihnen selbst damit, sich aktiv mit dem Schulessen auseinander zu setzen?
Ich halte das Schulessen für einen extrem wichtigen Teil des Schullebens und finde es sehr positiv, dass der demokratisch organisierte Essensrat hier Möglichkeiten der Mitgestaltung hat. Von mir aus könnte das Ganze noch einen größeren Stellenwert bekommen, da es rund um das Essen jede Menge Möglichkeiten zum Lernen zu den Themen Gesundheit, Umwelt und Verantwortung gibt.

Haben Sie Tipps, wie sich ein Essensrat am besten in der Schule umsetzen lässt?

Eigentlich ist es nicht schwierig, einen Essensrat einzurichten, zumindest wenn der Caterer bzw. das Küchenpersonal und die Schulleitung dafür offen sind. Dann braucht man nur die entsprechenden Vertreter:innen von Schüler:innen, Eltern und Personal.

Leichter ist es wahrscheinlich in Schulen, in denen alle gemeinsam essen, dann hat es eine größere Relevanz für alle. In Schweden ist es eine Empfehlung bzw. sogar Vorgabe der Lebensmittelbehörde (livsmedelsverket), dass es einen Essensrat geben soll, insofern existiert er auch an fast allen Schulen.

Ausblick: Nachhaltigkeit und Ernährung

Die Ernährung kann individuell zur Resilienz beitragen und bietet jeder Einzelperson die Möglichkeit, selbstwirksam für die eigene Gesundheit tätig zu werden und auch dem Genuss mehr Platz im Leben einzuräumen. Ernährung hat jedoch zusätzlich Auswirkungen nicht nur auf individueller, sondern auf globaler Ebene: Wie wir uns ernähren, kann zu einem nachhaltigen Lebensstil beitragen, der die Ressourcen der Erde schont – und somit nicht nur die Resilienz der/des Einzelnen stärkt, sondern auch die der Umwelt. Eine mögliche Art ist die sogenannte „Planetary Diet“, eine Ernährungsform der EAT-Lancet-Kommission (EAT Forum 2019), auf deren Basis bis zum Jahr 2050 die dann geschätzten fast 10 Milliarden Menschen nachhaltig und gesund ernährt werden können.

Das Konzept zielt nicht nur auf die Gesundheit der Menschen ab, sondern versucht, die Gesundheit unseres Planeten zu erhalten. Die Intention ist, eine ausgewogene Ernährung zu fördern, die den Bedürfnissen der Menschen entspricht und gleichzeitig die Umweltbelastung reduziert.

Die konventionelle Lebensmittelproduktion hat erhebliche Auswirkungen auf die Umwelt, wie Treibhausgasemissionen, Wasserverbrauch, Landnutzung und Verlust der Artenvielfalt. Die Planetary Diet versucht, diese Auswirkungen zu reduzieren, indem sie den Konsum von umweltbelastenden Lebensmitteln wie rotem Fleisch und Zucker senkt. Durch den vermehrten Verzehr von pflanzlichen Lebensmitteln kann eine Reduktion der Treibhausgasemissionen, eine Senkung des Wasserverbrauchs und eine Förderung der Biodiversität erreicht werden. Die Planetary Diet trägt somit zum Schutz der natürlichen Ressourcen und zur Bekämpfung des Klimawandels bei.

Die Umsetzung der Planetary Diet birgt jedoch einige Herausforderungen: Es bedarf einer breiten gesellschaftlichen Akzeptanz und Unterstützung, um die Ernährungsgewohnheiten zu ändern. Es ist entscheidend, die Bevölkerung über die Vorteile der Planetary Diet zu informieren und gleichzeitig den

Zugang zu gesunden und nachhaltigen Lebensmitteln zu ermöglichen. Um die Umstellung auf die Planetary Diet zu erleichtern, sind die Förderung der regionalen Landwirtschaft, nachhaltige Anbaumethoden und ein breites Angebot pflanzlicher Lebensmittel entscheidend.

Die Umsetzung der Planetary Diet erfordert hier sowohl persönliche, als auch gesellschaftliche und politische Anstrengungen: Gerade in Schulen, wo die Ernährung immer mehr zum Thema wird, bietet sich die Möglichkeit, für die eigene Gesundheit sowie für den Schutz der Umwelt einzutreten.

Dank

Dieses Kapitel entstand im Austausch mit **Anke Jacobs, M.A.**, Präventionsmedizinerin, Fachärztin für Allgemeinmedizin und Kulturwissenschaftlerin. Sie berät Unternehmen, Schulen und Institutionen zur ganzheitlichen Gesundheitsförderung und Prävention, und setzt Schwerpunkte in Mind-Body-Medizin, Ernährung und Bewegung.

Literatur

Adan, Ana (2012): Cognitive performance and dehydration. In: Journal of the American College of Nutrition. (31) H. 2, S. 71–78. doi:10.1080/07315724.2012.10720011.

Arens-Azevedo, Ulrike/Hese, Inga (2016): Verpflegung in Schulen – Ergebnisse einer bundesweiten Studie. Hamburg: Bundesministerium für Ernährung und Landwirtschaft (BMEL). URL: https://www.nqz.de/fileadmin/nqz/publikationsdateien/INFORM_Monitor_Verpflegung_Schule.pdf

Brüser, Elke (2006): Der eingetrichterte Durst. In: Süddeutsche Zeitung v. 5.4.2006.

Camilleri, Géraldine M./Méjean, Caroline/Bellisle, France/Andreeva, Valentina A./Kesse-Guyot, Emmanuelle/Hercberg, Serge u.a. (2016): Intuitive eating is inversely associated with body weight status in the general population-based NutriNet-Santé study. In: Obesity. (24) H. 5, S. 1154–1161). doi:10.1002/oby.21440.

Deutsche Gesellschaft für Ernährung e. V. (2021): Trinken in der Schule – optimales Trinkverhalten in der Schule fördern. Bonn. URL: https://www.schuleplusessen.de/fileadmin/user_upload/medien/Trinken_in_der_Schule.pdf

Deutsche Gesellschaft für Ernährung e. V. (2022): DGE-Qualitätsstandards für die Verpflegung in Schulen. Bonn. URL: https://www.dge.de/gemeinschaftsgastronomie/mensen/

Diers, Andrea/Becker, Ulrike (2020): Essen nach dem Bauchgefühl. In: UGBforum. (4) (2020). URL https://www.ugb.de/ugb-medien/einzelhefte/vitamine-kleine-dosis-grosse-wirkung/intuitive-ernaehrung-essen-nach-dem-bauchgefuehl/druckansicht.pdf

van Dyke, Nina/Drinkwater, Eric J. (2014): Relationships between intuitive eating and health indicators: Literature review. In: Public Health Nutrition. (17), H. 8, S. 1757–1766, doi: 10.1017/S1368980013002139.

EAT Forum (2019): The EAT-Lancet Commission on Food, Planet, Health. In: Eat. URL: https://eatforum.org/eat-lancet-commission/

Edmonds, Caroline J./Crosbie, Laura/Fatima, Fareeha/Hussain, Maryam/Jacob, Nicole/Gardner, Mark (2017): Dose-response effects of water supplementation, S. 108–464. doi:10.1016/j.appet.2016.11.011.

Köhler, Annika/Karlin, Tanja/Fischer, Michaela/Kayn-Scherneck, Gudrun/Eitel, Katrin/März, Theresa (2019): Leitfaden Hülsenfrüchte in Kita und Schule. Esslingen: Sektion Baden-Württemberg der Deutschen Gesellschaft für Ernährung e. V. (DGE-BW). URL: https://www.dge-bw.de/files/dge-bw/uploads-files/PDFs-Medien/VNS_7%20Leitfaden%20Huelsenfruechte%20in%20Kita%20und%20Schule.pdf

López-Sobaler, Ana M./Cuadrado-Soto, Esther/Peral-Suárez, África/Aparicio, Aránzazu/Ortega, Rosa M. (2018): Importance of breakfast in the nutritional and health improvement of the population. In: Nutricion Hospitalaria. H. 7; 35(Spec No6), S. 3–6. doi:10.20960/NH.2278

Mathieu, Jennifer (2009): What Should You Know about Mindful and Intuitive Eating?. In: Journal of the American Dietetic Association. (109) H. 12, S. 1982–1987, doi:10.1016/j.jada.2009.10.023

Orth, Silke/Poche, Dorothee/Pett, Inge/Schierl, Wolfgang (2006): Kau Dich schlau. Lernen rund um Kaugummi. Fachübergreifende Unterrichtsmappe für die Sekundarstufe I. Neuried.

Outland, Lauren (2010): Intuitive eating: A holistic approach to weight control. In: Holistic Nursing Practice. (24) H. 1, S. 35–43. doi:10.1097/HNP.0b013e3181c8e560

Pereira, Mark A./Erickson, Elizabeth/McKee, Patricia/Schrankler, Karilyn/Raatz, Susan K./ Lytle, Leslie A. u. a. (2011): Breakfast frequency and quality may affect glycemia and appetite in adults and children. In: Journal of Nutrition. (141), H. 1, S. 163–168 doi:10.3945/jn.109.114405

Rees, Karen/Takeda, Andrea/Martin, Nicole/Ellis, Leila/Wijesekara, Dilini/Vepa, Abhinav u.a. (2020): Mediterranean-Style Diet for the Primary and Secondary Prevention of Cardiovascular Disease. In: Cochrane Database Systematic Review (13), H. 3.

Rost, Detlef H./Wirthwein, Linda/Frey, Kristina/Becker, Elvira (2010): Steigert Kaugummikauen das kognitive Leistungsvermögen?. In: Zeitschrift für Pädagogische Psychologie. (24), H. 1, S. 39–39. doi:10.1024/1010-0652.a000003

Shah, Meena/Copeland, Jennifer/Dart, Lyn/Adams-Huet; Beverley/James, Ashlei/Rhea, Debbie (2014): Slower eating speed lowers energy intake in normal-weight but not overweight/obese subjects. In: Journal of the Academy of Nutrition and Dietetics. (114) H. 3 (2014), S. 393–402. doi:10.1016/j.jand.2013.11.002

Simpson, Faith/Dohnke, Birte/Fuchs, Tanja/Lührmann, Petra (2015): Trinkverhalten von Kindern und Jugendlichen – Chancen für die Gesundheitsförderung im Setting Schule. In: sportunterricht. (64) H. 6, S. 173–177.

Smollich, Martin (2022): Das große Praxisbuch der Ernährungsmedizin. (2. Aufl.). München.

Tribole, Evelyn/Resch, Elyse (2020): Intuitive eating: A revolutionary anti-diet approach. New York.

Vartanian, Lenny R./Schwartz, Marlene B./Brownell, Kelly D. (2007): Effects of soft drink consumption on nutrition and health: A systematic review and meta-analysis. In: American Journal of Public Health (97), H. 4, S. 667–675

Whitehead, Anne/Beck, Eleanor J./Tosh, Susan/Wolever, Thomas M. S. (2014): Cholesterol-lowering effects of oat β-glucan: A meta-analysis of randomized controlled trials. In: American Journal of Clinical Nutrition. (100) H. 6, S. 1413–1421. doi:10.3945/ajcn.114.086108

Wilkinson, Lucy/Scholey, Andrew/Wesnes, Keith (2002): Chewing gum selectively improves aspects of memory in healthy volunteers. In: Appetite. (38) H. 3, S. 235–236, doi:10.1006/appe.2002.0473

Zeevi, David/Korem, Tal/Zmora, Niv/Israeli, David/Rothschild, Daphna/Weinberger, Adina u.a. (2015): Personalized Nutrition by Prediction of Glycemic Responses. In: Cell. (163) H. 5, S. 1079–1094. doi:10.1016/j.cell.2015.11.001

Zhong, Victor W./van Horn, Linda/Cornelis, Marilyn C./Wilkins, John T./Ning, Hongyan; Carnethon, Mercedes R. u. a. (2019): Associations of Dietary Cholesterol or Egg Consumption with Incident Cardiovascular Disease and Mortality. In: Journal of the American Medical Association. (321) H. 11, S. 1081–1095. doi:10.1001/jama.2019.1572

6 Gemeinsam für Selbsthilfe und Demokratie

Nils Altner und Susanne Dannhorn

Abb. 6.1: Gemeinsames Handeln

Resilienz und ihre Förderung in der Schule ist nicht bloß eine Sache der einzelnen Lehrperson mit dem Ziel, gut für sich selbst zu sorgen. Ebenso wichtig ist eine zwischenmenschliche, kollegiale und bildungsbezogene Perspektive von Resilienz:

- Wie können Beziehungen in Bildungs- und Entwicklungsprozessen in der Schule – auch gemeinsam – partizipativ, diversitätsfreundlich und demokratisch gestaltet und begleitet werden?
- Wie kann es im Alltag gelingen, eine Schul- und Bildungskultur zu gestalten, die auf Achtsamkeit beruht und demokratische Werte und Handeln stärkt?

Neben Leistungs- und Bildungsrückständen hat die Corona-Krise u. a. durch Unterrichtsausfall und Distanz-Unterricht auch Rückstände in der sozialen und emotionalen Entwicklung vieler Schüler:innen verursacht (Aknin/Andretti u. a. 2022). Die Schere zwischen leistungsstarken und leistungsschwachen Lernenden, die ohnehin in vielen Klassen weit auseinanderklafft, ist noch größer geworden. Diese Lernrückstände und die oft auch im Zusammenhang damit auftretenden Auffälligkeiten oder Entwicklungsverzögerungen der emotionalen und sozialen Entwicklung sind für Lehrkräfte herausfordernd. Zum Teil haben Kinder und Jugendliche Schwierigkeiten, Kontakt zu Mitschülerinnen und Mitschülern aufzubauen, und sind nicht mehr gewohnt, ihre eigenen Bedürfnisse und Wünsche wahrzunehmen. Andere Kinder und Jugendliche haben durch die vereinzelnden Erfahrungen während der Corona-Zeit das Gefühl für die soziale Interaktion in Gruppen verloren. Diese psychischen und sozialen Folgen der Epidemie machen es Lehrkräften schwer, den Lernenden die Kompetenzen und Bildung zu vermitteln, die Lehrpläne eigentlich vorschreiben.

Krisen wie die Corona-Epidemie haben in den letzten Jahren verschiedene Schwachstellen im Schul- und Bildungssystem aufgezeigt und Mängel deutlich gemacht. Aber sie haben auch zu Einsichten und Erkenntnissen geführt:

Schule soll nicht einfach nur ein Lernort zur Aufnahme von Wissen sein, sondern muss eine Welt sein, in der junge Menschen und ihre Lehrkräfte miteinander leben und arbeiten können, in der Empathie, Konflikt- und Teamfähigkeit entwickelt werden darf. Nur Schulen, in denen es möglich ist und gelingt, Kindern und Jugendlichen wirklich Beachtung zu schenken, können ihren Erziehungs- und Bildungsauftrag leisten. Dort können bedeutsame und nährende Beziehungen aufgebaut und gefördert und Beziehungsfähigkeit, Fürsorge und Verantwortung mit Blick auf eine demokratische Gestaltung der Gesellschaft kultiviert werden:

- Wie kann dies praktisch erfolgen?
- Was können Lehrkräfte und Schule konkret tun, um Empathie, Mitgefühl sowie souveräne und gleichwürdige Beziehungen wachsen zu lassen?
- Und wie kann es gelingen, Herausforderungen nach der Corona-Krise resilient gegenüberzutreten, sich nicht entmutigen zu lassen von allen Rückschlägen?

Dieses Kapitel gibt Anregungen, wie dies durch das Ermöglichen achtsamer Momente in der Schule erreicht werden kann.

Die Fähigkeit, mit Herausforderungen resilient umzugehen und sie erfolgreich zu bewältigen, ist für Lehrkräfte und ihre Schüler:innen von grundlegender Bedeutung. Sie ist essenziell für die Bewältigung schulischer Aufgaben und die Bewältigung individueller, sozialer, ökologischer und kultureller Lebensaufgaben. Schulen bieten einen Raum, in dem Lehrende und Lernende gemeinsam Entwicklungsschritte ausprobieren und lernen können. Sie werden damit zu Lehr- und Lernräumen, in denen umfassendes und lebendiges Lernen stattfindet.

Grundvoraussetzung, um mit anderen zu arbeiten und zu lernen, sind die Fähigkeiten der achtsamen Selbst- und Fremd-Wahrnehmung, aus denen Selbstfürsorge und ein fürsorgliches Miteinander erwachsen können. Das umfasst die Selbstreflexion, die Wahrnehmung und Berücksichtigung der eigenen Grenzen und Bedürfnisse sowie den Umgang mit Stress und Belastungen. Indem Lehrkräfte und Schüler:innen lernen, auf sich selbst und ihre Bedürfnisse zu achten, können sie ihre Resilienz stärken und sich dann auch besser in die Klassengemeinschaft einbringen. In der Schule können sie diese Selbstfürsorge kontinuierlich einüben und praktizieren. Durch die bewusste Kultivierung der fünf Finger der

Abb. 6.2: Gemeinsam Puzzleteile der Resilienz zusammensetzen

Resilienz (Bewegung, Atmung, Regeneration, Ernährung und Selbsthilfe) können die eigene Resilienz gefördert und ein positives Lernumfeld aufgebaut werden. Die Integration dieser Aspekte in den Lehr- und Lernprozess begünstigt persönliches Wachstum und die Entwicklung von Kompetenzen, die über die Schulzeit hinaus von Bedeutung sind.

Bei der Integration der fünf Finger der Resilienz geht es im Kern darum, Lehrpersonen sowie Schüler:innen zu befähigen, Entscheidungen zu treffen, die das eigene Wohlbefinden fördern und vor potenziell schädlichen Einflüssen schützen. Dazu gehören u. a.

- die Entscheidungsfähigkeit für positive Lebens- und Konsumweisen und gegen problematische Konsumanreize, die süchtig und krank machen können,
- der verantwortliche Umgang mit ungesunden Lebensmitteln und bewusstseinsverändernden Substanzen,
- der bewusste Umgang mit virtuellen Welten,
- die Vermeidung eines gesundheitsschädigenden Lebensstils (z. B. viel sitzen), der den Körper belastet und zu wenig Bewegung ermöglicht.

Durch die Entwicklung von Selbstfürsorge, verbunden mit der Stärkung der eigenen Entscheidungsfähigkeit, können destruktive Verhaltensweisen vermieden werden. Dabei geht es um eine erzieherische Praxis der Selbstbildung (Hadot 1995, S. 207). Der Resilienzansatz, der auf Achtsamkeit und (Selbst-)Mitgefühl basiert, knüpft damit an zentrale Forderungen abendländischer Philosophie und Bildung an: „Erkenne dich selbst!“ und „Nichts im Übermaß!“. Angesichts der Konsumangebote, die zur Außenorientierung drängen, ist es umso wichtiger, dass Schüler:innen ein Wissen und auch ein Bewusstsein dafür entwickeln können, was ihnen guttut und was ihnen nutzt. Durch das Üben reflektierter Selbstwahrnehmung kann eine innere Ausrichtung auf das Wesentliche entwickelt werden, um die Resilienz zu stärken und authentisch für sich selbst zu sorgen.

Das aufklärerische Ziel zur Nutzung des Verstandes im Dienst des Gemeinwohls sollte aber nicht bloß auf das rationale Denken bezogen werden, sondern auch auf Herzensbildung und Handlungsfähigkeit, als „das gemeinsame Prinzip, das Komplexität, Schönheit und sinnvolle Ordnung anstelle von Chaos entstehen lässt“ (McGilchrist 2021, Bd. 2, S. 1490). *Resilienz in der Schule* darf deshalb darauf zielen, Potenziale zu entfalten

- für die Entwicklung von Kopf, Herz und Hand,
- für die Förderung von gebildeten, kohärenten und schöpferischen Persönlichkeiten,
- dafür, die eigenen Lebensereignisse zu verstehen und Sinn zu finden und
- um bewusst das Leben im Dienst des Gemeinwohls mitzugestalten.

Selbstreflexionsideen für den Alltag (1) M34

Wirklich, wirklich wichtig!

Frage ich mich von Zeit zu Zeit, was mir wirklich, wirklich wichtig ist? Wie sehr lasse ich diese Aspekte mein Leben und meine Arbeit bestimmen?

Selbstfürsorge

Mich interessiert, wie ich herausfordernde Situationen meistere, wenn ich zuvor ganz bewusst gut für mich gesorgt habe, z. B. mit gutem Schlaf, köstlichem Essen, Liebe, Muße, Wärme, Bewegung ...

Vom Ego zu Öko

Mit Neugier und Interesse frage ich mich manchmal nach einem gespürten Atemzug, ob meine Ziele nur meinen persönlichen Interessen dienen oder auch dem Erhalt des großen Ganzen. Was heißt das für mich?

Wie entscheiden?

Wenn ich das nächste Mal eine Entscheidung treffe, die auch meine Kolleg:innen und Lernende betrifft, frage ich mich, ob ich sie wirklich ausreichend dazu gefragt, gehört und beachtet habe.

Gemeinwohl

Ich habe Lust, mich in Entscheidungssituationen zu fragen, wie und womit ich und die anderen Beteiligten gemeinsam heute zum Wohle aller und zum Schutz der lebendigen Mitwelt beitragen können.

6.1 Schritt 1: Selbst aktiv für ein achtsames Miteinander werden

Den Aspekt der liebevollen Selbstfürsorge rückten Kristin Neff und Christopher Germer in den Fokus, als sie das in vielen Religionen verankerte Konzept der Selbstfürsorge psychologisch erforschten und das Mindful Self Compassion-Programm (MSC) entwickelten. Die zentrale Frage *„Was brauche ich?“* zieht sich durch alle Übungen des Programms. Aspekte wie Selbstkritik und Widerstand oder auch der Umgang mit schwierigen Gefühlen werden beleuchtet. Durch achtsame, selbstmitfühlende Übungen (z. B. die beruhigende Berührung, die Selbstmitgefühlspause oder Sätze der liebevollen Güte) werden Wege aufgezeigt, sich den eigenen Emotionen zuzuwenden, sie anzunehmen und nicht von ihnen überrollt zu werden.

Menschen mit liebevoller Selbstfürsorge erkennen an, dass es unvermeidlich ist, unvollkommen zu sein, zu scheitern und Schwierigkeiten im Leben zu erleben. Deshalb neigen sie dazu, sanft mit sich selbst umzugehen, wenn sie mit schmerzhaften Erfahrungen konfrontiert werden, anstatt wütend zu werden, wenn das Leben hinter den gesetzten Idealen zurückbleibt.

Abb. 6.3: Freundliche Berührung

Lehrkräfte tun sich traditionell schwer mit „liebevoller Selbstfürsorge“, denn sie sind häufig durch ihre Ausbildung auf ständiges Hinterfragen und Infragestellen der eigenen Arbeit sozialisiert, Selbstkritik spielt bei ihnen oft eine zentrale Rolle. Äußere Rahmenbedingungen lassen sie dann weiter an ihrer Arbeit und ihrem Arbeitserfolg zweifeln. So führen beispielsweise die nicht klar definierten Arbeitszeiten dazu, immer wieder daran zu zweifeln, ob man wirklich genug getan hat und es nicht noch besser hätte machen können. Je herausfordernder die Aufgaben, umso intensiver wird die Selbstkritik. Der Wunsch, die Selbstkritik zum Verstummen zu bringen, führt dann meistens zu einer Erhöhung des Arbeitspensums, Warnzeichen des eigenen Körpers werden überhört. Dadurch verursachte Erschöpfungszustände reduzieren dann die Selbstwahrnehmung noch weiter. Nicht selten endet diese sich selbst verstärkende Spirale im Burn-out.

In einer Studie zeigten Nils Altner und Bettina Adler (2022), dass das an den Kliniken Essen-Mitte entwickelte GAMMA-Programm zur Stärkung von Achtsamkeit und (Selbst-)Mitgefühl Lehrkräfte dazu befähigen kann, ihre eigenen Gefühle konstruktiv und freundlich wahrzunehmen, sie zu regulieren, ohne sie zu unterdrücken. Durch dieses Programm von viermal anderthalb Tagen empfanden Teilnehmer:innen eine deutliche Reduzierung ihrer Stressbelastung.

Die Pflege einer Achtsamkeitspraxis, die Selbstmitgefühl in das Zentrum rückt, stellt eine gezielte Intervention dar, um der Gefahr eines Burn-outs, von dem Lehrkräfte im Vergleich zu anderen Berufsgruppen überdurchschnittlich oft betroffen sind, präventiv zu begegnen. Je früher sie beginnt, desto positiver ihre Auswirkung, wie Forschungsergebnisse belegen können (Akpan/Saunders 2017, Moè/Katz 2020, Postareff/Lahdenperä u. a. 2021).

Die Praxis achtsamer und selbstmitfühlender Geistesgegenwart befähigt Übende, Gefühle und innere Handlungsimpulse freundlich und genau wahrzunehmen und dann eine kleine Weile zu pausieren, bevor diese in Handlungen umgesetzt werden. Das Spüren und Kennenlernen der eigenen emotionalen Gestimmtheit in diesem kleinen Zwischenraum zwischen Reiz, Bewertung und Reaktion fördert Fähigkeiten, sich sogar während emotional geladener Interaktionen zu spüren und dann den beinahe immer gestaltbaren Spielraum zwischen Reiz und Reaktion wahrnehmen und nutzen zu können.

Selbstreflexionsideen für den Alltag (2) M35

In anderen Schuhen

Ich habe Lust, mir in Auseinandersetzungen vorzustellen, wie die Situation sich für die andere(n) Person(en) anfühlt und darstellt. Was unterstützt mich dabei?

Empfindungen statt Forderungen

Mich interessiert, was geschieht, wenn ich in Situationen, die ich gern anders hätte, anstatt Forderungen zu stellen oder Vorschläge zu machen, erstmal nur meine Körperempfindungen in Worte fasse und vielleicht auch mitteile.

Statt Angriff – Bitte

Spannend ist, mal zu schauen, was passiert, wenn ich statt in Konflikten anzugreifen, mich erst frage, was ich brauche, und dann freundlich darum bitte.

Wirklich?

? Wenn ich in einer Diskussion der Meinung bin, Recht zu haben, experimentiere ich damit, mich zu fragen, ob ich wirklich weiß und sicher wissen kann, was ich meine zu wissen.

Abb. 6.4: Bewusst Entscheidungen treffen

Deborah Schussler u. a. (2015, S. 139) weisen darauf hin, dass durch die Ausübung einer selbstbestimmt geistesgegenwärtigen Haltung sowohl Kommunikationsprozesse zielführender und weniger belastend verlaufen als auch langfristig sich verstärkende Burn-out fördernde Entwicklungen aufgehalten werden können. So kann beispielsweise mithilfe solcher Übungen Tendenzen zur „Depersonalisierung“ entgegengewirkt bzw. verhindert werden, dass die zunehmende (Arbeits-)Belastung einer Person große Schwierigkeiten bereitet, zugewandt, einfühlend, humorvoll, persönlich, gelassen und fürsorglich kommunizieren und handeln zu können.

Selbstreflexionsideen für den Alltag (3) M36

Wer bist du?

Ich nehme meinen Mut zusammen und versuche (vorsichtig!), Menschen, mit denen ich es schwer habe, kennenzulernen. Womit erleichtere ich ihnen und mir das?

Wirklich ich oder eher du?

Ich habe Lust, damit zu experimentieren, mir vorzustellen, dass Beschwerden und Kritik gar nicht mich als Person meinen oder treffen wollen, sondern einfach (manchmal auch unbeholfene?) Selbstmitteilungen meines Gegenübers sind.

Gemeinsam entscheiden?

Ich habe Lust, auch die Ideen und Meinungen der Anderen anzuhören, um Entscheidungen, die alle interessiert oder betrifft, möglichst im Sinne aller treffen zu können.

aufmerksam Raum geben

Wenn jemand spricht und ich einen Impuls habe, meine Ideen einzubringen, versuche ich, diese Person ausreden zu lassen und ihr dabei wirklich zuzuhören, ohne schon innerlich meine Gedanken zu formulieren.

Raum nehmen

In Gesprächen nutze ich Raum und Gelegenheit, um meine Gedanken und Ideen so einzubringen, dass sie von den anderen gehört und verstanden werden können.

Selbstreflexion, die sich bewusst auf die eigene Person auch mit ihren z. T. widerstreitenden, aggressiven und unsympathischen Anteilen richtet, ermöglicht es Lehrkräften sowie Schülerinnen und Schülern, sich von negativen und einschränkenden Zuschreibungen und Selbstdefinitionen zu lösen, sich besser selbst zu (er-)kennen und auch schwierige Interaktionsprozesse mitzugestalten. Anstatt nur „die anderen", „die Verhältnisse" oder „das System" als verantwortlich am eigenen Leiden zu beschuldigen, können Lehrende und Lernende durch eine gelebte mitfühlende Achtsamkeitspraxis zu Akteur:innen und Co-Gestalter:innen ihres Miteinanders und ihrer Kultur werden.

6.2 Schritt 2: An bestehende Strukturen in der Schule anknüpfen

Nachdem beim ersten Schritt erläutert wurde, wie die einzelne Lehrperson für sich selbst eine Achtsamkeitspraxis entwickeln kann, geht es beim nächsten Schritt darum, wie sich eine achtsame Kultur des Miteinanders in der Schu-

Abb. 6.5: Nur gemeinsam lässt sich das Miteinander gestalten

le auf- und ausbauen lässt. Erfahrungen zeigen, dass es dafür im Kollegium oft den Impuls von wenigstens drei bis vier engagierten Lehrpersonen braucht. Durch ihre Praxis achtsamer Präsenz, (selbst-)mitfühlender Geistesgegenwart und die gemeinsame Gestaltung eines gleichwürdigen, pro-demokratischen Miteinanders können Kolleginnen und Kollegen sichtbar machen, wie resilienzstärkende, wertschätzende Beziehungen und eine demokratische Kultur entstehen können. Hier geht es nicht um ein Überzeugen oder Missionieren, sondern um ein Angebot durch Verkörpern, Zeigen, Spür- und Sichtbar-Machen. Gegenüber solchen Angeboten besteht in Kollegien zuweilen große Skepsis, manchmal aber auch unkritische Euphorie.

Zu einer achtsamen Praxis gehört, dass dieses Zeigen oder die Einführung einer Achtsamkeitspraxis im Unterricht vorab im Kollegium verankert werden muss. Findet das nicht statt, sind die Chancen gering, dass Impulse übernommen werden – und die Gefahr ist groß, dass sich das Kollegium überwältigt fühlt. Drei Stufen der Verankerung können hier gewählt werden:

- **Toleranz/Pluralismus:** Das Kollegium nimmt hin, dass einige Mitglieder eine Achtsamkeitspraxis ausprobieren – unter der Voraussetzung, dass dadurch die grundlegenden Vereinbarungen zur pädagogischen Arbeit eingehalten werden (Schulprogramm, pädagogisches Konzept).
- **Akzeptanz:** Das Kollegium ist einverstanden, dass Konzepte einer Achtsamkeitspraxis erprobt werden, erkennt damit auch den grundlegenden Ansatz an und ist bereit, positive Erfahrungen in die eigene Arbeit zu übernehmen.
- **Konsens:** Nach Vorstellung und Übung von Achtsamkeitspraxis ist sich das Kollegium einig, dass Achtsamkeitspraxis im Unterricht (von einigen Lehrkräften) eingeführt bzw. erprobt werden sollte.

Dass ein Kollegium (zumindest) einverstanden ist, Achtsamkeitspraxis zu erproben, löst aber noch nicht die Frage, wie dafür Zeit und Raum geschaffen werden kann. Am einfachsten und unaufwändigsten ist eine Integration von Elementen der Achtsamkeitspraxis in den regulären Schulalltag, bzw. eine Anknüpfung an bereits Vorhandenes, beispielsweise an Strukturelemente und Rituale im Unterricht. Die folgenden vorgestellten Übungen bzw. Experimente bieten sich als solche in den bisherigen Alltag integrierbare Rituale an.

Im Unterricht kann mit kleinen Elementen der Achtsamkeitspraxis begonnen werden, die sich durch die tägliche Wiederholung zu Ritualen entwickeln und allmählich ihre Wirksamkeit entfalten. Wichtig ist dabei, mit den Lernenden gemeinsam altersangemessene Formate und Sprache zu finden: So kann beispielsweise der Unterricht in der Grundschule jeden Morgen mit dem Lauschen auf einen Klang (Klangschale) beginnen – *„so lange, bis wir ihn nicht mehr hören – dann heben wir die Hand“*. Diese gemeinsame Zeit der Stille kann dann sukzessive ausgedehnt werden, angeleitet durch kleine Impulse, die sich zunächst auf die sinnenfokussierte Wahrnehmung des Außen beziehen:

Selbstreflexionsideen für den Alltag (4) M37

Hören – sehen – fühlen

Hören: Was hörst du alles, wenn es ganz leise wird?

Sehen: Wenn jedes Augenzwinkern einen Schnappschuss von etwas Schönem im Klassenraum machen könnte? Wie viele Schnappschüsse würdest du machen? Was entdeckst du, nur von deinem Platz aus?

Fühlen: Was spürst du, wenn du mit geschlossenen Augen deine Hand erkundest? Wo ist es rau, weich, warm etc.?

Atmen

Atem-Anker: Die gezielte Wahrnehmung des Atems, der mit zunehmender Erfahrung als Anker dient, den man auch in stressigen Zeiten auswerfen kann und der einem im Hier und Jetzt hält, kann ein Schritt sein, den eigenen Körper zu spüren. Spielerisch kann auch diese Erforschung im Unterricht erfolgen: „Wo spürst du deinen Atem besonders gut? Magst du eine Hand auf diese Stelle legen? Das kann der Bauch sein, der sich mit jedem Einatmen weitet oder der Brustkorb, der sich bei jedem Atemzug hebt und senkt. Oder vielleicht ist es bei dir die Stelle unter deiner Nase, wo du den Atem als leichten Windhauch spürst?“ (s. Kapitel 3: Resilienter durch achtsame Atmung).

Hieran anknüpfend kann die Wahrnehmung über das eigene Befinden mit der Gruppe geteilt werden, z. B. durch das Auswählen von Stimmungs- oder Farbkarten oder Emojis. Sehr gut eignen sich dafür (vor allem in der Grundschule) auch Symbolkarten, bei denen Schüler:innen die Karte (Tier, Pflanze) wählen, die am besten zu ihrer gegenwärtigen Situation passt (van Hout 2017, Lobe/ Weigel 2018) und die eventuell auch zu einer eigenen künstlerischen Auseinandersetzung mit dem Thema Emotionen anregt. Durch Mitteilung des eigenen Befindens in einer Gruppe kann sich die Wahrnehmung aller für die anderen Menschen weiten. Sichtbar werden dabei Menschen, die vielleicht in ähnlicher Stimmung sind wie man selbst – vielleicht auch in ganz anderer.

> „Das empathische Verstehen meines Gegenübers läuft über den Kontakt zu mir selbst, zu meinen körperlichen Empfindungen, die mir Informationen liefern, wie es meinem Gegenüber geht.“
> (Krämer 2019, S. 37)

Wenn es als Schüler:in bzw. als Lehrperson gelingt, Traurigkeit, Wut, Enttäuschung, Langeweile mit entsprechenden körperlichen Resonanzen wie z. B. zugeschnürtem Hals, Bauchweh, Druckgefühl, schnellem Herzschlag zu realisieren, dann gibt es auch Möglichkeiten zu intervenieren und zu fragen: „Was würde mir guttun? Was würde mir helfen, mich besser zu fühlen?" Wenn Schüler:innen (und natürlich auch Lehrpersonen) lernen, den eigenen Körper, die inneren Spannungen, den Atem wahrzunehmen, dann schafft diese Achtsamkeitspraxis eine gute Voraussetzung für Selbstsorge und für das gemeinsame Sorgen füreinander.

Abb. 6.6: Sich wahrnehmen und auf den Körper achten

Dieser Erfahrung Raum zu geben und gemeinsam mit den Lernenden die aktuellen inneren Zustände und Prozesse wahrzunehmen und zu spüren, verändert viel. Darin drückt sich eine humanistisch-pädagogische Grundhaltung aus, die geprägt ist von Gedanken der Persönlichkeitsentwicklung, der Gleichwürdigkeit und Partizipation.

> „Gleichwürdigkeit heißt, das Bedürfnis oder die inneren Anteile, die mir gezeigt werden, anzuhören, sie anzuerkennen und in Erwägung zu ziehen." (Menges 2019, S. 43)

6.3 Schritt 3: Integration von Achtsamkeits-Übungen in den Schulalltag und Unterricht

Immer wieder können kleine Pausen in den Schultag eingebunden werden, die das Wahrnehmen und Spüren in den Fokus rücken, es Lernenden und ihren Lehrkräften ermöglichen, für den Moment bei sich selbst zu sein und dann das Gewahrsein für die Gruppe zu weiten. So wird z. B. ein Handdruck durch die Klasse geschickt oder eine Kerze im Kreis weitergereicht, wobei man sich bewusst in die Augen schaut und einander wirklich sieht. Ein gemeinsamer Yoga-Sonnengruß aktiviert und weitet den ganzen Körper und hilft nach einer anstrengenden Arbeitsphase, die Aufgabe hinter sich zu lassen und sich auf eine neue Arbeit oder ein neues Fach einzustellen.

Abb. 6.7: „Guten Morgen liebe X., ich sehe dich."

Raumwechsel – oft Garanten für Unruhe – können genutzt werden als eine kurze Phase des achtsamen Gehens. So werden sie zu einer leisen Zeit der bewussten Bewegung.

Achtsamkeits-Übungen als kleine Pausen im Schulalltag M38

Bewusst gehen

„Wenn wir nun zur Aula gehen, probiert mal unterschiedliche Geschwindigkeiten aus. Erst läufst du ganz normal – nicht zu schnell, nicht zu langsam. Wenn der Gong klingt, bewegst du dich nur noch in Zeitlupe.
Spüre dann, mit welcher Stelle des Fußes du als Erstes den Boden berührst:
Wie rollt dein Fuß ab? Wann hebst du ihn vom Boden, wie ‚fliegt' er durch die Luft, wann setzt er wieder auf?
Wenn der Gong erneut erklingt, geht ihr normal weiter."

Abb. 6.8: Gemeinsam achtsam gehen

Bewegen mit Musik

Das Lauschen einer ruhigen Musik, verknüpft mit der bewussten Wahrnehmung des Atems, ist eine gute Möglichkeit, sich nach einer Hofpause wieder auf den Unterricht einzustellen. Enden kann der Schultag mit einer Körperübung, die z. B. den Wechsel von An- und Entspannung fokussiert. Beispielsweise kann zu einer meditativen Musik das „Auftauen" vorher „eingefrorener" Körperteile angeleitet und so die Anspannung des Schultags bewusst abgegeben werden.

Körperreise

Zu Beginn eines Schultags kann ein Schnellcheck durch den Körper gemacht werden, bevor die Aufmerksamkeit sich auf den Unterrichtsgegenstand richtet. Nachfolgende Fragen lenken den Spot auf verschiedene Körperregionen:

- Wie sitze ich hier?
- Was ist locker?
- Wo spüre ich Anspannung?
- Welches Körperteil bräuchte einen besonderen Moment der Aufmerksamkeit?
- Wo kann ich loslassen? Wo möchte Bewegung entstehen?
- Wo möchte ich dehnen oder schütteln?

Nach der Arbeit wohlwollend zurückschauen

Nach einem Schultag ist es wohltuend, die Anspannung loszulassen und sich selbst etwas Gutes zu tun. Hier kann ein Ritual helfen, das schon auf dem Nachhauseweg etabliert wird.

- Sprechen Sie die folgenden Ideen an?
- Welche Übergangsrituale nutzen Sie auf dem Nachhauseweg oder beim Nachhausekommen?

Achtsamkeits-Übungen zum wohlwollenden Zurückschauen M39

Ampel-Stopp und zu Hause ankommen
Jede rote Ampel ist für mich ein Zeichen, bewusst ein- und auszuatmen.
Wenn ich zu Hause angekommen bin, klopfe ich meinen Körper kräftig von oben bis unten ab und spüre mit geschlossenen Augen nach, wie es mir jetzt geht.
Vielleicht gibt es eine Lieblingsmusik, die das Heimkommen verschönert?
Es gilt, wach zu werden dafür, was mir guttut.

Gut gemacht!
Im Rückblick auf den Schultag stehen oftmals die stressigen, herausfordernden, nervigen Ereignisse im Vordergrund.
Versuchen Sie, gezielt den Fokus zu ändern:
Wenn Sie wollen, notieren Sie:
Das habe ich heute gut gemacht! Dieser Blick, dieser Satz, diese Begegnung waren heute nährend.

Abb. 6.9: Gut gemacht! – Ritual nach dem Nachhausekommen

Großzügigkeit und Freude walten lassen
Ich experimentiere damit, großzügig zu sein. Dafür gibt es viele Gelegenheiten, z. B. eine Einladung zum Kaffee oder Tee, das Mitbringen von Blumen oder Snacks im Team oder der Verzicht auf eine kleinliche Beschwerde ... Diesem Menschen möchte ich morgen ein Lächeln schenken, ein Kompliment machen. Diesen achtsamen Moment plane ich morgen für meinen Unterricht.

Wirkebenen im System Schule

Wenn es Lehrkräften und Lernenden gelingt, eine Praxis der Achtsamkeit im Unterricht zu etablieren, hat dies Auswirkungen auf das System Schule – es kann dazu beitragen, dass immer mehr Beteiligte (selbst-)fürsorglich handeln, und es kann in der Schule insgesamt Resilienz, nährende Beziehungen, Demokratie und Gemeinwohl stärken. Umso wichtiger ist es, schon vor der ersten Einführung und dem Experimentieren mit der Achtsamkeitspraxis im Kollegium, Vertrauen und Offenheit einzuladen, damit sich die positiven Effekte achtsamen Umgangs in der Schule auch entfalten, zu Engagement führen und nachhaltig wirksam werden.

Abb. 6.10: Ebenen der achtsamen Schulentwicklung

6.4 Schritt 4: Resilienzstärkende Bildungsprozesse verändern Lehrkräfte und Schulen

Wie wirkt es sich auf die Menschen in einer ganzen Schule aus, wenn Bildungsprozesse auch systematisch im Hinblick auf die Förderung von (Selbst) Fürsorge und einem gemeinwohlorientierten Miteinander ausgerichtet werden? Was verändert sich in der Schule, wenn in einem solchen Feld Achtsamkeitspraxis vermittelt und dann im Alltag gemeinsam kultiviert wird?

Seit 2016 führt die Arbeitsgruppe „Prävention und globale Gesundheit" an den Kliniken Essen-Mitte eine Reihe von achtsamkeitsbasierten Projekten mit Schulkollegien durch: Dabei werden im Rahmen einer mehrmonatigen Weiterbildung („GAMMA – Gesundheit, Achtsamkeit und Mitgefühl im Schulalltag") Methoden der achtsamen Selbstfürsorge, der mitfühlenden Beziehungsgestaltung und der gemeinwohlorientierten Kulturentwicklung vermittelt. Lehrkräfte und pädagogisches Personal erleben die Veränderungen, die entstehen, wenn sie diese Methoden kontinuierlich für sich, miteinander und natürlich auch mit den Lernenden umsetzen. Befragungen und Interviews zeigen folgende positive Wirkungen der Weiterbildungsmaßnahme:

1. Lehrkräfte nehmen in Stresssituationen bewusst ihre Erregungsspitzen wahr und können sich dann gut regulieren und entspannen: *„An sehr stressigen Tagen habe ich kurz die Tür zugemacht und kurz im Stehen den Mini-Body-Scan gemacht und dann auch bewusst in Ruhe, langsam und ruhig geatmet und ja, gemerkt, dass ich in so einem Film [...] drin war und mir dadurch im Grunde genommen die Regie wieder zurückgeholt hab."*
2. Diese Regulation gelingt dann auch im Miteinander und reduziert Beschwerden: *„Es gelingt mir teilweise sogar in Gesprächssituationen, die mich belasten, dass ich [...] die Anspannung wahrnehme. Und ich vermute auch, dass es insbesondere diese Anspannung ist, die dann zur Migräne führt. Also die Anspannung in Kiefer, Nacken [...] Rücken. Das merke ich dann manchmal [...] und hab dann in den Gesprächssituationen bewusst losgelassen und mir gesagt: ‚Komm jetzt, lass mal locker.' Ich führe seit mehreren Jahren ein Kopfschmerz-Tagebuch, und es ist sehr deutlich, dass die Kopfschmerzen im Mai/Juni (während des Kurses) so gering waren, wie nie in den letzten drei Jahren."*
3. Lehrkräfte können negative Gedanken und Gefühle wahrnehmen und sein lassen: *„Die Erkenntnis, dass es oft meine Gedanken sind, die mich stressen, ist enorm wichtig für mich. Ich kann jetzt mit meinen Gedanken umgehen und kann auch für eine Weile frei sein von Gedanken. Das ist sehr wertvoll für mich. Damit will ich weiter üben."*
4. Lehrkräfte kommunizieren selbstbewusster, freier und wertebasierter: *„Ich mache meine Befindlichkeit nun weniger abhängig von anderen – also sowohl privat als auch beruflich. Dass ich einfach sage, ich bin selbst dafür ver-*

antwortlich, wie es mir geht. Und wenn jetzt jemand anders schlechte Laune hat […], dann bin ich für mich verantwortlich und kann den Blick auf mich richten und muss mich nicht davon beeinflussen lassen."

5. In den Kollegien finden Gespräche über die Gestaltung der Kommunikation untereinander statt (Metakommunikation): *„Was unglaublich durchschlagend gekommen ist […] ist das Bild, dass Sie erzeugt haben, mit diesen vier Arten, auf einen Konflikt zu reagieren. […] Wir haben […] verstanden, dass es um die Auswahl geht, den richtigen Weg für die Situation zu finden. Und wir haben jetzt Bilder, eine Sprache, um unsere Kommunikation zu besprechen."*
6. Lehrkräfte kommunizieren ihre Grenzen und Bedürfnisse untereinander klarer. *Eine Lehrerin zur anderen: „Als ich gestern früh spät dran war vorm Unterricht und du mich gefragt hast: ‚Kannst du mal eben […]', konnte ich deutlich spüren und dir sagen: ‚Nein, ich bin grad so im Brassel, später gerne.' Ich wusste, dass du nach unserem Achtsamkeitskurs genau weißt, dass ich das nicht böse oder zickig meine." Die Kollegin bestätigt das lachend.*
7. Lehrkräfte erleben sich als den Kindern gegenüber zugewandter und fürsorglicher: *„Im Schwimmunterricht habe ich einen Jungen, der kann eigentlich schwimmen, hat aber soo eine Angst. Gestern stand er wieder schlotternd am Beckenrand, da bin ich zu ihm gegangen, habe meinen Arm um ihn gelegt und gesagt: ‚Weißt du was, du musst heute nicht schwimmen. Du kannst auch in den Ferien noch einen Kurs machen […].' Da hat er mich so dankbar angeschaut und nachher im Bus war er viel fröhlicher als sonst. Diese dauernden Misserfolge sind ja nicht schön für ihn. Es drängt ihn ja gar nichts."*

Veränderungen der äußeren Bedingungen

In der Schule sind es oft kleine Veränderungen, die gesundheitsfördernd und entstressend wirken: Als eine Schule alle Kinder und Erwachsenen gefragt hat, was sie sich für eine „gute" Schule wünschen, stand bei beiden Gruppen „mehr Ruhe" ganz oben auf der Liste der Bedürfnisse. Daraufhin wurden folgende Veränderungen eingeführt:

- Die Schulklingel klingelt nur noch zu Unterrichtsbeginn und -ende sowie nach der Hofpause.
- Alle Schulkonferenzen beginnen gemeinsam mit drei Minuten der Stille.
- Im Lehrerzimmer gibt es eine Couch der Stille.
- Die Lehrkräfte signalisieren einander und den Kindern, z. B. durch Aufstellen roter Klötzchen, wenn sie einen Moment für sich brauchen.
- Der Schultag wird an einem Tag in der Woche verlängert für eine Zeit des gegenseitigen Austauschs.
- Um den unterschiedlichen Rhythmusbedürfnissen der Kinder gerecht zu werden, wurde eine flexible erste Stunde eingeführt.

- Einrichtung eines Ruheraums oder eines Gartens der Stille,
- Gestaltung einer Ruhezone auf dem Schulhof.

Gemeinsam eine demokratieförderliche Schulkultur gestalten

Wenn Lehrende und Lernende sich im Schulalltag darauf einlassen können, sich gemeinsam in äußere Stille zu begeben, um ihre Aufmerksamkeit auch auf die Gefühle und Selbstanteile zu lenken, die unangenehm, negativ, aggressiv oder bedrohlich erscheinen, dann kann dies einen transformativen Bildungsprozess begünstigen. (Altner 2023). Das gelingt vor allem Lehrkräften, die

- die dafür förderlichen Qualitäten der fokussierten und mitfühlend freundlichen Geistesgegenwärtigkeit selbst regelmäßig in ihrem Alltag praktizieren,
- diese Qualitäten auch im alltäglichen, oft stressigen und herausfordernden Miteinander verkörpern und dann authentisch, nachsichtig und taktvoll ihre Klassen und interessierte Kolleginnen und Kollegen zu diesem Wagnis einladen.

Resilienz meint hier also nicht nur die individuelle Widerstandsfähigkeit gegenüber Belastungen im Dienste der Gesundheit der/des Einzelnen, sondern betont, dass eine gemeinsame achtsame Lebens- und Handlungsweise auch die Gemeinschaft stärkt. Die gemeinsam kultivierte Resilienz stärkt die Fähigkeiten der Erneuerung und Mitgestaltung. Angesichts der gegenwärtigen Krisen von Krieg, Klimawandel, Umweltzerstörung und Demokratieverlust wird es immer notwendiger, Resilienz auch unter dem Gesichtspunkt gemeinschaftlicher Gesellschaftsentwicklung zu vermitteln und zu fördern.

Achtsamkeit und die gemeinsame Stärkung der Resilienz werden dann zu wichtigen Grundlagen gelebter Demokratiebildung in den Schulen, denn indem Lehrer:innen und Schüler:innen für den Unterricht, für den Schulalltag und für die gemeinsame Kultur Gestaltungsverantwortung übernehmen, tragen sie dazu bei, die Herausforderungen unserer Zeit zu bewältigen und eine lebenswerte Zukunft zu gestalten.

Selbstreflexionsideen für den Alltag (5) M40

Muss ich gewinnen?

Wenn der Wettbewerbsgeist mich erfasst, frage ich mich, ob ich wirklich die Anderen besiegen muss.

Knappe Ressourcen

Wenn es um die Verteilung, Verteidigung oder Erlangung von knapp erscheinenden Ressourcen geht, halte ich kurz inne und spüre die Intensität in mir und um mich. Wo nehme ich Fülle wahr, wo vielleicht auch Anhaften oder sogar Gier?

Stört mich das wirklich?

Wenn ich mich gestört fühle, frage ich mich, ob meine Beschwerde oder mein Angriff vielleicht mehr Unfrieden stiften oder Schaden anrichten als eine Geste der Großzügigkeit.

Dinge klären, Menschen stärken

Wenn ich mit jemandem etwas klären will, versuche ich, so vorzugehen, dass wir beide gestärkt aus dem Gespräch gehen können.

Erst alle, dann wieder ich

In einem Gruppengespräch untersuche ich (nur für mich oder explizit für alle), was es bewirkt, wenn ich erst zum zweiten Mal spreche, wenn sich alle anderen, die wollen, bereits geäußert haben.

Aktion statt Reaktion

Ich habe Lust, darauf zu achten, wenn ich aus einem Impuls heraus reagieren will, sei es mit Angriff, Flucht oder Starre. Kann es mir jetzt gelingen, einen tiefen Atemzug geschehen zu lassen und dann bewusst zu entscheiden, ob und wie ich agieren möchte?

Statt meckern – mitgestalten

Wenn mir etwas nicht passt, experimentiere ich damit, aufs Meckern zu verzichten, auch wenn das sehr verlockend ist. Stattdessen suche ich Wege fürs Mitgestalten.

Kälte

Wenn ich mich das nächste Mal als kalt oder herzlos erlebe, habe ich Lust, mich zu fragen, ob das der Sache und den Menschen dient und ob ich jetzt wirklich so sein möchte.

Entweder – oder?

Wenn ich entscheiden kann, wie ich handeln soll, nehme ich mir einen Atemzug für diese Entscheidung, spüre meinen Körper inmitten der lebendigen Welt. Dann suche ich Rat und treffe meine Entscheidung.

Auch richtig?

Was entsteht, wenn ich in Auseinandersetzungen probehalber so tue, als ob die Anderen auch Recht hätten, genau wie ich?

Fazit: Achtsam resiliente Bildungstransformation für die Zukunft

Unachtsame, abwertende und undemokratische Führungsstrukturen in Bildungseinrichtungen, Schulen und Klassen verletzen die beteiligten Menschen, schwächen ihre Resilienz und begünstigen egoistische, verantwortungslose oder resignierte Verhaltensweisen. Es ist für Lehrkräfte, Lernende und Schulen im wahrsten Sinne des Wortes lebens-wichtig, diese oft toxischen Räume in achtsame, mitfühlende, partizipative und co-kreative Lern- und Lebensräume umzuwandeln. Das kann gelingen, wenn alle Beteiligten gemeinsam dazu beitragen, achtsame, fürsorgliche und damit resilienzfördernde Beziehungen aufzubauen und eine demokratische Kultur des Miteinanders zu entwickeln. Dieser Transformationsprozess entspricht dem grundlegenden Bildungsauftrag, innere und äußere Zukunftsfähigkeiten zu fördern.

Eine Schule, die Resilienz fördert, indem sie auf Achtsamkeit und wertschätzende Beziehungen Wert legt, sorgt sich also nicht nur um die Vermittlung von vorgefertigtem Wissen, sondern auch um den „wichtigsten Lernprozess, zu dem das Individuum imstande ist, nämlich dem Erlernen des Selbst“ (Rogers 1973). Dabei erlangen die Lehrenden und Lernenden einen akzeptierenden und wertschätzenden Umgang auch mit den herausfordernden Anteilen ihrer eigenen Persönlichkeit, die sie vielleicht als dominant, aggressiv, rechthaberisch, als ängstlich-vermeidend oder auch als verletzt und erstarrt erleben. ‚Sprachgebärende‘ oder auch gestalterische Reflexionsprozesse tragen dazu bei, den meist vorbewussten inneren Anteilen und Prozessen Ausdruck zu geben. Durch diese „Schattenarbeit“ verlieren sie ihre meist destruktive und/oder einschränkende Wirkkraft. Die oft unerbittlichen inneren Diktator:innen und die feindseligen inneren Büttel verlieren dabei Macht. Innere Opfer können erstarken und sich emanzipieren. Innere Poet:innen und Künstler:innen finden Ausdruck und Aufmerksamkeit. So wächst im Licht des wertschätzenden introspektiven Gewahrseins eine innerpsychische „Gleichwürdigkeit“ (Juul 2016), Balance und Reife, die sich auch als „innere Demokratie“ bezeichnen lässt (Hermans 2021). Die innere Diversität und Lebendigkeit entfalten sich dabei oft sehr freudvoll, sinnenfroh, warm und lebendig. Für den noch immer häufig von kalter Dominanz und beißender Konkurrenz bestimmten Alltag in Schulen und Hochschulen hat diese innere De-Kolonialisierung wahrhaft transformatives Potenzial. Denn (nur!) wer sich selbst gut kennt und für sich als Teil des Ganzen gut sorgt, kann gemeinsam mit anderen souverän, freundvoll und nachhaltig regenerativ das Gemeinwohl mitgestalten.

Dank

Nils Altner bedankt sich beim NRW-Ministerium für Kultur und Wissenschaft, das seine Arbeit im Rahmen des Landesprojektes „Demokratiefähigkeit bilden“ fördert sowie beim AVE Institut für Achtsamkeit, Verbundenheit und Engagement, der Klinik für Naturheilkunde und integrative Medizin der Kliniken Essen-Mitte sowie bei der Erich Rothenfußer Stiftung.

Literatur

Aknin, Lara B./Andretti, Bernardo, u. a. (2022): Policy stringency and mental health during the COVID-19 pandemic: a longitudinal analysis of data from 15 countries. In: The Lancet Public Health, 7 (5), S. e417-e426.

Akpan, Patricia L./Saunders, Peggy J. (2017): From Shame to mindfulness and Self-Compassion: A teacher's journey to greater self-efficacy. In: JISTE (Journal of the International Society for Teacher Education), 21 (2), S. 41–49.

Altner, Nils (2023): „Ich muss nicht mehr Recht haben, um mich sicher zu fühlen." Ergebnisse aus phänomenologischen Tiefeninterviews mit Hochschullehrenden nach fünf Tagen gemeinsamer Stille. In: Albrecht R./Sandbothe, M. (Hrsg.): Achtsame Hochschulen in der digitalen Gesellschaft. Bielefeld.

Altner, Nils/Adler, Bettina (2022): Vom Ich zum Wir zum Ganzen: Die Schulprojekte „GAMMA" und „AMSEL" stärken Pädagog/innen und Schüler/innen in und nach der Pandemie. Lehren und Lernen, Zs f. Schule und Innovation in Baden-Würtemberg 48, 7/2022, S. 24–30.

Grimm, Annika M (2023): Resilienz im Lehrberuf. Einführung in die Serie. In: PÄDAGOGIK, H.1, S. 7–15.

Hadot, Pierre/Davidson, Arnold (1995): Philosophy as a Way of Life: Spiritual Exercises from Socrates to Foucault. Malden.

Hermans, Hubert (2021): Inner democracy: empowering the mind against a polarizing society. New York.

Hout, Mies van (2017): Heute bin ich. Zürich.

Juul, Jesper (2016): Leitwölfe sein: liebevolle Führung in der Familie. Weinheim/Basel.

Krämer, Susanne (2019). Wache Schule: Mit Achtsamkeit zu Ruhe und. Präsenz. Paderborn.

Lobe, Mira/Weigel, Susi (2018): Das kleine Ich bin ich. Kamishibai Bildkartenset. Bilderbuchgeschichten für unser Erzähltheater. München.

Mangold, Jörg (2016): Achtsames Selbstmitgefühl: „Möge ich freundlich zu mir sein". In: Deutsches Ärzteblatt 2016; 113 (7): A-274/B-232/C-232. URL: https://www.aerzteblatt.de/archiv/174949.

Menges, Robin (2019): Selbstwertgefühl. Steyr.

McGilchrist, Iain (2021) The Matter With Things: Our Brains, Our Delusions and the Unmaking of the World.

Moè, Angelica/Katz, Idit (2020): Self-compassionate teachers are more autonomy supportive and structuring whereas self-derogating teachers are more controlling and chaotic: The mediating role of need satisfaction and burnout. In: Teaching and Teacher Education, 96.

Neff, Kristin/Germer, Christopher (2019): Selbstmitgefühl – Das Übungsbuch. Freiburg.

Postareff, Liisa/Lahdenperä, Juulia, u. a. (2021): The role of self-compassion in teachers' psychological well-being in face-to-face and online teaching during COVID-19. 23, S. 13–27.

Rechtschaffen, Daniel (2016): Die achtsame Schule. Freiburg.

Rogers, Carl (1973): Die klient-bezogene Gesprächstherapie. München.

Schussler, Deborah L./Jennings, Patricia A./Sharp, Jennifer E./Frank, Jennifer L. (2016): Improving Teacher Awareness and Well-Being Through CARE: A Qualitative Analysis of the Underlying Mechanisms. *Mindfulness* 7, no. 1, S. 130–42.

Weiterbildungen

- GAMMA-Gesundheit, Achtsamkeit und Mitgefühl im Bildungsalltag" an den Kliniken Essen-Mitte/Universität Duisburg-Essen https://www.nhk-fortbildungen.de/52-0-GAMMA.html
- Multiplikator:innenschulung für achtsame Lehrerbildung: https://ave-institut.de/ave-weiterbildung-fuer-paedagoginnen/

Die Autorinnen und Autoren

Prof. Dr. Christian Andrä arbeitete 10 Jahre lang in der Lehramtsausbildung an der Universität Leipzig und ist nun Sport- und Bewegungspädagoge an der Fachhochschule für Sport und Management in Potsdam. Seit 2008 ist er Mitglied der Forschungsgruppe „Bewegte Schule" in Leipzig. Sein Forschungsschwerpunkt ist das bewegte Lernen und dessen Auswirkung auf die kognitive Leistungsfähigkeit.

Germaine Berthold absolvierte ihr Lehramtsstudium für die Fächer Deutsch und Ethik an der Universität Leipzig und besuchte währenddessen das Seminar *Bewegte Schule* bei Herrn Prof. Dr. Christian Andrä. In Zusammenarbeit mit ihm entstand die Idee und das Resultat ihrer Staatsexamensarbeit zur Selbstfürsorge im LehrerInnenberuf als Basis für die eigene Gesundheit. Seit August 2023 ist sie als Referendarin an einer sächsischen Oberschule tätig.

Susanne Dannhorn ist Grundschullehrerin und seit mehr als 20 Jahren am ZfsL Duisburg in der Lehrer:innenausbildung tätig. Sie bindet Momente der Achtsamkeit sowohl in ihren Unterricht als auch in ihre Seminare für angehende Lehrkräfte ein und bietet Lehrerfortbildungen zu diesem Thema an. Sie ist Absolventin des GAMMA-Programms bei Dr. Nils Altner und ist gemeinsam mit ihm als Dozentin für achtsame Lehrer:innenbildung beim AVE Institut tätig.

Vera Kaltwasser ist Autorin, Oberstudienrätin und in der staatlichen Lehrerfortbildung tätig. Sie verfügt über Ausbildungen in MBSR (Mindfulness-Based-Stress-Reduction) (USA), Psychodrama (Moreno-Institut) sowie Beratung (Paritätische Akademie) und entwickelte das Rahmencurriculum AiSCHU (Achtsamkeit in der Schule) und das Online-Format „Achtsame 8 Wochen".

Anna Paul (Dr. rer. medic) leitet die Abteilung Mind-Body Medizin/ Ordnungstherapie der Klinik für Naturheilkunde und Integrative Medizin der Kliniken Essen-Mitte. Sie ist Autorin und schult Multiplikator:innen in Verhaltensmedizin, Selbstregulation, integrativer Onkologie, ressourcenstärkender Lebensstilgestaltung, Gesundheitsförderung und Organisationsentwicklung.

Hinweise zur Herausgeberin und zum Herausgeber finden Sie auf dem Umschlag.

Bildquellenverzeichnis

S. 22: Gliederpuppe © vitaneo/stock.adobe.com; S. 23: Hand © Liron Peer/stock.adobe.com; S. 29: Herz © undrey/stock.adobe.com; S. 29: Gehirn © jolygon/stock.adobe.com; S. 29: Hand © diedel/stock.adobe.com; S. 46: Bewegungsempfehlungen für Erwachsene © Fonds Gesundes Österreich/GÖG; S. 61: Atemübung © millering/stock.adobe.com; S. 67: Übung Wechselatmung © Oli/stock.adobe.com; S. 68: Atmungsvorgang © Yulia/stock.adobe.com; S. 69: Atemtypen im Überblick © Martial Red/Shutterstock.com; S. 71: Lehrerin in Klasse © Good Studio/stock.adobe.com; S. 78: 20 min © Karim Osama/Shutterstock.com; S. 78: Eisblume, Sonne, Thermometer, Fenster © YuriyAlt_Art/Shutterstock.com; S. 101: Grundregeln gesunde Ernährung © Irina Strelnikova/stock.adobe.com; S. 105: Intuitive Ernährung © artbesouro/stock.adobe.com; S. 110: Achtsames Essen © Irina Strelnikova/stock.adobe.com; S. 113: Drei Doshas © voinsveta/stock.adobe.com; S. 117: Trinken © Valentina/stock.adobe.com; S. 124: Gemeinsames Handeln © Siphosethu Fanti/peopleimages.com/stock.adobe.com; S. 125: Puzzleteile © Naiyana/stock.adobe.com; S. 128: Freundliche Berührung © fizkes/stock.adobe.com; S. 129: Burn-out © Thomas Reimer/stock.adobe.com; S. 131: Foto Finger © Ralf Geithe/stock.adobe.com; S. 133 oben: Selbstwahrnehmung © Robert Kneschke/stock.adobe.com; S. 133 unten: Ich sehe dich © Foto Susanne Dannhorn; S. 134: Achtsam gehen © Rawpixel.com/stock.adobe.com; S. 135: Gut gemacht! © magele-picture/stock.adobe.com; S. 127, 129, 130, 132, 138, 139 Icons: © Fourleaflover/Shutterstock.com; © Happy Art/Shutterstock.com; © Coosh448/Shutterstock.com; © YuriyAlt_Art/Shutterstock.com

Unter **www.friedrich-verlag.de** finden Sie Materialien zum Buch als Download.
Bitte geben Sie den achtstelligen Download-Code in das Suchfeld ein.

DOWNLOAD-CODE: **d31716rs**

Hinweis:

Das Download-Material enthält Bögen und Materialien, die Sie für Übungen und für die Selbstreflexion bezogen auf die „fünf Finger" der Resilienz (Bewegung, Atmung, Regeneration, Ernährung und Selbsthilfe) nutzen können.

Unsere Autorinnen und Autoren sowie der Verlag wünschen Ihnen viel Erfolg bei der Nutzung der Materialien!

Haben Sie Fragen zum Download? Dann wenden Sie sich bitte an den Leserservice der Friedrich Verlags GmbH. Schreiben Sie uns oder rufen Sie uns an!

Sie erreichen unseren Leserservice
Montag bis Donnerstag von 8 – 18 Uhr
Freitag von 8 – 14 Uhr
Tel.: 0511/40004-150
Fax: 0511/40004-170
E-Mail: *leserservice@friedrich-verlag.de*

Wir freuen uns über Ihre Rückmeldung und helfen Ihnen gerne weiter!